LOHAS CITY

Report on the Habitant Environment of New Town in China

乐活之城

中国新城新区发展报告

石敏俊 ◎主 编
王 琛 ◎副主编

ZHEJIANG UNIVERSITY PRESS
浙江大学出版社
·杭州·

图书在版编目（CIP）数据

乐活之城：中国新城新区发展报告 / 石敏俊主编；
王琛副主编. —杭州：浙江大学出版社，2024.5
ISBN 978-7-308-24740-5

Ⅰ. ①乐⋯ Ⅱ. ①石⋯②王⋯ Ⅲ. ①城市—发展—
研究报告—中国 Ⅳ. ①F299.21

中国国家版本馆 CIP 数据核字（2024）第 057223 号

乐活之城——中国新城新区发展报告

石敏俊 主 编
王 琛 副主编

责任编辑	钱济平	
责任校对	陈 欣	
封面设计	春天书装	
出版发行	浙江大学出版社	
	（杭州市天目山路 148 号 邮政编码 310007）	
	（网址：http://www.zjupress.com）	
排 版	浙江大千时代文化传媒有限公司	
印 刷	杭州钱江彩色印务有限公司	
开 本	710mm×1000mm 1/16	
印 张	16.5	
字 数	250 千	
版印次	2024 年 5 月第 1 版 2024 年 5 月第 1 次印刷	
书 号	ISBN 978-7-308-24740-5	
定 价	88.00 元	

前 言

改革开放以来,中国经历了快速的城市化过程。1978 年到 2022 年,全国城镇常住人口数量由 1.7 亿人增加到 9.21 亿人,城镇人口比例从 17.9% 飙升至 65.22%。快速城市化进程还表现为城市数量增加,城市规模扩大,城镇建设用地增加。新城新区是城市发展的空间载体,是解决"城市病"问题、推动城市可持续发展的重要途径,也是中国快速城市化进程的一个缩影。中国的新城新区或起源于产业园区,或起源于地产开发,在不同开发模式和建设路径下形成的新城新区面临着不同的问题和挑战。为解决新城新区的产城脱节问题,产城融合作为指导新城新区建设发展的理念得到了广泛认可和应用,但实践中又出现了见"产"见"城"不见"人"的问题,因此"产城人融合"的理念应运而生。在"产城人融合"的发展理念下,"产"是城市发展的基础,产业发展为城市提供就业岗位,影响城市吸引人口集聚的能力。"城"是城市功能的空间载体,为产业发展和人口集聚提供生产和生活空间。"人"是实现"人的城镇化"的关键因素,在城市功能和产业发展的基础上,人口增长和集聚为城市带来活力。然而,大多数新城新区的产城人融合发展仍在路上,人居环境质量存在明显的提升空间。

城市让生活更美好。"让人民群众在城市生活得更方便、更舒心、更美好",是城市发展和城市治理的终极目标。城市发展要增强市民的获得感、幸福感,而市民的获得感、幸福感来自人居环境改善、精神面貌提升以及更强的归属感。城市人居环境由产业空间、用地空间和社会空间构成,内含"兴产

1

业""聚人气""求乐活"等不同维度的要素,城市人居环境质量与"产城人融合"之间互为表里,相辅相成。"产城人融合"强调"以城载产,以产聚人,以人兴城",符合坚持以人民为中心的发展思想,对于推动以人为核心的新型城镇化具有重要的理论和实践意义。乐活(LOHAS)作为生态文明所倡导的绿色健康的生活方式,是新城新区"产城人融合"发展的具象体现,更是衡量新城新区人居环境质量的关键性指标。打造乐活之城,完善城市功能,提升城市品质,改善人居环境,是新城新区建设发展的题中应有之义。

基于上述背景与理念,浙江大学城市发展与低碳战略研究中心在浙江凯投建设管理有限公司的支持下,以50个新城新区为对象,对新城新区人居环境建设成效开展了系统的评估,完成了《中国新城新区人居环境报告》,并在此基础上撰写了《乐活之城——中国新城新区发展报告》的书稿。书稿的执笔人如下:第一章第一节和第二节为石敏俊,第三节为王琛、王琪、石敏俊;第二章第一节为王琛,第二节为王琛、茅珈源,第三节为王琛、石敏俊;第三章第一节为林思佳、石敏俊,第二节和第四节为林思佳,第三节为林思佳、石敏俊,第五节为石敏俊、茅珈源;第四章第一节和第二节为叶津炜,第三节为林思佳;第五章第一节和第二节为孙艺文,第三节为茅珈源,第四节和第五节为陈岭楠;第六章第一节和第三节为陈岭楠,第二节为孙艺文,第四节和第五节为叶津炜,第六节为王琪,第七节为王琪、石敏俊。全书由石敏俊负责统稿。叶津炜协助进行了统稿工作。浙江凯投建设管理有限公司的钱亦奇、周煜翔参与了课题讨论。

本书的主要特色可以归纳为以下几点:第一,将"产城融合"提升到"产城人融合",强调"以城载产,以产聚人,以人兴城",构建了"产—城—人"的逻辑链条和分析框架;第二,以乐活衡量新城新区人居环境质量,突出以人为本的人文情怀;第三,采用大数据分析技术测度新城新区人居环境质量,克服了新城新区缺乏行政区统计数据的不足;第四,指标体系采用效用函数合成方法,突出人居环境评价的短板制约,克服了传统指数评价方法的局限。

作者希望本书能够为城市可持续转型和美丽城市建设提供前瞻性、系统性、科学性的学理指引和实践参考，也希望能为关注新型城镇化和新城新区建设发展的各界人士提供有益的洞察和启示。书稿内容的不当之处，由作者文责自负。

石敏俊

2024 年元旦

目　录

第一章　城市化进程中的新城新区

第一节　中国的城市化进程

一、中国的城市化浪潮

中国的城市化进程主要发生在改革开放以后。1950年,中国的城镇人口数量只有6169万人,城镇人口比例只有11.2%;1980年,城镇人口数量增加到1.9亿人,城镇人口比例提升到19.4%,30年里城镇人口数量增加了1.3亿人,城镇人口比例只提高了8.2个百分点。改革开放以来,城市化进程明显加快。城镇人口比例从1978年的17.9%飙升至2022年的65.2%,全国城镇人口由1.7亿人急速增加到9.21亿人。其中,1980—1990年,全国城镇人口数量增加了1.1亿人;1990—2000年,全国城镇人口数量增加了1.57亿人。城镇人口比例从1980年的19.4%提高到2000年的36.2%,增加了16.8个百分点(表1-1)。进入21世纪后,城市化进程进一步加速。全国城镇人口数量从2000年的4.59亿人增加到2020年的9.02亿人,每5年增加1亿人以上,20年里增加了4.43亿人,城镇人口数量接近翻番;城镇人口比例从2000年的36.2%提高到2020年的63.9%,20年里增加了27.7个百分点。2020年后城市化速度有所放缓。

表 1-1　中国的城市化进程

指标	1950 年	1980 年	1990 年	2000 年	2005 年	2010 年	2015 年	2020 年	2022 年
城镇人口占比/%	11.2	19.4	26.4	36.2	43.0	49.9	57.3	63.9	65.2
城镇人口/万人	6169	19140	30195	45906	56212	66978	79302	90220	92071
城镇人口增量/万人	—	12971	11055	15711	10306	10766	12324	10918	1851

数据来源:中国统计年鉴。

中国的城市化进程也表现在土地用途转换上。大量农业用地转换为城市建设用地,城市建成区面积急速扩大。2003—2021 年,全国城市建成区面积从 30406.19 平方千米增加到 62420.53 平方千米,累计扩大了 32014.34 平方千米,城市建成区面积翻了一番,平均每年新增 1883 平方千米,其中 2010—2016 年每年新增 2261 平方千米,相当于整个河北省的城市建成区面积。快速城市化进程导致城市建设用地快速增长,也引发了对耕地保护的关注。

中国的城市化进程伴随着城市体系的演化。2003—2021 年,全国地级及以上城市数量从 284 个增加到 297 个,其中,市区人口 400 万人以上的城市数量从 11 个增加到 22 个,市区人口 200 万～400 万人的城市数量从 21 个增加到 48 个,市区人口100 万～200 万人的城市数量从 73 个增加到 97 个;与此同时,市区人口 50 万～100 万人的城市数量从 111 个减少到 85 个,市区人口 20 万～50 万人的城市数量从 63 个减少到 37 个。大城市和特大城市数量增多,中小城市数量趋于减少,常住人口向大城市和特大城市集中,大城市的虹吸效应显著,空间极化是中国城市化的特点之一。不同人口规模城市的数量占比见图 1-1。

二、城市化的空间格局

中国的城市化进程在空间上呈现出极度的不均衡格局。城镇人口向东部沿海地区集中,新增城市建成区面积也主要分布在东部沿海地区。2005—2021 年,全国城镇人口数量增加了 3.52 亿人,其中 44.2% 分布在东部地区的城市;全国城市建成区面积累计扩大了 33487 平方千米,其中 44.6% 分布在东部地区的城市。

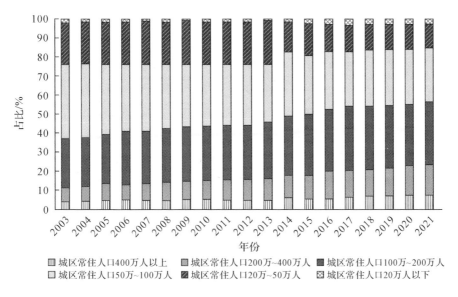

图 1-1　不同人口规模的城市数量占比变化

数据来源：中国统计年鉴。

从不同规模的城市分布看，超大城市和特大城市主要分布在东部沿海地区。2020 年，全国地级及以上城市中，城区常住人口 1000 万人以上的超大城市共 7 个，其中东部地区有 5 个，占 71％；城区常住人口 500 万～1000 万人的特大城市共 14 个，其中东部地区有 6 个，占 43％；城区常住人口 300 万～500万人的Ⅰ型大城市共 14 个，其中东部地区有 7 个，占 50％；城区常住人口 100万～300 万人的Ⅱ型大城市共 66 个，其中 32 个分布在东部地区，占 48％。中等城市和小城市较多地分布在中西部地区。城区常住人口 50 万～100 万人的中等城市共 111 个，中部地区和西部地区各有 43 个和 26 个，分别占 39％和 23％，中西部地区合计 69 个，占 62％；城区常住人口 20 万～50 万人的Ⅰ型小城市共 72 个，中部地区和西部地区各有 16 个和 38 个，分别占 22％和 53％，中西部地区合计 54 个，占 75％；城区常住人口 20 万人以下的Ⅱ型小城市共 13 个，其中 11 个分布在西部地区，占 85％。

从不同地区的城市规模体系看，东部地区拥有的特大城市、大城市数量较多，城市规模分布较为完整，城区常住人口 1000 万人以上的超大城市、500万～1000 万人的特大城市、300 万～500 万人的Ⅰ型大城市、100 万～300 万

3

人的Ⅱ型大城市占全部地级及以上城市的比例分别为 6%、7%、8% 和 36%（图1-2）。中西部地区城区常住人口超过 300 万人的大城市数量较少，主要是省会城市，其他城市则是城区常住人口 100 万～300 万人的Ⅱ型大城市和 50 万～100 万人的中等城市。这两类城市在中部地区的比例为 73%，在西部地区比例为 41%。其中，城区常住人口 100 万～300 万人的Ⅱ型大城市，在中部和西部的比例分别为 19% 和 14%；城区常住人口 50 万～100 万人的中等城市，在中部和西部的比例分别为 54% 和 27%。除此之外，西部地区城区常住人口 20 万～50 万人的Ⅰ型小城市数量较多，占全部城市的 40%。东北地区的城市规模分布与中西部地区略有不同，城区常住人口 500 万～1000 万人的特大城市有 3 个，占全部城市的 9%；城区常住人口 300 万～500 万人的Ⅰ型大城市有 1 个，占 3%；城区常住人口 50 万～100 万人的中等城市和城区常住人口 20 万～50 万人的Ⅰ型小城市在东北地区占据主导地位，占全部城市的 67%。

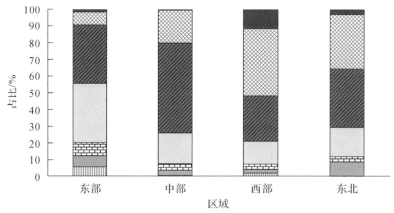

图 1-2　2020 年四大板块的城市规模分布

　　尽管东部地区城市化进程领先于中西部地区，中西部地区仍在积极推进城市化，近年来城镇化率和东部地区的差距趋于缩小。从城镇人口比例来看，中西部地区城镇化率提升速度比东部地区和东北地区更快（图 1-3）。2005—2021 年，中部地区城镇人口比例从 37.6% 提升到 60.8%，西部地区城镇人口比例从 35.2% 提升到 57.9%,分别提高了 23.2 个百分点和 22.7 个百分点,高于同期东部地区城镇人口比例提高的幅度(14.7 个百分点);同期中部地区和东部地区城镇化率的差距从 21.6 个百分点缩小到 13.1 个百分点,西部地区和东部地区城镇化率的差距从 24.1 个百分点缩小到 16.0 个百分点。

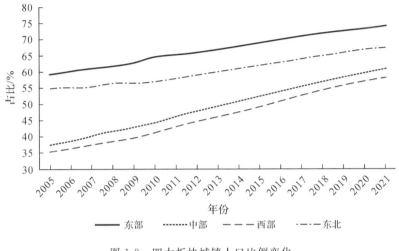

图 1-3　四大板块城镇人口比例变化

三、快速城市化驱动经济社会发展

改革开放以来,经济活动和人口向城市及城市群集聚的趋势比较明显,持续的空间极化成为国家经济地理演化的重要特征。近年来,北京、上海、广州、深圳等特大城市发展优势不断增强,杭州、南京、武汉、郑州、成都、西安等大城市发展势头较好,形成推动高质量发展的区域增长极(习近平,2019)。快速城市化对经济社会发展的驱动作用呈现出以下几个特点。

第一,在空间极化作用驱动下,我国经济发展的空间结构正在发生深刻变化,以中心城市和城市群为主体的经济发展优势区域正在成为承载发展要素的主要空间形式。石敏俊(2019)基于经济发展现状水平,识别出 162 个城市作为经济发展优势区域。2018 年,这 162 个城市的地域面积占全国的21%,常住人口占全国的 72.7%,地区生产总值占全国的 84.6%。由此可见,城市已经成为牵引中国经济增长的主要动力源。

第二,中心城市的地位不断增强,部分省会城市的首位度趋于上升。譬如,2020年,成都的GDP占四川全省的36.5%,武汉的GDP占湖北全省的35.9%。从2010到2020年,成都占全省的GDP份额从34.2%上升到36.5%,杭州占全省的GDP份额也从22.1%上升到24.9%。

第三,都市圈和城市群正在加速崛起,经济资源的集聚能力不断增强,在国家经济地理版图中的核心地位越来越突出。2020年,全国共有20个都市圈/城市群,地域面积占全国的22.3%,集中了全国62.51%的人口、73.58%的就业人口,创造了75.18%的GDP、76.87%的社会消费品零售总额、70.59%的地方财政收入、90.08%的出口额,以及94.01%的进口额。

都市圈和城市群的崛起主要体现在两个方面:一是都市圈和城市群吸引人口持续流入。1998—2020年,都市圈/城市群地区的常住人口从7.37亿人增加到8.83亿人,占全国的比例从58.14%上升到62.51%;城市群地区吸纳的就业人数占全国的比例从67.32%上升到74.57%。二是都市圈/城市群地区的经济活力更强,经济增速更快,成为牵引全国经济增长的主动力源。2000—2020年,都市圈/城市群地区的GDP增速显著高于全国平均水平(图1-4)。即使2012年后两种GDP增速均放缓,都市圈/城市群引领经济增长的总体趋势也没有发生根本性变化。

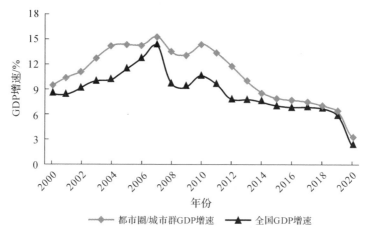

图1-4 都市圈/城市群GDP增速与全国GDP增速对比

第二节　中国的新城新区建设

一、新城新区的兴起

新城新区是城市发展的空间载体,也是解决"城市病"问题、促进城市可持续发展的重要途径。迄今为止,新城新区虽然没有统一的、严格的定义,但一般认为,新城新区是主动规划与投资建设而成的城市空间单元,新城新区规划建设的目的是疏导城市人口,推动产业转移,防止城市盲目扩张。

中国的新城新区建设可溯源至 20 世纪 80 年代,兴起于 90 年代,大规模建设于 21 世纪初期。改革开放 40 多年来,伴随着城市化浪潮的推进,城市人口增长和经济社会发展驱动城市空间迅速扩张。中央和地方政府启动了数以千计的新城项目,以吸纳农村转移劳动力,促进经济增长。截至 2018 年,我国新城新区数量超过 3800 个,其中,国家级新区 19 个,国家级开发区 552 个,省级开发区 1991 个,省级以下新城新区 1284 个。

全国新城新区占据土地面积近 3 万平方千米,与 2003—2021 年新增城市建成区面积大致相仿。可见新城新区是我国城市建成区扩张的主要空间载体。据中国城市规划设计研究院的研究,我国新城新区的平均规划面积为 37 平方千米,平均规划建设用地面积为 19 平方千米,平均已建成面积为 7.6 平方千米,平均建成率为 55%;新城新区的平均规划人口为 11 万人,平均现状人口为 4 万人,平均规划人口实现度为 36%(王凯等,2020)。

二、新城新区建设路径

我国新城新区建设的初始目标主要有两大类。一是为了培育和壮大特定的产业,兴建的开发区或产业园区,常冠以"××技术开发区""××产业园区"之名;二是为了开拓城市增长新空间,以地产开发为先导兴建而成的城市新区或新城多以"××新城""××新区"为名。由此可见,新城新区的建设路径主要可以分为产业园区模式和地产开发模式两大类。国家级开发区和省级开发区起步的新城新区一般来说属于产业园区模式,如果不算国家级新区,截至 2018 年合计有 2543 个。前述 1284 个省级以下新城新区基本上属于地产开发模式。也有部分产业园区模式的新城新区经过多年的建设发展,已经变成综合性新城。

从空间上看,新城新区具有一定的独立性,往往与老城区有一定的距离区隔。特别是产业园区,大多数与老城区保持了一定的距离。由于城市化是工业化驱动的,在城市发展的初期阶段,许多工厂位于老城区,随着城市建成区范围外扩,许多工厂的厂区甚至位于中心城区。许多城市曾经经历了工厂向外迁移的过程。因此,新建的产业园区往往与老城区保持着一定的距离。也有的产业园区随着城市建成区范围外扩,成为城市建成区的组成部分。譬如,乌鲁木齐高新技术产业园区已成为乌鲁木齐市的新市区。大多数地产开发模式下的新城新区为了配合城市发展空间拓展的需要,往往选择毗邻老城区或离老城区不远的区位,以便与老城区形成互动融合的发展格局。也有一些地产开发模式下的新城新区由于自然条件限制或出于其他目的,选择在与老城区保持一定距离的区位建设新城新区。譬如,兰州新区、成都天府新区等。许多城市的高铁新城位于距离老城区较远的区位,譬如,依托济南西站的济南西部新城、依托徐州东站的陇海新城。

三、新城新区建设意义

新城新区是政治、经济、社会等多因素综合作用下的时代产物,在很大程度上反映了国家或区域在经济、社会、生态建设等方面改革发展的需要,其发展速度、区位选择、产业功能、空间形态会受到宏观政策的影响和城市战略的引导,新城新区建设对于所在城市的经济增长、产业转型、市政设施建设等方面起到了不可估量的支撑作用。

"以地谋发展"模式驱动的地产开发形成的新城新区,对于城市建设和经济增长起到了积极的促进作用。石敏俊等(2017)发现,地方政府获得的土地出让收入和土地融资通过城市基础设施建设的中介效应,对城市经济增长起到了显著的推动作用。平均而言,土地收入对城市建成区经济增长的推动作用为1:3.09;土地收入通过城市基础设施的中介对城市经济增长的推动作用主要体现在吸引产业集聚和人口聚集的间接效应(2.74),远高于土地收入直接的投资拉动效应(0.35);土地收入通过城市基础设施的中介效应中,吸引产业集聚的间接效应(1.78)又高于吸引人口聚集的间接效应(0.96)。开发区或产业园区对城市经济增长的促进作用更加直接。在许多城市,产业发展集中分布在开发区或产业园区,开发区或产业园区往往成为所在城市产业发展的主要空间载体。

四、新城新区建设逻辑:从增长机器到以人为本

无论是产业园区模式还是地产开发模式,都是增长主义导向的城市化模式的产物。在传统的城市化模式下,城市被当作增长机器(growth machine),产业发展或土地开发都服务于经济增长的目标,产业园区模式和地产开发模式只是路径不同而已。

开发区起步的产业园区模式,往往产业发展先行,新城新区的城市功能存在短板,导致人口增长和集聚速度滞后于产业发展,存在人气不足的问题。"以地谋发展"模式驱动的地产开发先导的新城新区,由于土地开发先行,许多地方第二产业和第三产业集聚程度低,存在可持续发展动力不足等问题。

在增长主义导向下,一定时期内土地城镇化快于人口城镇化,导致城市人口密度出现下降。2000—2014 年,全国城市建成区面积从 2.24 万平方千米增加到 4.98 万平方千米,年均增速为 5.45%,远高于同期城镇人口年均增速 3.32%。2000—2009 年,人口大于 50 万人的城市人口密度年均下降了1.11%。2007 年,有 18 个地区的城市人口密度比上年下降;2011 年,有 14 个地区的城市人口密度比上年下降。2007—2016 年的 10 年中,城市人口密度比上年下降的年份,辽宁省有 8 个,新疆有 7 个,江苏省、海南省、陕西省、黑龙江省各有 6 个,湖南省、甘肃省各有 5 个。有些地方甚至出现了城市蔓延的现象。所谓城市蔓延,是指城市的无序扩展与延伸,城市面积超出人口需要的过度扩张,中心城区的人口和经济活动扩散到城郊或卫星城,人口密度降低,城市形态变得分散、多中心化(Glaeser 和 Khan,2004)。新城新区建设作为典

型的城市空间扩张形式,往往成为城市蔓延现象的空间载体。

基于对增长主义导向城市化模式的反思,我国提出了新型城镇化战略,强调要以人的城镇化为核心。在传统的城镇化模式下,大量农业转移人口难以融入城市社会,市民化进程滞后。2014 年,人户分离的农民工及其随迁家属 2.34 亿人,被统计为城镇人口,却未能在教育、就业、医疗、养老、保障性住房等方面享受城镇居民的基本公共服务。因此,2014 年,中央政府出台了《国家新型城镇化规划(2014—2020 年)》,旨在合理引导人口流动,有序推进农业转移人口市民化。2021 年,中央政府出台了《国家新型城镇化规划(2021—2035 年)》,要求通过积极推进新型城镇化,提高城市质量和城市效率,强调以城市群为主体形态、大中小城市和小城镇协调发展。新型城镇化既是我国城市化战略和城市发展模式的转型,也为新城新区建设发展思路的调整指明了方向。

第三节 从产城分离到产城人融合

一、新城新区的产城分离问题

在快速城市化进程中,我国出现了在各级城市周边建设新城新区和产业园区以带动经济发展和城市发展空间拓展的热潮。这些新城新区和产业园区为工业化的快速推进和城市空间扩大做出了重要贡献。然而,进入 21 世纪以后,从传统粗放的城镇化模式发展起来的新城新区和产业园区暴露出越来越多的问题,引起了各界的关注。新城新区建设往往以土地开发为先导,缺乏产业和人口的支撑(张道刚,2011);产业园区建设则往往唯经济为中心,功能单一,"只见厂房不见城市、只见产业设施不见服务配套"(李学杰,2012)。产业空间与城市空间不重合,生产功能和生活功能不匹配,出现了"产城分离"(或称产城脱节)的现象。产城分离造就了诸多城市病,如空城、睡城、潮汐式交通、第二第三产业集聚程度低、可持续发展动力不足等。

二、从产城分离走向产城融合

　　"十二五"时期,作为一种解决产城分离的方略,产城融合的理念开始频繁出现在各类规划报告和学术研究中。以中国知网(CNKI)为数据来源,检索范围限定为北大核心期刊、CSSCI 期刊和 AMI 期刊,以"产城融合"作为主题词进行文献检索,得到"产城融合"主题的学术论文共 259 篇,对文献进行筛选后,得到有效文献 208 篇,2011—2022 年年度发文量趋势如图 1-5 所示。我们使用 Citespace 软件对这些文献进行关键词共现图谱分析,可以发现,产城融合的学术研究起步于 2011 年,2014—2017 年迎来了发文量的高峰期,该时期也是我国城市空间快速扩展、城市化和工业化快速推进的时期。2018 年后发文量略有下降,趋于稳定。

　　如关键词共现图谱所示(图 1-6),2011—2022 年,产城融合相关研究共生成 306 个节点和 587 条连线,网络密度为 0.0126。这说明,产城融合研究中形成了有一定联动的诸多话题和聚焦点,但缺乏有影响力和带动力的重大热点方向。表 1-2 列举了产城融合研究中词频前十位的关键词,并计算了中心度,中心度越高,代表该关键词受到的关注越多,对关键词共现网络影响就越大。在统计得到的高频关键词中,"产业园区""开发区""工业园区""城市新区""特色新区"说明产城融合研究主要面向这类城市扩展中出现的园区和新城;"城镇化""产业聚集""产业升级"说明了产城融合研究围绕城镇化和工业

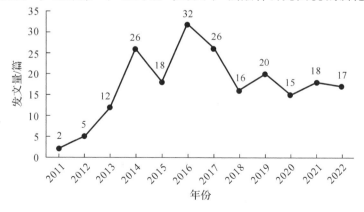

图 1-5　2011—2022 年"产城融合"研究文献年度发文量趋势

化开展。各个高频关键词的中心度均较低,说明这些相对高频的关键词并没有成为产城融合研究领域中具有强大凝聚力和引领性的热点方向,产城融合的研究总体上较为分散。

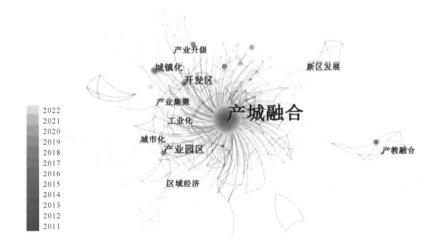

图 1-6   2011—2022 年"产城融合"研究关键词共现图谱

表 1-2   "产城融合"研究关键词词频、中心度统计

频次	中心度	年份	关键词
157	1.52	2011	产城融合
9	0.02	2013	城镇化
9	0.03	2013	产业园区
7	0.01	2013	开发区
5	0.02	2014	产业集聚
5	0	2015	工业园区
4	0.04	2014	产业升级
4	0	2012	城市新区
4	0	2018	特色新区
4	0.06	2015	产教融合

在过去 10 多年,学术界对于产城融合的概念和内涵展开了诸多讨论。张

道刚(2011)最早提出产城融合的概念,他指出,产业是城市发展的基础,城市是产业发展的载体,城市与产业应相伴而生、共同发展,城市化与产业化要有对应的匹配度,不能一快一慢、脱节分离。刘瑾等(2012)将产城融合分解为"以产促城"和"以城兴产"两个部分,即以新型工业化促进城区发展,并通过新城复合多元化发展带动产业整体提升。李学杰(2012)同样认为产城融合是要让产业依附于城市,让城市更好地服务于产业,他在该基础上更加强调了二者的协调和要素的流通,指出"融合"是把产业和城市看作一个良性互动的有机整体。杜宝东(2014)指出,产城融合是一个复杂而漫长的互动作用过程,该过程中既包含了产业业态的融合,又包含了城市形态的融合。石忆邵(2016)在总结各类研究基础上,将产城融合的概念区分为广义和狭义,认为产城融合广义上为工业化和城镇化的融合,狭义上为产业区和城区的融合。丛海彬等(2017)在构建产城融合的评价体系时,从产业支撑、城镇化建设和人口集聚三个层面来对各地的产城融合水平进行评价。

除了讨论产城融合的概念与内涵,学术界最关心的是如何实现产城融合、如何推进产城融合。张道刚(2011)认为,产城融合的突破口是把产业园区作为城镇社区加以精心打造,让单一生产功能的产业园区转为生产、消费、服务多功能的城市特色功能区。林华(2011)则认为,产城融合的核心问题是产业结构是否符合城市发展的定位,故首要策略是把握和调整城市产业结构。贺传皎等(2012)参考芝加哥学派提出的扇形多核心的城市空间结构,将城市分为中心区、过渡区、产业园区、特色资源区和生态保护区,期望以这五类功能区的紧密分工与高效合作来达到产城互促、产城融合的目标。孔翔和杨帆(2013)认为,由于产城融合是为了解决开发区建设中出现的问题而被提出的,所以产城融合的重点在于产业区的持续健康发展。唐晓宏(2014)将产业园区分为边缘型产业园区、近郊产业园区和远郊产业园区三类,认为不同类型的产业园区应该走不同的产城融合之路。李文彬和陈浩(2012)认为,讨论产城融合及其实施路径应当关注地区发展的阶段性,产城融合是城镇化发展到一定阶段的产物,应在开发区进入成熟期时重点关注产城融合。许爱萍(2019)同样强调,产城融合的发展基本经历了产城绝对分离、产城相对分离、产城无序融合和产城有序融合 4 个阶段,产城融合往往是一个分阶段进行的过程。

在对产城融合概念、内涵、模式、阶段的探讨中,产城融合这一理念得到了广泛的认可和应用。但在各类新城新区、产业园区、高新技术区等的实际建设中,却出现了见"产"、见"城"、不见"人"的问题,部分新城新区建设不顾客观条件与实际发展需要,在城市人口规模较小且人口增长率较低的情况下,盲目跟风,规划建设新城新区,致使新城新区"遍地开花",社会融合滞后、空间融合滞后,"空城""鬼城"屡见不鲜。这促使学者们开始反思过去对产城融合的解读与理解,"人"的重要性开始得到关注。

三、"产城人融合"的提出

党的十八大以来,中央政府提出了新型城镇化战略,我国城镇化进程开始由追求物质性的统一和效率向现代多元化人本模式转变。党的十九届五中全会对新型城镇化战略作出了部署,指出要"推进以人为核心的新型城镇化","以人为本"的理念被提升到前所未有的高度。在此背景下,各界对产城融合的理解逐渐发生了从"功能导向"到"人本导向"的回归(谢呈阳等,2016)。李文彬和张昀(2014)从人本视角出发,对产城融合进行了新解读,他们指出:"如果产城融合是一种城市发展目标,那么对于产城融合的理解应该回归到对城市本质的认识上。城市的本质是人,城市因人而诞生,因人而繁荣,因人而衰落。因此,城市应该以人为本,一切功能围绕人的需求展开。"钟顺昌等(2014)指出,产业是城镇化的手段,而人是产城关系的主体。谢呈阳等(2016)在剖析产城融合的内在机理时指出,人是连接产与城的桥梁,人既是产业发展的投入要素,又对城市功能存在必然需求。上述讨论表明,在人本主义回归的潮流中,"人"被认为既是新型城镇化的目标,又是实现新型城镇化的重要因素。在一系列对产城融合的目标与机理的反思中,"产城人融合"的理念应运而生了。

产城人融合作为产城融合理念的深化,是产城融合的延伸,也可被视为更高阶段的产城融合。传统的产城融合重点关注了产与城之间的互动与协调,产城人融合在此基础上进行拓展,关注产业与人、产业与城市、城市与人之间的协调发展。在人本导向下,"人"不仅要作为生产的"人",也要作为生活的"人"得到关注。赵先超和申纪泽(2016)指出,应该把市民的情感体验、行为诉求、人居环境的生态建设以及地域文脉等元素加入产城融合。吴福象和张雯(2021)也指出,产城人的关键是对人本导向的体现,"人"既是"产"的投入要素,也是"城"的生命和活力的体现。在对"人"的内涵充分理解下,产城人之间的互动机制方能被更充分认识。王凯等(2020)认为,要达成产、城、人三位一体,就要以产的引领带动城的建设、人的集聚,以人的变化促进产的发展、城的完善,以城的提质推动产、城、人的相融。周维思等(2021)也认为,产城人融合主要体现在三者的双向互动关系中,他将其归纳为以现代优势产业集聚高端创新优势人群的"产人"关系,以多功能高水平服务满足多样人群、多样需求的"城人"关系,以及让空间得以持续生长和延续的"产城"关系。吴福象和张雯(2021)指出:"因产业发展需要劳动力作为基础要素,而劳动者的生存发展需要通过产业提供就业来实现,故产人融合是基础;因城镇发展需要产业提供生产动力,而产业发展需要城镇提供空间载体,故产城融合是关键;因人口是城镇发展的活力所在,而城镇应为人口提供适宜的工作和生活环境,故产人融合是归宿。"

部分学者将产城人融合的"人"解读为"人才",将产城人融合解读为城市与产业、产业与人才、人才与城市协调共融的发展模式(周月莉和白玉,2016;蒙荫莉等,2015;陈任艳,2021)。在这种解读中,产业被视为联系人才聚集和城市建设的纽带,城市被视为人才集聚和产业发展的空间基础,人才被视为产业发展和城市繁荣的动力来源,三者相互促进、互为条件。这种认识虽能一定程度上解读三者的互动关系,但仅把"人"停留在强调其劳动力属性的"人才"概念上,有落于功能导向的窠臼之嫌。

总而言之,产城人融合是坚持以人民为中心的发展思想的体现,对于推动以人为核心的新型城镇化具有重要的理论和实践意义。在产城人融合发展理念下,"产"是城市发展的基础,产业发展提供就业岗位,决定了城市吸引人口集聚的能力。"城"是城市功能的空间载体,为产业发展和人口集聚提供生产生活空间。"人"是实现"人的城镇化"和推动城市与产业发展的关键因素,在城市功能和产业发展的基础上,人口增长和集聚为城市带来活力。"产城人"是一个有机整体,践行产城人融合的理念,推进以人为核心的新型城镇化,需要系统谋划,以城载产,以产聚人,以人兴城。

第二章 "产城人融合"发展的学理逻辑

第一节 生活质量理论与乐活理念

随着经济快速发展和社会进步,人们越来越重视生活质量,不仅关心物质生活的改善,也更关注社会和精神生活的质量提升。近年来,生活质量研究成为一个热门话题,本节将梳理生活质量的概念与研究脉络、生活质量指标体系以及生活质量与乐活的关系。

一、生活质量理论的内涵

生活质量研究的发展历史可以追溯到 20 世纪 50 年代。美国经济学家 Galbraith(1958)在《丰裕社会》中提出"生活质量"这一概念,认为生活质量是指人们对生活水平的全面评价,此后这一概念得到了广泛使用。20 世纪 80 年代以来,国内有关生活质量的研究也逐渐兴起,其研究方法、范式和成果在不断发展与进步,其发展阶段和研究重点与国际趋势一脉相承,经历了逐渐从单纯的客观指标测量转向以主观感受和社会文化因素为重点的综合评价的发展历程。在早期阶段,生活质量被理解为城乡居民的物质生活水平,主要以物质生活环境、住房条件以及收入等方面作为研究重点,忽略了生活质量的多元性和主观性(赵彦云和李静萍,2000)。然而,传统的社会经济发展的指标不能反映主观的幸福感和获得感。学者们开始反思个人主观评估生活质量的重要性,对生活质量的研究转而更为关注主观、个性化、多元化的质量特征(Sirgy,2002)。随着时间的推移,生活质量研究扩展到了更加复杂的议题,例如社会融合、主观幸福感等。人们生活质量的体验不仅取决于个人层面的特征,还与社会条件和文化背景等因素密切相关,新移民、经济弱势群体等成为重点关注对象(Guida 和 Carpentieri,2021)。

当前有关生活质量的研究主要有三种视角:(1)客观视角,把生活质量定义为社会中客观生活条件的综合反映。客观视角认为生活质量是一个可以通过客观指标来度量的概念。在这种研究视角中,生活质量可以通过收入、教育、健康、住房、环境等一系列可测量和统计的因素进行衡量。因此,客观视角被广泛用于政策制定以及决策支持等方面。然而,这种研究视角常常忽视了人们的主观感受,容易忽略人们的真实需求。(2)主观视角,把生活质量定义为人们对于生活总体水平和各种客观生活条件的主观评价。心理学领域一般采用主观视角,客观环境条件被视为促进生活质量的因素,而不是构成或创建的因素。与生活质量相对应的概念还有主观幸福感、生活满意度等。著名心理学家埃德·迪纳(E. Diener)认为主观幸福感是指评价者根据自定标准对其生活质量的整体评估(Diener 和 Suh,1997)。因此,一些研究往往将主观幸福感作为测度主观生活质量的重要指标。生活质量表现了一个人在社会环境中拥有的能够满足其生理、心理和社会需求的资源和环境,从而直接影响到个体的生活满意度。生活质量的主观视角通常依靠问卷调查和民意调查等方法,直接询问人们对自己生活状况的感受和评价。(3)综合视角,认为生活质量包括人们对客观财富和资源的获取情况以及人们对生活状况的主观感受(Felce 和 Perry,1995)。这种研究视角不仅考虑物质方面也关注非物质方面,如社交关系、文化活动、个人自由等方面。综合视角是近年来研究生活质量最为常见的视角之一,它既能够反映出人们的物质需求,也能够捕捉人们的真实感受。

综上可知,生活质量是一个涵盖面很广的概念,既包括个体在物质、精神、社会等方面的状态,又包括个体活动的社会环境和自然环境。生活质量研究的核心观点是以人为本,主张从人类学和社会学的角度出发,从人本位的角度探讨人和社会的关系,注重人的生命质量和人格发展,强调人的主体性和参与性。

二、生活质量理论的指标体系

生活质量研究的一个基本任务是要建立合适的生活质量指标体系,用来度量不同社会、地区以及个体的生活水平和福利水平的标准。这些标准由主客观多个方面的指标组成,每个指标都侧重反映出社会和个体生活水平的某一重要方面。20世纪70年代以来,欧美国家纷纷展开生活质量的定量研究,形成了几套公认的指标体系,包括美国社会卫生组织(American Social Health Association,ASHA)提出的综合评价指标体系、美国海外开发署提出的PQLI(physical quality of life index,物质生活质量指数)、评价现代化社会的10项指标、人文发展指数,以及痛苦指数等(风笑天,2007)。除了以上主流的指标体系,还有一些国际机构在其研究中运用独立的指标来测量生活质量,如国民幸福总值指数(GNW)、OECD(经济合作与发展组织)美好生活指数等(Diener和Suh,1997)。改革开放以来,我国也展开了生活质量研究,具有代表性的是1992年由国家统计局提出的小康生活质量量化标准,明确将"生活质量"纳入我国小康社会的指标体系。

主流的生活质量指标体系通常包括物质财富、健康、教育、社会参与、卫生、环境、主观感受、生活方式等方面。其中,物质财富指标包括人均国内生产总值、消费指数等;健康指标包括人均寿命、健康状况、医疗保健等;教育指标包括文盲率、教育程度、教育质量等;社会参与指标包括就业率、工作稳定性、社会关系、社会资本等;卫生指标包括疾病预防、卫生管理等;环境指标主要评估的是人们对所居住的环境的评价,包括水、空气、土地污染、噪声污染和自然地形等;主观感受指标包括主观幸福感、满意度等;生活方式指标包括户外活动、休闲时间等。这些指标广泛应用于评价人和社会的生活水平及福利水平。这些指标根据不同的研究视角也可分为社会指标和个人主观指标。社会指标的特点是,它们都是基于客观、定量统计数据而不是个人主观感知的社会环境。个人主观指标一般是研究者使用调研、问卷和采访等方式对个体的主观感受进行测量。

当前,生活质量指标体系的应用越来越广泛,但在不同国家和地区的具体应用和设置指标的权重等方面也存在差异。在未来的研究中,应该相对客观科学地选取适合本地区特定应用的指标,同时也应该在保持指标连续性和可比性的基础上,综合考虑不同指标的相关性,并结合各类文化、社会和个体特点,进一步完善、优化和普及生活质量指标体系。

三、乐活(LOHAS)理念

乐活(lifestyle of health and sustainability,LOHAS)是体现生活质量的一种生活方式,强调个人的健康和福祉,以及对环境和社会可持续性的关注(Cheng 等,2018)。这种生活方式的核心是追求个人、环境和社会之间的平衡发展。传统观念认为,只有物质条件好才能拥有高品质的生活。然而,随着人们生活水平的提高,越来越多的人开始意识到,生活质量不能仅仅由物质条件决定,还包括身体健康、心理健康以及生活满意度等方面。这一理念被"乐活"所体现,它通过追求平衡的生活方式,实现了个人、环境和社会的和谐发展。

乐活理念的兴起与现代城市化过程有关,随着城市居民开始关注健康、环境和社会责任等问题,乐活成为城市建设的重要指导思想。首先,乐活理念可以成为城市规划的参考标准。在城市规划中,可以考虑采用现代技术手段建设更健康、环保、可持续发展的城市。例如,可以设置更多的绿地和自行车道、开辟更多的公共交通、建设更加环保的建筑和能源系统等促进城市可持续发展。其次,乐活可以成为城市营销的重要理念。乐活已经形成了一种特殊的市场需求,并逐渐成为新的市场趋势,例如追求绿色健康食品、环保家具等(Kim 等,2013;Wan 等,2018)。随着乐活理念的普及,城市规划也需要注重从人的角度出发,充分考虑市民的需求和市场的差异。城市可以提供健康、环保和社会责任方面的相关服务,吸引更多的乐活消费者来到城市,带来更多的商业机会和经济利益。

乐活理念的实施和推广不仅对个人的身心健康和主观幸福感有着积极的指导意义,对新城的规划和健康发展也有着重要的影响。新城新区建设应当"以人为本",增强市民的获得感、幸福感。过去,我国的城市建设过于追求速度和效率,许多新城在设计和建设中出现了忽视生态环境的保护、不重视对自然资源的节约利用、缺乏对人文的充分关怀等问题。宜人的居住环境和优质的生活方式,对提高市民的生活质量和城市环境的可持续发展有着重要的作用。因此,求乐活是新城新区建设发展的终极目标,也是"产城人融合"发展的具象体现,更是衡量市民获得感、幸福感的关键性指标。

第二节 复杂系统科学的构成与生成

一、复杂系统科学的发展

复杂系统科学是研究复杂性问题的系统科学。早在 20 世纪 40 年代,Weaver(1948)就指出,人类在 19 世纪和 20 世纪分别征服了简单问题和无组织的复杂性问题,而在未来的 50 年,必须学会解决有组织的复杂性问题。

从 20 世纪 40 年代一般系统论创立至今,系统科学在无数学者的发展和完善下经历了三代理论革新。20 世纪 40 年代,贝塔朗菲(Bertalanffy)创立了一般系统论,奠定了系统科学的理论基础,与同时期提出的控制论(Wiener,1948)、信息论(Shannon,1948)一同构成了系统科学的第一代理论。第一代系统论采用模型的办法来简化甚至忽略构成系统的基本元素(仇保兴,2022),系统中的部分是完全被动的个体,不具备自主性,这保证了系统论在工程领域的成功应用,但无法解释生物、经济、社会等复杂性系统问题(陈禹,2001)。20 世纪 70 年代左右,耗散结构理论(Prigogine,1969)、超循环理论(Eigen,1971)和协同学理论(Haken,1977)构建了第二代系统论的理论基础。第二代系统论是非平衡系统的自组织理论,描述了复杂系统的不可预知性,系统中的部分具有自身的独立运动,但这种运动是盲目的、随机的,不具备适应性,依旧无法解决经济、社会等系统问题(陈禹,2001)。1994 年,霍兰(Holland)提出了第三代系统论——复杂适应系统(Complex adaptive system,CAS)理论,实现了复杂系统科学新的突破。

二、从"构成论"到"生成论"

20世纪后半叶,数学领域出现"分形理论",系统动力学领域出现"混沌理论",物理学与化学领域出现"耗散结构理论",气象学领域出现"蝴蝶效应"概念……这些不同领域发生的新型理论运动都基于对复杂性问题的研究,而其共同思想本质,是人类关于世界本体的观念从"构成论"向"生成论"的历史转变(鲁品越,2015)。20世纪70年代,系统科学从第一代系统论向第二代系统论的转变也是如此:前者以"构成论"为思想基础,主要研究系统的结构及其相互作用;后者则以"生成论"为思想基础,主要研究系统的生成过程(鲁品越,2015)。

构成论的逻辑基础源于"原子论",即物质是由不可分割、不可毁灭的原子所构成的,因而认为整体是由部分构成的。构成论是分析还原的思维,通过把整体分解为各个组成部分来认识事物的本质,往往将部分从整体中孤立出来,忽略部分与部分间的相互作用,忽略多要素系统的整体相互作用(周理乾,2014)。而生成论的逻辑基础是"整体论"。生成演化的思想最早可以追溯到公元前,在西方源于古希腊亚里士多德和赫拉克里特的哲学思想,在东方则源于"道生一,一生二,二生三,三生万物"的道家思想。在生成论的视角下,李曙华(2004)提出了与"原子"相对的"生成元"概念,即"未分化的整体":生成元本身就是一个整体,新的整体由生成元生长、分化、发育而成,生成的整个过程都是整体行为,生成物从生到成皆具有整体不可分性。李曙华(2004)指出,生成论与构成论不同,是先有整体,后有部分,不是部分通过相互作用构成整体,而是整体通过信息反馈、复制与转换生长出部分,生成论的研究方法不是将系统分解还原为基本层次,而是探索贯穿所有层次的普遍规律和层次间跃迁的共同规律。

从构成论到生成论的思想转变是系统科学的进步,但并不意味着在实际应用中生成论能够完全取代构成论。鲁品越(2015)认为,生成是构成的来源,构成是生成的基础,生成论是对构成论的修正、补充与包容,二者是辩证统一的,在社会问题的实际应用上各有利弊:构成论通过将整体分解为部分建立了总体上的稳定结构,使社会资源在整体上得到合理化配置,以实现社会总体目标,但缺点是容易形成僵化的体系;生成论通过建立生成元实现社会的自我发展,有利于创新和发展丰富多彩的社会事物,推动生产力发展,但自发的发展可能导致总体上的两极分化与社会矛盾,造成资源总体配置上的不合理,甚至影响社会稳定。

从系统科学构成论和生成论的视角分析中国的城市建设问题,我们发现,具有历史积淀的老城区大多是"生成"演化形成的,而人工设计和建设形成的新城新区往往是基于"构成"的理念。我们强调在新城新区建设发展过程中要实现构成论和生成论的辩证统一,"产城人融合"既要强调顶层设计和系统"构成",也要重视新城建设发展过程中的自组织、自适应。如果新城新区过度依赖"构成",否定"生成",就容易陷入景观单调、乐活不足、烟火气缺失的困境。以城载产,以产聚人,以人兴城,链式推进的策略,符合复杂系统科学的"生成论"理念。

三、复杂适应系统理论与城市复杂系统

1984 年,在诺贝尔物理学奖获得者默里·盖尔-曼(Murray Gell-Mann)、菲利普·安德森(Philip Anderson)和经济学奖获得者肯尼斯·阿罗(Kenneth Arrow)等人的支持下,世界知名的复杂性科学研究中心美国圣塔菲研究所(Santa Fe Institute)成立。该研究所聚集了多学科研究人员,他们试图通过学科融合来解决复杂性问题。1994 年,圣塔菲研究所的霍兰(Holland)提出了复杂适应系统理论。Holland(2006)对复杂适应系统(CAS)的定义是大量相互作用、适应或学习的主体(agent)组成的系统。主体是有主动性的元素,其行为可以用规则描述,这些主体随着经验积累不断变换其规则来适应环境,而任何主体所处环境的主要部分都由其他主体组成,也就是说,任何主体都在适应别的主体,这个特征是 CAS 生成复杂动态模式的主要根源(霍兰,2000)。

CAS 包括聚集、非线性、流、多样性四个通用特性,和标识、内部模型、积木三个机制。聚集是指简单主体聚集形成的新主体能够在更高的层次上再

次聚集,从而形成典型的层次结构,并在高层次上涌现出聚集特性,例如大城市的协调性和持存性;标识是聚集和边界生成的机制,允许主体在一些不易分辨的主体或目标中进行选择,为筛选、特化和合作提供了基础,使得具有共性的层次组织结构形成;非线性是指主体的变化和相互作用涉及非线性因素;流特性描述资源在节点(主体)和连接者(可能的相互作用)构成的网络上流动,流具有重要的乘数效应和再循环效应。CAS中的多样性是主体不断适应的结果,主体在适应中不断分化出差异,这是一种通常具有持存性和协调性的动态模式,任何主体的持存都依赖于其他主体提供的环境,如果移走一种主体,系统就会产生一种功能趋同的主体来适应变化,而主体的迁移又能开辟新的环境并与其他主体产生新的相互作用;建立内部模型的机制使得主体能够通过内部结构的变化预测结果;积木机制是将复杂事物分解成低层次的"积木块"重新组合,从而实现对新事物的预测(霍兰,2000)。

城市是一种典型的复杂适应系统,由多种相互作用的具有适应性的主体组成,具有多层次的复杂结构。雅各布斯(Jacobs)早在1961年出版的《美国大城市的死与生》中就指出,城市是一个有组织的复杂系统,"城市无序的表象之下存在着复杂的社会和经济方面的有序"(雅各布斯,2015)。在《隐秩序:适应性造就复杂性》中,霍兰以纽约市作为复杂适应系统的案例之一,解释了城市作为复杂适应系统的特性和机制:纽约市是由各种简单主体多层次聚集形成的复杂适应系统,例如众多的公司、商店、出租车等,这些主体在实际上确定每一笔交易,并通过广告、商标和公司标志等标识促进和指导交易。标识的多样性反映了城市中公司及其活动的不同,货物进、出、经过城市产生了复杂的流网络。尽管纽约呈现出多样性、变化性且缺乏中央指挥,但它始终保持着协调性。纽约的内部模型体现了非线性,无法用线性分析方法进行研究。如果能找到通过不断组合确定城市特征的"积木",就能对城市活动有一个全新的认识。但同时霍兰(2000)也指出城市系统的"积木"比其他CAS更不明显,强调了城市系统的高度复杂性。

正因为城市是一种复杂适应系统,以城载产、以产聚人、以人兴城的链式推进策略才具有坚实的理论基础和实践可行性。在新城新区的建设中,"产"

"城""人"都是这个复杂系统中的主体,它们各自由更低层次的多重主体聚集而成,又在更高层次上聚集形成了新城这一系统,涌现出新城的持存性和协调性。"产""城""人"之间相互作用、相互适应,在此基础上形成了复杂的流网络。而以城载产、以产聚人、以人兴城的链式推进策略环环相扣,充分发挥了流网络的乘数效应和再循环效应,能够更好地维持新城的可持续发展。在认识新城新区的过程中,我们利用"积木"的机制,基于主体的共性与多样性,将各个主体分解为多个次级指标,同时也考虑到了新城与老城之间的系统交互,从而更好地认识和评价新城新区,为内部模型的构建和预测提供基础。在指标体系的合成过程中应用效用函数合成方法,符合对复杂适应系统非线性特征的理解。

第三节 "产城人融合"发展的理论逻辑与分析框架

一、产城人融合的互动关系

我们认为,离开人这个主体,谈城和产都是片面的,但这也并不意味着"产""城""人"三个要素具备,就能形成"产城人融合"发展的态势,还需要三者在结构、空间、功能上相互匹配协调。就"产""城""人"三者关系来看,杨雪锋和未来(2015)认为,产业是以直接的产品和劳务供给成为经济社会发展的物质基础,城市则以要素集中供给和需求规模聚集成为经济发展的空间载体;产业与城市反映出作为社会中的"人"在经济社会中工作与生活的一体两面。晁恒(2018)指出,"人"是"产""城"之间有效互动和融合上升的关键连接点,离开"人"这一作用主体,"产"和"城"都将无法进行有效互动(刘天宇,2020)。"城"与"产"的紧密联系,推动着两者协调发展,没有产业支撑的城市缺乏经济活力而成为"死城";没有城市作为依托,即便是再高端的产业也只能"空转"(杨雪锋和未来,2015)。总之,产业、城市功能和人口之间存在着相互作用、相互依存的关系(图 2-1)。

(一)"人—城"互相作用关系

城市为人的活动提供空间载体,提供适宜的工作和生活环境。城市良好

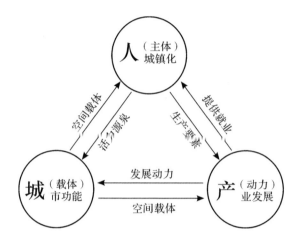

图 2-1 "产—城—人"互动关系

图片来源:参考(何笑梅和洪亮平,2017)绘制。

的基础设施和优质的公共服务能吸引人口集聚,为人们的生产、生活提供空间,而人的集聚也为城市带来活力(烟火气)。一方面,人是城市功能的服务对象。新型城镇化的核心是人的城镇化,目的就是满足人的需求。依据马斯洛(Abraham Maslow)的人类需求层次理论,人的需求包括生理需求、安全需求、社交需求、尊重需求和自我实现需求五个层次,每个层次所对应的需求内容,反映在城市功能建设中,都对应着不同的配套服务设施。在推进中国式现代化阶段,新城新区建设不应满足于城市功能和城市治理,更应坚持以人为本的思想,充分考虑居住者的基本需求,满足人们个性化发展和挖掘个人独特生活方式的需要,把出行、餐饮、游憩、购物、娱乐等活动看作城市活力的体现,把年轻人的即兴文化、交往活动看作城市创新能力的象征,将"烟火气"扎根新城新区。另一方面,在城市功能建设中,必须保证配置的均等化、获取的便利化、产品的多样化和供给的公益性,实现公平、高效、多样的服务体系,为人的集聚提供完备的软硬件支撑。应重点考虑就业人口结构、年龄构成、受教育程度等特征,对以居住、商务商业、公园绿地、公共服务为导向的城市功能进行补充,满足居民生产生活的基本需求,通过对基础设施、公共服务设施和产业体系的优化布局,避免出现重产轻人、职住分离等问题,实现人与城的合理衔接。从人对城的反向作用来看,人是城市的活力源,不同行业的人在某一地点集聚以便于进行物质资料的交换从而产生了城市。人也是城市运行的维护者,随着人对服务品质和数量需求的提高,迫使城市提供更优质的、多样化的基础设施和公共服务,以满足人民日益增长的美好生活需要。

(二)"产—城"互相作用关系

产业之于城市,犹如引擎之于列车,产业活,城市才能活。城镇化的动力源来自产业的聚集和不断升级,产业发展直接影响新城新区的功能建设、城市规模和布局等方面。从"产"对"城"的作用来看,已有文献主要针对作用关系、作用阶段、作用效果三个方面进行解析。首先,从作用关系来看,"产"即产业功能,包括一产、二产和三产,是城市的经济基础和发展动力。产业在发展壮大的同时也为城市发展提供保障,驱动着城市更新和服务配套完善。城市受产业发展的推动与制约。其次,从作用阶段来看,产业是先行于城市的。城市化由工业化所推动,工业化引发了人口从农业向工业、从农村向城市转移。钱纳里和塞尔昆(1988)等的研究显示,随着人均收入水平的上升,工业化推进导致产业结构演化,带动城市化水平提高。最后,从作用效果来看,产业塑造了城市,带动了城市的繁荣,促进城市创新和竞争优势的形成。

产业,尤其是服务业的发展推动"城"的繁荣发展。城市功能在很大程度由作为"产"之一的服务业提供。与工业产品相比,服务具有无形性、不可储存性、生产与消费同时性三大特征(Browning 和 Singelman,1975)。大多数服务活动尤其是消费服务仍受到明显的时空限制(江小涓,2011)。产业分工和产业集群的形成有利于信息交换和相互交流,有助于城市创新与竞争优势的形成。产业分工与区域性产业体系的动态演化塑造城市形成中心城市、次中心城市、一般城市。在城市群内部,其产业链的经济属性决定了城市的区位和地位,其链网的密度决定了它的发展上限。区域产业链的分工又决定着城市功能的分工以及各城市在区域内的定位。从"城"对"产"的作用来看,城市是产业发展的空间载体,城市服务于产业区的持续、健康发展。城市功能优化为产业发展创造优越的要素和市场环境,城市对规模经济的追求促使城市对周边区域非农生产要素的吸附能力逐渐增强,人口从农村向城市迁移,非农生产要素在城市空间集聚,带动产业发展。城市也为产业发展提供相关的服务配套。基于城市承载力发展产业经济,根据不同城市之间的功能定位和产业分工,有助于形成制造业与服务业之间、高端服务业与普通服务业之间的合理分工。

(三)"产—人"互相作用关系

从"产"对"人"的作用来看,产业发展提供就业岗位,促进劳动者的生存发展。"产"促进"人"的集聚,引导人口流动。专业化分工使劳动力从生产中解放出来,大幅度提升工作效率,为人们腾出了更多用于生活的时间。从"人"对"产"的作用来看,一方面,"人"作为劳动力是"产"的重要投入要素,人与"产"在地域上具有天然的不可割裂性。劳动力(尤其是高质量劳动力)为"产"的转型升级提供要素支撑,若人才大量流失,将导致产业升级陷入瓶颈。另一方面,由于生产与消费的同时性,人的需求规模是制约服务业发展的根本条件,大量消费者和经济组织在空间上集聚和匹配,才可能提供服务产业化所需的足够大的市场需求。而且,人的收入增长可以提振当地消费需求、带动相关产业发展。总之,产业需要人口作为支撑,人口又需要产业提供就业岗位,产业结构与人口结构的高度匹配能够减轻城市的运行压力。产业发展直接影响城市经济发展和人口就业,当人口能在有限的城市土地、资源承载力下自由流动,就业人口结构与产业结构相匹配时,人和城才能融合发展。

二、产城人融合发展的分析框架

产城人融合作为一个新概念,是产城融合的内涵延伸,其核心因素在于人,本质就是以人为本,实现多元要素均衡协调科学发展(刘栋,2014)。产城人融合实质上是在产城融合的思路上由"功能主义"向"人本主义"的回归。在本书中,产城人融合是指产业与人、产业与城市、城市与人之间的协调发展,强调"以城载产,以产聚人,以人兴城"的发展理念。具体包括以下三个因素。

"产"是指产业,是城市发展的动力。产业发展提供就业岗位,将决定吸引人口集聚的能力。

"城"是指城市、城区,是城市功能的空间载体。城市为产业发展和人口集聚提供生产生活空间。

"人"是指人口,是实现"人的城镇化"和推动城市和产业发展的关键因素,是城市活力的来源。

产城人融合的内涵是以人为核心和重点,促进产和城的协调发展。产是第一支撑,城是第一平台,人是第一要素,以城载产,以产聚人,以人兴城,产、城、人是一个有机整体。人口的集聚,带来生产要素和消费需求,是城市的活力系统;产业注入,推动城市经济发展,是城市的动力系统;城市基础设施的建设,商业服务、办公、居住、休闲等功能的完善,是城市的硬件系统。从空间上来讲,产、城、人三者分别代表了新城新区的产业空间、用地空间和社会空间,三个空间的相互影响、协调融合,才构成完整的城市人居环境空间(图 2-2)。用地空间与社会空间、产业空间的匹配关系是新城新区可持续发展的关键,其中,城市功能组团决定了空间结构,社会组织决定其社会空间,产业组织结构又决定其产业空间结构。

图 2-2　新城新区"产城人融合"的内涵模型

综合上述分析,结合"产城人融合"的新城新区发展理念,新城新区产城人融合发展以"兴产业""聚人气""求乐活"三个维度为分析框架。在这一分析框架下,"兴产业""聚人气""求乐活"是相互关联、互为支撑的逻辑关系,"兴产业"是新城新区建设的基础,也是新城新区发展的动力,要为人口集聚和城市功能培育提供产业支撑;"聚人气"是新城新区完善城市功能的目的,也是城市功能发育水平的象征,完善城市功能是要服务于产业发展和人口集聚,并为市民"求乐活"提供保障和支撑;"求乐活"是新城新区生活品质改善的具象体现,符合"让人民群众在城市生活更方便、更舒心、更美好"的目标导向,新城新区生活品质的改善反过来会增强其对人口和产业的吸引力。

三、产城人融合发展与人居环境质量

城市让生活更美好。"让人民群众的城市生活更方便、更舒心、更美好"，是城市发展和城市治理的终极目标，城市发展要增强市民的获得感、幸福感，而市民的获得感、幸福感来自人居环境改善、精神面貌提升以及更强的归属感。城市人居环境是宜居宜业的重要载体，也是"产城人融合"的具象体现。城市人居环境是由产业空间、用地空间和社会空间构成的综合性概念，内含"兴产业""聚人气""求乐活"等不同维度的要素。其中，"兴产业"是"宜业"的基础保障，"聚人气""求乐活"则是"宜居"的内涵和支撑。"烟火气"是民生之气，往往是宜居水平的具象体现。"烟火气"里不仅有市井生活，也蕴含着城市发展的活力和底气。"烟火气"是城市经济的"精气神"，可以为城市经济注入更多新动能。因此，城市人居环境质量与"产城人融合"之间互为表里，相辅相成。

如前所述，乐活是体现生活质量的一种生活方式，是指贴近生活本源、自然、健康、和谐的生活形态，也是全球兴起的一种健康可持续生活方式。形象地说，乐活就是人们在消费时，要考虑到自己和家人的健康以及对生态环境的责任，主张既要享受现代技术生活又要对自然环境负责，简约消费、快乐平和、亲近自然、保护环境，是一种乐观的、包容的生活态度。

在中国语境下，乐活不仅强调在生活方式上将现代技术和自然环境相结合，更强调宜居宜业的保障是城市居民获得感、幸福感的具象体现。乐活理念顺应人民群众对美好生活的向往，因此可以用兴产业、聚人气、求乐活，来表征宜居宜业的人居环境质量。乐活之城，就是我们所要追求的宜居宜业的新城新区人居环境。打造乐活之城，完善城市功能，提升城市品质，改善人居环境，是新城新区建设发展的题中应有之义。与此同时，打造乐活之城，完善城市功能，提升城市品质，改善人居环境，也有利于吸引高素质人才，汇聚创新要素，推动新城新区建设发展迈向更高层次。

第三章　中国新城新区人居环境质量评价

第一节　新城新区人居环境指数指标体系

一、人居环境指数的基本思路：兴产业，聚人气，求乐活

结合产城人融合的新城新区发展理念，新城新区人居环境指数以"兴产业""聚人气""求乐活"为基本分析框架（图 3-1）。该框架以打造集居住、就业、教育、休闲、卫生、娱乐、商业和福利等功能于一体的综合型新城新区为宗旨，在指标体系建构和评价方法设计这两大关键问题上进行了创新性探索。

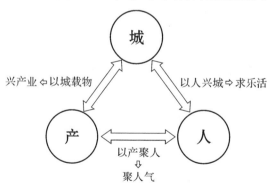

图 3-1　新城新区人居环境指数评价分析框架

二、基于产城人融合的人居环境指数指标体系

中国新城新区人居环境指数的指标体系由3项一级指标、12项二级指标和32项三级指标构成(参见表3-1)。

(一)"兴产业"指数

在新城新区(为表述方便起见,下文涉及指标之处简称新城)的建设发展过程中,产业发展具有重要的支撑作用。其中,新城所属城市的对外交通可达性可促进城市间商贸交流合作;新城与老城之间的交通可达性有利于老城辐射带动新城产业发展,也有利于新城有效承接老城产业转移疏解;新城新区空间范围内的各类用地功能和成交情况可反映现有产业空间布局、产业集聚程度和产业结构,同时也在一定程度上体现了产业转型发展的潜力空间。

"兴产业"作为一级指标涵盖3项二级指标,分别为"新城所在城市与其他国内外城市的通达性""新城与老城区之间的通达性""新城产业用地供给的动态增长性"。各个二级指标分别由多项三级指标组合构成,譬如就"新城所在城市与其他国内外城市的通达性"二级指标而言,三级指标涉及"新城至距离最近高铁站的驾车时间(分钟)""新城至距离最近机场的驾车时间(分钟)""新城所在城市高铁/城际及动车停发车次总计(趟)""新城所在城市的机场2020年游客吞吐量(万人)""新城所在城市的机场2020年货邮吞吐量(万吨)"。就"新城与老城区之间的通达性"二级指标而言,三级指标涉及"新城内的地铁站数量(个)"和"新城至城市中心(商圈)的距离(公里)"。就"新城产业用地供给的动态增长性"二级指标而言,三级指标涉及"2007—2020年已成交工商业用地面积的动态变化性(百分比)"和"2007—2020年已成交工商业用地宗地数的动态变化性(百分比)"。

(二)"聚人气"指数

新城新区的人口结构中往往外来人口比例较大,流动性较强。新城新区的人口增长和集聚,会对科教文卫公共服务和绿色生态基础设施的可达性等城市功能提出更高的要求。基础设施和公共服务供给水平越高,城市功能越完善,"聚人气"的能力越强,越有利于吸引人口增长和集聚。因此,新城新区的人

口集聚能力和潜力,与新城新区的基础设施和公共服务供给水平密切相关。

"聚人气"作为一级指标涵盖了 4 项二级指标,分别为"新城所在城市的人口吸引力""新城基本公共服务常住人口覆盖率""新城基本公共服务设施的居民点辐射水平""新城人类活动强度"。各个二级指标分别由多项三级指标组合构成。就"新城所在城市的人口吸引力"而言,三级指标涉及"城市人口净流入(万人)"和"新城所在城市月度人口流入情况(百万人次)"。就"新城基本公共服务常住人口覆盖率"二级指标而言,三级指标分别为"500 米可达幼儿园的常住人口覆盖率(百分比)""1000 米可达小学的常住人口覆盖率(百分比)""2500 米可达中学的常住人口覆盖率(百分比)"和"1000 米可达综合医院的常住人口覆盖率(百分比)"。就"新城基本公共服务设施的居民点辐射水平"而言,三级指标涉及"综合医院服务辐射的整体水平(百分比)""幼儿园服务辐射的整体水平(百分比)""小学服务辐射的整体水平(百分比)""中学服务辐射的整体水平(百分比)"。就"新城人类活动强度"而言,三级指标分别是"前 20％栅格灰度值的平均值(剔除异常值)"和"所有栅格灰度值的平均值(剔除异常值)"。

(三)"求乐活"指数

新城新区建设应当"以人为本",增强市民的获得感、幸福感。商业服务业与市民的日常生活息息相关,是保障市民获得感、幸福感的基本元素。商业消费便利性和多元化消费体验有助于提升市民的获得感、幸福感。求乐活是新城新区建设发展的终极目标,也是产城人融合发展的具象体现,更是衡量市民获得感、幸福感的关键性指标。

"求乐活"作为一级指标涵盖了 5 项二级指标,分别为"新城的商业分布密度""新城内的商场区位""新城的消费成本""新城的夜间经济""新城的绿色健康水平"。各个二级指标分别由一项或多项三级指标组合构成。就"新城的商业分布密度"而言,三级指标涉及"商场密度(个/km²)""满足生活服务的店铺及组织机构密度(个/km²)"和"满足文化休闲服务的店铺及组织机构密度(个/km²)"。就"新城内的商场区位"而言,三级指标涉及"居民点至商场的30 分钟步行可达性(百分比)"和"商场的服务辐射整体水平(百分比)"。就

"新城的消费成本"而言,三级指标为"新城的餐饮店铺均价与居民每月人均收入的比例(百分比)"。就"新城的夜间经济"而言,三级指标涉及"晚上9点到次日早上6点营业店铺的类别数(个)"和"晚上9点到次日早上6点营业的店铺及组织机构密度(个/km²)"。就"新城的绿色健康水平"二级指标而言,三级指标包括"新城所在区市2021年空气质量指数(AQI)年度均值(无单位)""居民点至绿地的15分钟步行可达性(白分比)""新城内绿地服务辐射的整体水平(百分比)"。

三、突出短板制约的人居环境评价

(一)传统指数评价方法的局限

国内外的指数评价大多采用加权评价方式或采用层次分析法确定各个指标的权重。由于不同指标之间存在可替代性,往往会出现一俊遮百丑的问题。如果某个或少数指标得分奇高,就会拉高平均得分,掩盖其他指标的短板制约,从而导致指数评价结果与实际情况或公众认知出现偏离。

对此,新城新区人居环境指数对传统的加权平均法进行了改进,借鉴经济学效用函数的非完全替代特征,采用效用函数合成方法,对新城新区"兴产业""聚人气""求乐活"进行综合评价,以突出新城新区发展过程中短板要素的瓶颈。

(二)指标体系的效用函数合成方法

新城新区人居环境指数评价采用效用函数合成方法进行指标体系合成,可以反映同级指标之间的非完全替代关系。在三级指标体系中,上级指标得分由下级指标得分加权合成得到。其中,权重的设定是根据居民对于短板指标的强烈"主观"偏好进行客观计算,可反映各项同级指标的相对重要性,体现了主观感受与客观赋权的结合。换言之,在差异化的同级指标中,某项短板越突出,则该指标的权重越高,反之亦然。这种赋权方式可以反映新城新区产城人融合程度,精准识别短板因素并重点关注瓶颈,表征"兴产业""聚人气""求乐活"的均衡发展、协同并进,推动新城新区建设进程中"构成"与"生成"的结合。

表 3-1　中国新城新区人居环境指数评价指标

一级指标	二级指标	三级指标	计算方法	数据来源
1. 兴产业	1.1 新城与其他国内外城市的通达性	1.1.1 新城至距离最近高铁站的驾车时间（分钟）	新城管委会到最近高铁站的驾车时间	百度地图
		1.1.2 新城至距离最近机场的驾车时间（分钟）	新城管委会到最近机场的驾车时间	
		1.1.3 新城所在城市高铁/城际及动车停发车次总计（趟）	新城所在城市所有火车站的高铁车次＋城际列车车次＋动车车次	12306 网站数据
		1.1.4 新城所在城市的机场 2020 年游客吞吐量（万人）	统计数据	中国民用航空局数据
		1.1.5 新城所在城市的机场 2020 年货邮吞吐量（万吨）	统计数据	
	1.2 新城与老城区的通达性	1.2.1 新城内的地铁站数量（个）	统计数据	信息点（POI）数据
		1.2.2 新城至城市中心（商圈）的距离（公里）	新城管委会到最近的城市中心（商圈）的驾车时间（距离）	百度地图
	1.3 新城产业用地供给的动态增长性	1.3.1 2007—2020 年已成交工商业用地面积的动态变化性（百分比）	2007—2020 年已成交的工业和商服用地面积的平均增长率（以 2007 年成交地面积为基期）	中国土地市场网
		1.3.2 2007—2020 年已成交工商业用地宗地数的动态变化性（百分比）	2007—2020 年已成交的工业和商服用地宗地数的平均增长率（以 2007 年成交地宗地数为基期）	

续表

一级指标	二级指标	三级指标	计算方法	数据来源
2.聚人气	2.1 新城所在城市的人口吸引力	2.1.1 城市人口净流入(万人)	常住人口数-户籍人口数(常住人口数据来源为各地市第七次人口普查数据,其中合肥、青岛、长沙、郑州为2019年末户籍人口数据;户籍人口数据来源为2020年末户籍人口数据)	各地市第七次人口普查公报及统计年鉴
		2.1.2 新城所在城市月度人口流动情况(百万人次)	2020年6月新城所在城市的每日人口流入人数据加总	手机信令数据
	2.2 新城基本公共服务常住人口覆盖率	2.2.1 500米可达幼儿园的常住人口覆盖率(百分比)	幼儿园500米半径范围内的常住人口数量占新城总人口数的比例	POI数据;WorldPop 2020年100米分辨率人口数据
		2.2.2 1000米可达小学的常住人口覆盖率(百分比)	小学1000米半径范围内的常住人口数量占新城总人口数的比例	
		2.2.3 2500米可达中学的常住人口覆盖率(百分比)	中学2500米半径范围内的常住人口数量占新城总人口数的比例	
		2.2.4 1000米可达综合医院的常住人口覆盖率(百分比)	综合医院1000米半径范围内的常住人口数量占新城总人口数的比例	
	2.3 新城基本公共服务设施的居民点辐射水平	2.3.1 综合医院服务辐射的整体水平(百分比)	各个综合医院居民点1250米半径范围内的居民点总数的比例平均值×各个综合医院居民点数占新城居民点总数的比例平均值	POI数据

续表

一级指标	二级指标	三级指标	计算方法	数据来源
2. 聚人气	2.3 新城基本公共服务设施的居民点辐射水平	2.3.2 幼儿园服务辐射的整体水平（百分比）	各个幼儿园1250米半径范围内的居民点总数占新城居民点总数的比例×各个新城居民点数占新城居民点总数的比例平均值 幼儿园2500米半径范围内的居民点总数的比例平均值 POI数据	POI数据
		2.3.3 小学服务辐射的整体水平（百分比）	各个小学1250米半径范围内的居民点总数占新城居民点总数的比例平均值×各个小学居民点数占新城居民点总数的比例 小学2500米半径范围内的居民点总数的比例平均值	
		2.3.4 中学服务辐射的整体水平（百分比）	各个中学1250米半径范围内的居民点总数占新城居民点总数的比例平均值×各个中学居民点数占新城居民点总数的比例 中学2500米半径范围内的居民点总数的比例平均值	
	2.4 新城人类活动强度	2.4.1 前20%栅格灰度值的平均值（无单位）	已剔除DN值大于63（异常值）的栅格，在剩余栅格数量的基础上，统计前20%栅格DN值的平均值	夜间灯光数据
		2.4.2 所有栅格灰度值的平均值（无单位）	已剔除DN值大于63（异常值）的栅格，统计剩余栅格DN值的平均值	

续表

一级指标	二级指标	三级指标	计算方法	数据来源
3. 求乐活	3.1 新城的商业分布密度	3.1.1 商场密度（个/km²）	商场个数/新城面积	大众点评数据
		3.1.2 满足生活服务的店铺及组织机构密度（个/km²）	满足生活服务的店铺及组织机构个数/新城面积	POI数据
		3.1.3 满足文化休闲服务的店铺及组织机构密度（个/km²）	满足文化休闲服务的店铺及组织机构个数/新城面积	POI数据
	3.2 新城内的商场区位	3.2.1 居民点至商场的30分钟步行可达性（百分比）	15分钟步行可达范围内有商场的居民点总数占新城居民点总数的比例；30分钟步行可达范围内有商场的居民点总数占新城居民点总数的比例	大众点评数据
		3.2.2 商场的服务辐射整体水平（百分比）	各个商场1250米半径范围内的居民点数占比平均值×各个商场2500米半径范围内的居民点数占新城居民点总数的比例平均值	
	3.3 新城的消费成本	3.3.1 新城的餐饮店铺均价与居民每月人均收入的比例（百分比）	新城的地理边界内大众点评所有（含人均价格）餐饮类店铺的价格均值/新城所在城市居民每月人均收入	大众点评数据和各地市统计年鉴
	3.4 新城的夜间经济	3.4.1 晚上9点到次日早上6点之间营业店铺的类别数（个）	统计类别个数（根据大众点评26个一级类别划分）	大众点评数据
		3.4.2 晚上9点到次日早上6点之间营业的店铺及组织机构密度（个/km²）	晚上9点到次日早上6点之间的店铺数量/新城面积	

续表

一级指标	二级指标	三级指标	计算方法	数据来源
3. 求乐活	3.5 新城的绿色健康水平	3.5.1 新城所在市区 2021 年 AQI 指数年度均值（无单位）	2021 年 1 月至 2021 年 12 月新城所在区市 AQI 月度数据的均值	生态环境部官网及各地市统计局
		3.5.2 居民点至绿地的 15 分钟步行可达性（百分比）	15 分钟步行可达范围内有绿地的新城居民点数占新城居民点总数的比例	POI 数据
		3.5.3 新城内绿地服务辐射的整体水平（百分比）	各个公园绿地 1250 米半径范围内的居民点数占新城居民点总数的比例×各个公园绿地 2500 米半径范围内的居民点数占新城居民点总数的比例平均值	

以新城 1 为例,人居环境指数由三项一级指标得分合成,其公式为:

$$U_1 = I_1^\alpha P_1^\beta L_1^\gamma (\alpha + \beta + \gamma = 1)$$

其中,I 表示产业(Industry),P 表示人口(People),L 表示乐活(LOHAS)。

在此基础上,分别计算"兴产业"权重 α、"聚人气"权重 β 和"求乐活"权重 γ。指标权重的具体计算方法为:

(1)计算新城 1 的 I 值、P 值、L 值与 50 个新城中最高的 I 值、P 值、L 值的差距,即 $\Delta I_1 = I_{\max} - I_1$,$\Delta P_1 = P_{\max} - P_1$,$\Delta L_1 = L_{\max} - L_1$。

(2)基于新城 1 三项一级指标得分与最高得分的差距,反映三项指标的发展程度,即短板情况,以此赋权重,分别为:$\alpha = \dfrac{\Delta I_1}{\Delta I_1 + \Delta P_1 + \Delta L_1}$,$\beta = \dfrac{\Delta P_1}{\Delta I_1 + \Delta P_1 + \Delta L_1}$,$\gamma = \dfrac{\Delta L_1}{\Delta I_1 + \Delta P_1 + \Delta L_1}$。

总而言之,α、β、γ 互为关联且相加之和为 1,可根据数值大小反映出新城新区各项指标的相对长处和相对短板。

第二节　新城新区人居环境指数的数据来源与样本选取

一、应用大数据技术的新城新区人居环境数据收集

新城新区作为城市空间扩展的地域单元,缺乏按行政区划统计的统计数据。研究新城新区人居环境,需要利用大数据技术收集相关数据,这亦是本报告的创新之处。本报告所用的数据来源包括:百度地图、POI 数据、卫星夜间灯光数据、WorldPop 100 米栅格分辨率人口数据、大众点评数据、中国联通手机信令数据、中国土地市场网土地交易数据、12306 网站数据、中国民用航空局官方公开数据、第七次人口普查数据、生态环境部空气质量指数和各城市统计年鉴等。卫星夜间灯光数据、POI 数据、大众点评数据、WorldPop 100 米栅格分辨率人口数据等涉及空间信息的数据以新城新区的地理边界为依据,进行空间匹配和数据处理。POI 数据可以提取居民点、中小学校、医院、绿

地、商铺等人居环境的地理位置信息;卫星夜间灯光数据可以用来反映人口和经济活动强度;大众点评数据可以提取各类生活服务和商场的地理位置信息。空间数据统计的内容包括距离统计、数量统计、类别个数统计和价格统计,分析方式主要包括密度分析、可达性分析等(表3-2)。

部分数据以新城新区所在城市为单位进行采集。以城市为单位的数据主要有:新城所在城市高铁/城际及动车停发车次总计(趟);新城所在城市的机场2020年游客吞吐量(万人);新城所在城市的机场2020年货邮吞吐量(万吨);城市人口净流入(万人);新城所在区市2021年AQI年度均值;新城所在城市的居民每月人均收入(元);新城所在城市月度人口流入情况(百万人次);基于手机信令数据的新城所在城市的人口流动(百万人次)。

表3-2　新城新区人居环境指数评价指标的数据采集来源及数据分析方法

序号	数据采集(来源)	数据分析(方法)
1	百度地图	空间距离分析
2	12306网站数据	城市高铁/城际列车/动车数据统计
3	中国民用航空局官方公开数据	游客吞吐量和货邮吞吐量数据统计
4	POI数据	密度及空间可达性分析
5	第七次人口普查数据	常住人口数据统计
6	WorldPop 100米栅格分辨率人口数据	新城新区常住人口数量及其空间分布
7	手机信令数据	城市间人口流动人次分析
8	卫星夜间灯光数据	剔除异常值后的平均灰度值分析
9	大众点评数据	密度分析、平均价格分析、店铺营业时间统计分析
10	各城市统计年鉴	户籍人口数统计、城市居民每月人均收入统计

二、多源异构数据的正向化和标准化处理

首先,明确区分新城新区人居环境LOHAS指数的正向指标和逆向指标。

正向指标为望大型指标,即指标值越大则评价越好的指标;逆向指标为望小型指标,即指标值越小则评价越好的指标。对于逆向指标,本研究可通过正向处理换算为正向得分。例如指标 a 为逆向指标,a_{max} 为指标 a 的最大值,a_{min} 为指标 a 的最小值,则指标 a 内任意 a_0 值的正向化处理公式为:

$$a_n = \frac{a_{max} - a_0}{u_{max} - u_{min}}$$

其次,对于所得正向数据进行正态化分析。

基于偏态系数、峰态系数情况,所得正向数据可划分为基本正态分布、轻度左偏分布和轻度右偏分布。视数据情况,通过对数函数、指数函数和三角函数处理等方式进行正态化处理。

最后,对正态分布数据进行标准化处理及赋分。

对于不存在合格标准的指标,通过累积分布函数(cumulative distribution function)进行标准化处理。例如,通过累积分布函数求得指标 b 的标准化处理结果 x'_b,在此基础上求得各项指标的最终得分 x_b。最终得分 x_b 的公式为:

$$x_b = x'_b \times 100$$

对于存在合格标准的指标,采用目标渐进法进行标准化处理。例如,设定合格标准为 x_q,若指标得分 x_c 满足标准可直接赋值该项指标的最终得分为:$x_c = 100$。若某项指标得分 x_d 不满足标准,则修正其最终得分为:

$$x_d = 100 \times \frac{x_d}{x_q}$$

三、新城新区的样本选取

中国新城新区人居环境指数评价以国内 50 个新城新区为样本对象。这 50 个新城新区主要包括国家级高新技术开发区、省级新区、地市级新城新区等,分布在 36 个城市。其中,位于长三角地区的新城新区共 27 个,位于粤港澳大湾区的新城新区共 9 个,长三角地区和粤港澳大湾区的新城新区合计 36 个,占样本总数的 72%。

如果以新城新区所属城市的常住人口规模为依据进行统计分类,这 50 个新城新区的样本分布如下(表 3-3):所在城市的城区常住人口大于 1000 万人的样本新城新区共 15 个,所属 7 个超大城市;所在城市的城区常住人口 500 万～1000 万人的样本新城新区共 13 个,所属 10 个特大城市;所在城市的城区常住人口 300 万～500 万人的样本新城新区共 12 个,所属 8 个 I 型大城市;所在城市的城区常住人口 100 万～300 万人的样本新城新区共 8 个,分别所属 8 个 II 型大城市;所在城市的城区常住人口小于 100 万人的样本新城新区共 2 个,分别所属 2 个中小城市。

表 3-3 样本新城新区所属城市的常住人口规模情况

样本所在城市的常住人口规模/人	样本所在城市/个	样本数量/个	样本新城新区
超大城市 (城区常住人口大于 1000 万)	上海(3)、北京(3)、深圳(3)、重庆(2)、广州(2)、成都(1)、武汉(1)	15	上海嘉定新城、上海闵行新城、上海松江新城,北京良乡高教园区、北京望京新城、北京亦庄新城,深圳宝安中心区、深圳坪山中心区、深圳前海蛇口自贸区,重庆江南新城、重庆西部新城,广州白云新城、广州珠江新城,成都龙潭总部新城,武汉东湖经济技术开发区
特大城市 (城区常住人口 500 万～1000 万)	东莞(1)、杭州(3)、佛山(1)、南京(2)、沈阳(1)、青岛(1)、济南(1)、长沙(1)、郑州(1)、昆明(1)	13	东莞松山湖科技产业园区,佛山东平新城,杭州钱江新城、杭州未来科技城、杭州下沙经济技术开发区,南京河西新城、南京南部新城,沈阳浑河新城,青岛滨海新区,济南西部新城,长沙滨江新城,郑州郑东新区,昆明呈贡新区
I 型大城市 (城区常住人口 300 万～500 万)	苏州(3)、合肥(1)、宁波(3)、厦门(1)、盐城(1)、徐州(1)、乌鲁木齐(1)、温州(1)	12	苏州金鸡湖商务区、苏州平江新城、苏州太湖新城,合肥滨湖新城,宁波东部新城、宁波南部商务区、宁波镇海新城,厦门集美新城,盐城城南新区,徐州陇海新城,乌鲁木齐高新技术产业开发区,温州瓯海新城

续表

样本所在城市的常住人口规模/人	样本所在城市/个	样本数量/个	样本新城新区
Ⅱ型大城市（城区常住人口100万～300万）	珠海(1)、无锡(1)、鄂尔多斯(1)、扬州(1)、金华(1)、嘉兴(1)、汕头(1)、绍兴(1)	8	珠海横琴粤澳深度合作区、无锡太湖新城、鄂尔多斯康巴什新区、扬州西区新城、金华金义都市新区、嘉兴科技城、汕头珠港新城、绍兴迪荡新城
中小城市（城区常住人口小于100万）	安庆(1)、舟山(1)	2	安庆北部新城、舟山临城新区

如果按照新城新区所属城市的人口年均增长率为依据进行统计分类，50个新城新区分布如表 3-4 所示。所在城市的人口年均增长率 $x \geqslant 3\%$ 的新城新区共 13 个，所属 8 个城市。所在城市的人口年均增长率 $3\% > x \geqslant 2\%$ 的新城新区共 12 个，所属 8 个城市；所在城市的人口年均增长率 $2\% > x \geqslant 1\%$ 的共 14 个，所属 10 个城市；所在城市的人口年均增长率 $1\% > x \geqslant 0$ 的共 9 个，所属 7 个城市；所在城市的人口年均增长率 $x < 0$ 的共 2 个，分别所属 2 个城市。

表 3-4　样本新城新区所属城市的人口年均增长率情况

样本所在城市人口年均增长率	样本所在城市/个	样本数量/个	样本新城新区
$x \geqslant 3\%$	杭州(3)、成都(1)、深圳(3)、广州(2)、珠海(1)、长沙(1)、厦门(1)、郑州(1)	13	杭州钱江新城、杭州未来科技城、杭州经济技术开发区，成都龙潭总部新城，深圳宝安中心区、深圳坪山中心区、深圳前海蛇口自贸区，广州白云新城、广州珠江新城，珠海横琴粤澳深度合作区，长沙滨江新城，厦门集美新城，郑州郑东新区

样本所在城市 人口年均增长率	样本所在城市/个	样本数量/ 个	样本新城新区
3%＞x≥2%	宁波(3)、金华(1)、苏州(3)、合肥(1)、佛山(1)、东莞(1)、武汉(1)、昆明(1)	12	宁波东部新城、宁波南部商务区、宁波镇海新城,金华金义都市新区,苏州金鸡湖商务区、苏州平江新城、苏州太湖新城,合肥滨湖新城,佛山东平新城,东莞松山湖科技产业园区,武汉东湖经济技术开发区,昆明呈贡新区
2%＞x≥1%	北京(3)、嘉兴(1)、南京(2)、无锡(1)、重庆(2)、鄂尔多斯(1)、沈阳(1)、济南(1)、青岛(1)、乌鲁木齐(1)	14	北京良乡高教园区、北京望京新城、北京亦庄新城,嘉兴科技城,南京河西新城、南京南部新城,无锡太湖新城,重庆江南新城、重庆西部新城,鄂尔多斯康巴什新区,沈阳浑河新城,济南西部新城,青岛滨海新区,乌鲁木齐高新技术产业开发区
1%＞x≥0	上海(3)、舟山(1)、温州(1)、绍兴(1)、徐州(1)、扬州(1)、汕头(1)	9	上海嘉定新城、上海闵行新城、上海松江新城,舟山临城新区,温州瓯海新城,绍兴迪荡新城,徐州陇海新城,扬州西区新城,汕头珠港新城
x＜0	盐城(1)、安庆(1)	2	盐城城南新区、安庆北部新城

第三节　新城新区人居环境指数分析

一、新城新区人居环境指数综合绩效排行榜

(一)人居环境指数综合绩效排名

全国新城新区人居环境指数综合绩效排名如表3-5所示。总体上看,50个新城新区人居环境指数综合绩效的得分区间为[3.94,65.27],反映出新城新区人居环境存在明显的提升空间,不同新城新区之间的差异较大。其中,排名前五位的新城新区分别为广州白云新城、杭州钱江新城、深圳宝安中心

区、北京望京新城和成都龙潭总部新城；排名末五位的新城新区分别为珠海横琴粤澳深度合作区、鄂尔多斯康巴什新区、宁波南部商务区、徐州陇海新城和汕头珠港新城。

表 3-5　全国新城新区人居环境指数排行榜

新城新区	得分	排名	星级	新城新区	得分	排名	星级
广州白云新城	65.27	1	☆☆☆☆☆	苏州平江新城	32.82	26	☆☆☆
杭州钱江新城	58.06	2	☆☆☆☆	宁波东部新城	30.65	27	☆☆☆
深圳宝安中心区	57.00	3	☆☆☆☆	苏州太湖新城	30.40	28	☆☆☆
北京望京新城	52.91	4	☆☆☆☆	上海松江新城	29.24	29	☆☆
成都龙潭总部新城	48.45	5	☆☆☆☆	郑州郑东新区	28.80	30	☆☆
广州珠江新城	46.31	6	☆☆☆☆	杭州未来科技城	28.16	31	☆☆
青岛滨海新区	45.23	7	☆☆☆☆	济南西部新城	27.21	32	☆☆
厦门集美新城	43.42	8	☆☆☆	沈阳浑河新城	25.78	33	☆☆
杭州经济技术开发区	42.99	9	☆☆☆	扬州西区新城	25.26	34	☆☆
深圳前海蛇口自贸区	42.61	10	☆☆☆	重庆西部新城	24.10	35	☆☆
长沙滨江新城	42.07	11	☆☆☆	盐城城南新区	22.80	36	☆☆
南京河西新城	40.92	12	☆☆☆	东莞松山湖科技产业园区	22.60	37	☆☆
昆明呈贡新区	39.45	13	☆☆☆	深圳坪山中心区	22.17	38	☆☆
无锡太湖新城	37.10	14	☆☆☆	重庆江南新城	22.17	39	☆☆
北京亦庄新城	36.30	15	☆☆☆	绍兴迪荡新城	21.51	40	☆☆
上海闵行新城	36.27	16	☆☆☆	金华金义都市新区	20.79	41	☆☆
上海嘉定新城	35.36	17	☆☆☆	北京良乡高教园区	18.53	42	☆☆
宁波镇海新城	34.68	18	☆☆☆	嘉兴科技城	17.80	43	☆☆
武汉东湖经济技术开发区	34.13	19	☆☆☆	舟山临城新区	16.71	44	☆☆
温州瓯海新区	34.11	20	☆☆☆	安庆北部新城	16.58	45	☆☆
南京南部新城	33.66	21	☆☆☆	珠海横琴粤澳深度合作区	16.41	46	☆☆

续表

新城新区	得分	排名	星级	新城新区	得分	排名	星级
苏州金鸡湖商务区	33.18	22	☆☆☆	鄂尔多斯康巴什新区	10.88	47	☆
乌鲁木齐高新技术产业开发区	32.93	23	☆☆☆	宁波南部商务区	7.98	48	☆
合肥滨湖新城	32.92	24	☆☆☆	徐州陇海新城	6.94	49	☆
佛山东平新城	32.88	25	☆☆☆	汕头珠港新城	3.96	50	☆

注:综合绩效得分满分为100。

　　如果把全国的新城新区分为五级标定星级,50个新城新区中只有1个五星级新城,有6个四星级新城,有21个三星级新城,有18个二星级新城,还有4个一星级新城。[①]

　　图3-2反映了人居环境指数综合绩效排名前四位和末四位的新城新区"兴产业""聚人气""求乐活"得分情况。其中,排名前四位的新城新区的"兴产业""聚人气""求乐活"得分分值相对较高且较为均衡,排名末四位的新城新区的"兴产业""聚人气""求乐活"得分分值偏低,且均存在1项或2项较为显著的发展短板。

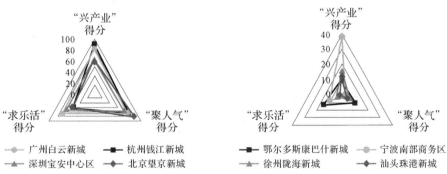

人居环境指数评价排名前四位的新城新区　　人居环境指数评价排名后四位的新城新区

图3-2　人居环境指数综合绩效排名前四位和末四位的新城新区得分特征

---

　　① 综合绩效得分超过60分为五星级,45～60分为四星级,30～45分为三星级,15～30分为二星级,低于15分为一星级(得分保留至小数点后两位)。

(二)新城新区人居环境指数综合绩效及一级指标得分分布

图 3-3 呈现了 50 个新城新区人居环境指数综合绩效及一级指标得分的分布特征。其中,"兴产业"平均得分略高于"聚人气"和"求乐活"的平均得分。就一级指标得分的差异程度看,呈现出"兴产业"得分差异＞"聚人气"得分差异＞"求乐活"得分差异。新城新区人居环境指数综合绩效及一级指标得分分布主要有以下两个特点。

第一,新城新区产业发展的差异程度较大,部分新城新区的产业发展显著滞后,缺乏经济活力。产业发展是新城新区人居环境质量改善的基础,应进一步强调产业对新城新区发展的牵引作用,以产业发展为引擎,带动人口集聚和城市功能完善。

第二,新城新区城市功能发育程度也存在明显差异,部分新城新区的烟火气不足,制约着人民群众生活便利程度改善。应加快健全城市功能,持续提升地方品质,为新城新区打造宜居宜业的生活环境,以烟火气满足人民群众日益增长的物质生活和精神生活需要。

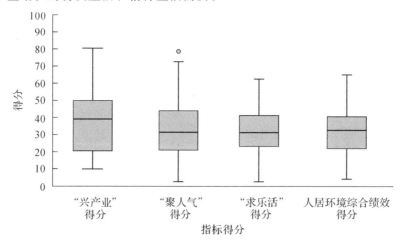

图 3-3　新城新区人居环境指数综合绩效及一级指标得分分布特征

(三)新城新区"兴产业""聚人气""求乐活"的均衡性

本报告把 3 项一级指标得分与其均值的差异取绝对值后进行算术平均,以界定差异度。如图 3-4 所示,随着人居环境指数排名下降,差异度总体上呈

现出先扩大、后缩小的态势。这表明,人居环境指数排名靠前的新城新区,3
项一级指标得分的差异度较小,"兴产业""聚人气""求乐活"的均衡性较好。
部分新城新区由于 3 项一级指标得分的差异度较大,发展不均衡,导致人居环
境指数排名下降。譬如,上海闵行新城和南京南部新城的差异度较大,导致
排名降低。

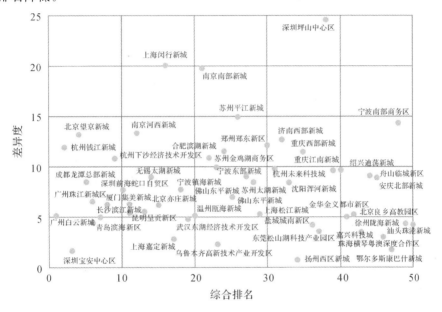

图 3-4　新城新区人居环境指数综合绩效排名与一级指标得分差异度的关系

　　另外,人居环境指数排名靠后的新城新区,3 项一级指标得分均较低,差
异度也较小。此外,少数新城新区由于 3 项一级指标得分的差异度较大,发展
不均衡,导致人居环境指数排名靠后。譬如,深圳坪山中心区最为典型,宁波
南部商务区也由于发展不均衡,导致综合排名靠后。

二、产业兴旺新城新区排行榜

　　基于 3 项二级指标("新城所在城市与其他国内外城市的通达性""新城与
老城区之间的通达性""新城产业用地供给的动态增长性")以及与此相关的 9
项三级指标,本报告采用效用函数合成方法进行合成,得出了产业兴旺新城
新区排行榜。

如表 3-6 所示,50 个新城新区的得分区间为[9.90,80.38],可见产业兴旺程度差异较大。其中,排名前五位的新城新区分别为杭州钱江新城、上海闵行新城、南京南部新城、广州白云新城和南京河西新城;排名末五位的新城新区分别为汕头珠港新城、绍兴迪荡新城、鄂尔多斯康巴什新区、舟山临城新区和深圳坪山中心区。

表 3-6　产业兴旺新城新区排行榜

新城新区	得分	排名	新城新区	得分	排名
杭州钱江新城	80.38	1	宁波南部商务区	38.33	26
上海闵行新城	79.02	2	厦门集美新城	38.04	27
南京南部新城	75.70	3	乌鲁木齐高新技术产业开发区	36.73	28
广州白云新城	74.26	4	上海嘉定新城	35.62	29
南京河西新城	68.30	5	杭州经济技术开发区	31.21	30
深圳宝安中心区	55.30	6	苏州平江新城	29.72	31
广州珠江新城	54.43	7	佛山东平新城	27.35	32
北京望京新城	54.08	8	扬州西区新城	24.58	33
郑州郑东新区	53.48	9	上海松江新城	24.44	34
无锡太湖新城	53.23	10	苏州金鸡湖商务区	23.75	35
成都龙潭总部新城	53.02	11	珠海横琴粤澳深度合作区	21.36	36
济南西部新城	51.00	12	苏州太湖新城	21.09	37
合肥滨湖新城	49.50	13	北京良乡高教园区	20.47	38
青岛滨海新区	49.18	14	东莞松山湖科技产业园区	19.73	39
北京亦庄新城	47.11	15	盐城城南新区	17.83	40
宁波东部新城	46.75	16	杭州未来科技城	17.26	41
长沙滨江新城	46.15	17	安庆北部新城	16.70	42
重庆西部新城	45.27	18	金华金义都市新区	16.08	43
昆明呈贡新区	44.19	19	徐州陇海新城	15.01	44
宁波镇海新城	43.40	20	嘉兴科技城	13.11	45

续表

新城新区	得分	排名	新城新区	得分	排名
温州瓯海新城	42.30	21	汕头珠港新城	12.14	46
武汉东湖经济技术开发区	41.78	22	绍兴迪荡新城	11.25	47
沈阳浑河新城	40.78	23	鄂尔多斯康巴什新区	10.02	48
深圳前海蛇口自贸区	40.23	24	舟山临城新城	10.00	49
重庆江南新城	39.77	25	深圳坪山中心区	9.90	50

三、最具人气新城新区排行榜

本报告基于 4 项二级指标("新城所在城市的人口吸引力""新城基本公共服务常住人口覆盖率""新城基本公共服务设施的居民点辐射水平""新城人类活动强度")以及其三级指标,采用效用函数合成方法进行合成,形成了最具人气新城新区排行榜。

如表 3-7 所示,50 个新城新区的得分区间为[2.54,79.14],反映出新城新区聚人气得分存在较大的差异。其中,排名前五位的新城新区分别为北京望京新城、深圳坪山中心区、杭州钱江新城、成都龙潭总部新城和广州白云新城;排名末五位的新城新区分别为安庆北部新城、鄂尔多斯康巴什新区、徐州陇海新城、汕头珠港新城和宁波南部商务区。

表 3-7　最具人气新城新区排行榜

新城新区	得分	排名	新城新区	得分	排名
北京望京新城	79.14	1	绍兴迪荡新城	31.74	26
深圳坪山中心区	72.87	2	武汉东湖经济技术开发区	31.41	27
杭州钱江新城	67.25	3	佛山东平新城	31.11	28
成都龙潭总部新城	63.03	4	无锡太湖新城	30.81	29
广州白云新城	61.58	5	北京亦庄新城	28.71	30
深圳宝安中心区	59.49	6	东莞松山湖科技产业园区	28.46	31
苏州金鸡湖商务区	53.91	7	温州瓯海新城	27.40	32

续表

新城新区	得分	排名	新城新区	得分	排名
杭州经济技术开发区	51.48	8	苏州平江新城	26.00	33
广州珠江新城	51.20	9	扬州西区新城	24.68	34
长沙滨江新城	50.36	10	宁波东部新城	23.95	35
南京河西新城	46.45	11	盐城城南新区	23.01	36
昆明呈贡新区	45.19	12	济南西部新城	22.82	37
合肥滨湖新城	43.80	13	重庆西部新城	21.23	38
宁波镇海新城	42.06	14	沈阳浑河新城	20.34	39
厦门集美新城	41.94	15	嘉兴科技城	20.21	40
上海闵行新城	41.79	16	金华金义都市新区	20.04	41
上海嘉定新城	40.00	17	重庆江南新城	17.58	42
杭州未来科技城	39.29	18	舟山临城新区	16.60	43
南京南部新城	38.75	19	珠海横琴粤澳深度合作区	14.03	44
青岛滨海新区	38.60	20	北京良乡高教园区	12.17	45
上海松江新城	38.15	21	安庆北部新城	9.82	46
深圳前海蛇口自贸区	37.16	22	鄂尔多斯康巴什新区	9.43	47
郑州郑东新区	35.73	23	徐州陇海新城	5.97	48
苏州太湖新城	33.42	24	汕头珠港新城	3.89	49
乌鲁木齐高新技术产业开发区	32.26	25	宁波南部商务区	2.54	50

四、最具烟火气新城新区排行榜

本报告基于 5 项二级指标("新城的商业分布密度""新城内的商场区位""新城的消费成本""新城的夜间经济""新城的绿色健康水平")以及其三级指标,采用效用函数合成方法进行统计合成,形成了最具烟火气新城新区排行榜。

如表 3-8 所示,50 个新城新区的得分区间为[1.49,63.36],反映出新城新区烟火气的差异程度十分显著。其中,排名前五位的新城新区分别为广州白云新城、苏州平江新城、杭州经济技术开发区、深圳坪山中心区和深圳宝安中心区;排名末五位的新城新区分别为珠海横琴粤澳深度合作区、鄂尔多斯康巴什新区、宁波南部商务区、徐州陇海新城和汕头珠港新城。

表3-8　最具烟火气新城新区排行榜

新城新区	得分	排名	新城新区	得分	排名
广州白云新城	63.36	1	武汉东湖经济技术开发区	31.23	26
苏州平江新城	61.54	2	乌鲁木齐高新技术产业开发区	30.41	27
杭州经济技术开发区	59.89	3	盐城城南新区	30.13	28
深圳坪山中心区	57.99	4	南京河西新城	29.52	29
深圳宝安中心区	56.51	5	金华金义都市新区	29.43	30
深圳前海蛇口自贸区	56.04	6	宁波东部新城	29.07	31
厦门集美新城	54.29	7	上海松江新城	28.08	32
青岛滨海新区	50.52	8	北京良乡高教园区	27.66	33
杭州钱江新城	47.00	9	扬州西区新城	26.59	34
苏州太湖新城	46.20	10	上海闵行新城	26.01	35
佛山东平新城	44.92	11	宁波镇海新城	25.20	36
北京望京新城	44.64	12	南京南部新城	23.27	37
杭州未来科技城	39.34	13	沈阳浑河新城	23.14	38
成都龙潭总部新城	38.59	14	嘉兴科技城	21.99	39
北京亦庄新城	38.09	15	济南西部新城	21.83	40
广州珠江新城	38.00	16	东莞松山湖科技产业园区	21.05	41
温州瓯海新城	36.03	17	合肥滨湖新城	20.73	42
无锡太湖新城	34.88	18	重庆江南新城	18.20	43
苏州金鸡湖商务区	34.82	19	重庆西部新城	17.87	44
绍兴迪荡新城	34.52	20	郑州郑东新区	17.21	45
长沙滨江新城	34.06	21	珠海横琴粤澳深度合作区	15.07	46
舟山临城新区	33.93	22	鄂尔多斯康巴什新区	13.79	47
安庆北部新城	33.35	23	宁波南部商务区	9.39	48
昆明呈贡新区	32.19	24	徐州陇海新城	4.07	49
上海嘉定新城	31.52	25	汕头珠港新城	1.49	50

第四节　新城新区产城人融合发展分析

一、"兴产业""聚人气""求乐活"的协调性分析

本报告基于 50 个新城新区"兴产业""聚人气""求乐活"一级指标的得分，深入剖析新城新区产业发展、人口聚集、城市功能健全、烟火气提升之间的关联性，探讨新城新区生命周期演化过程中"构成"与"生成"的关系。

表 3-9 显示，"兴产业"与"聚人气"之间、"聚人气"与"求乐活"之间呈现出显著的正相关性，且相关系数较高。由此可见，"兴产业""聚人气""求乐活"之间存在相互关联、相互依存的关系，而不是相互割裂的。换言之，新城新区生命周期演化过程中"构成"与"生成"是并存的。但"兴产业"和"求乐活"的得分不具有显著的相关性，需要"聚人气"的中介。也就是说，新城新区存在"兴产业"—"聚人气"—"求乐活"链式发展轨迹，需要通过"兴产业"促"聚人气"，在"聚人气"的基础上"求乐活"。

表 3-9　"兴产业""聚人气""求乐活"一级指标得分的皮尔逊相关系数

指标	"兴产业"指标得分	"聚人气"指标得分	"求乐活"指标得分
"兴产业"指标得分	1.000	0.506**	0.199
"聚人气"指标得分	0.506**	1.000	0.653**
"求乐活"指标得分	0.199	0.653**	1.000

** 在 0.01 级别（单尾），相关性显著。

在现实中，具体到某个新城新区，"兴产业""聚人气""求乐活"不一定能够联动发展、链式推进，往往可能出现某些环节比较薄弱，甚至脱节和断裂的状况。因此，新城新区建设发展，既要强调"产业发展—人口聚集—城市功能"的链式推进，同时也要重视发挥"生成"的作用，培育"产业发展—人口聚集—城市功能"的自组织、自适应链条，避免出现产业、土地、人口的链条断裂，才能实现产城人融合发展。

为了探究"兴产业""聚人气""求乐活"之间是否存在脱节现象，本报告分

别制作了新城新区"兴产业—聚人气"和"聚人气—求乐活"的得分散点图(如图 3-5 和图 3-6 所示)。

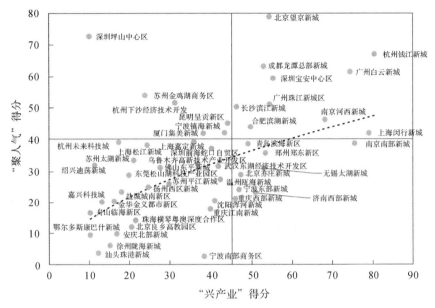

图 3-5　新城新区"兴产业—聚人气"得分散点图

图 3-5 为新城新区"兴产业—聚人气"得分散点图。50 个新城新区"兴产业"和"聚人气"的得分整体上呈现出正向相关关系,但存在差异。我们以"兴产业"得分 45 和"聚人气"得分 40 为原点,可以划分为四个象限。其中,位于第一象限的新城新区有 10 个,分别为北京望京新城、杭州钱江新城、成都龙潭总部新城、广州白云新城、深圳宝安中心区、广州珠江新城、长沙滨江新城、南京河西新城、合肥滨湖新城和上海闵行新城。

第二象限的新城新区有 6 个,分别为深圳坪山中心区、苏州金鸡湖商务区、杭州经济技术开发区、昆明呈贡新区、宁波镇海新城和厦门集美新城。

第三象限的新城新区有 26 个,分别为上海嘉定新城、杭州未来科技城、上海松江新城、深圳前海蛇口自贸区、苏州太湖新城、乌鲁木齐高新技术产业开发区、绍兴迪荡新城、武汉东湖经济技术开发区、佛山东平新城、东莞松山湖科技产业园区、温州瓯海新城、苏州平江新城、扬州西区新城、盐城城南新区、沈阳浑河新城、嘉兴科技城、金华金义都市新区、重庆江南新城、舟山临城新区、珠海横琴粤澳深度合作区、北京良乡高教园区、安庆北部新城、鄂尔多斯康巴什新区、徐州陇海新城、汕头珠港新城和宁波南部商务区。

第四象限的新城新区有 8 个,分别为南京南部新城、青岛滨海新区、郑州郑东新区、无锡太湖新城、北京亦庄新城、宁波东部新城、济南西部新城和重庆西部新城。

图 3-5 将新城新区大致分为三类:其一,位于第一象限的新城新区,"兴产业"和"聚人气"的联动发展水平较高,"产业强且人气旺",占 20%。其二,位于第二、四象限的新城新区,"兴产业"和"聚人气"之间存在脱节。位于第二象限的新城新区,属于"人气强于产业",但现有人气不是靠域内产业发展带动的;位于第四象限的新城新区,属于"产业强于人气",产业发展尚未带动人口集聚。这些新城新区合计有 14 个,占 28%。其三,位于第三象限的新城新区,"兴产业""聚人气"均较弱,处于链式推进的初级阶段。这部分新城新区比例最高,数量达 26 个,占 52%。

图 3-6 为新城新区"聚人气—求乐活"得分散点图。50 个新城新区"聚人气"和"求乐活"得分整体上也呈现为正向相关关系,但同样存在差异。以"求乐活"得分 35 和"聚人气"得分 40 为原点,可以划分为四个象限。其中,位于第一象限"人气和烟火气皆旺"的新城新区有 9 个,分别为北京望京新城、深圳坪山中心区、杭州钱江新城、成都龙潭总部新城、广州白云新城、深圳宝安中心区、杭州经济技术开发区、广州珠江新城和厦门集美新城。

第二象限"烟火气旺于人气"的新城新区有 8 个,分别为杭州未来科技城、青岛滨海新区、深圳前海蛇口自贸区、苏州太湖新城、佛山东平新城、北京亦庄新城、温州瓯海新城和苏州平江新城。

第三象限"人气和烟火气均较弱"的新城新区有 26 个,分别上海嘉定新城、南京南部新城、上海松江新城、郑州郑东新区、乌鲁木齐高新技术产业开发区、绍兴迪荡新城、武汉东湖经济技术开发区、无锡太湖新城、东莞松山湖科技产业园区、扬州西区新城、宁波东部新城、盐城城南新区、济南西部新城、重庆西部新城、沈阳浑河新城、嘉兴科技城、金华金义都市新区、重庆江南新城、舟山临城新区、珠海横琴粤澳深度合作区、北京良乡高教园区、安庆北部新城、鄂尔多斯康巴什新区、徐州陇海新城、汕头珠港新城和宁波南部商务区。

第四象限"烟火气滞后于人气"的新城新区有 7 个,分别为苏州金鸡湖商务区、长沙滨江新城、南京河西新城、昆明呈贡新区、合肥滨湖新城、宁波镇海新城和上海闵行新城。

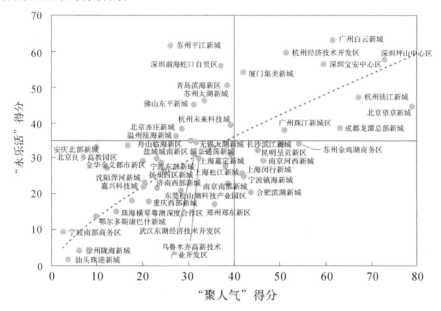

图 3-6　新城新区"聚人气—求乐活"得分散点

如图 3-6 显示,"聚人气"和"求乐活"之间存在三大特征:第一,位于第一象限的新城新区,"聚人气"和"求乐活"联动发展水平较高,这部分新城新区只有 9 个,占 18%。第二,位于第二、四象限的新城新区,"聚人气"和"求乐活"之间存在脱节。位于第二象限的新城新区,现有烟火气不是人口集聚效应拉动的;位于第四象限的新城新区,人口聚集尚未能带动宜居宜业生活空间的水平和烟火气的提升。这部分新城新区合计有 15 个,占 30%。第三,位于第三象限的新城新区,"聚人气""求乐活"的水平均较低。这部分新城新区的比例最高,数量达 26 个,占 52%。可见新城新区"聚人气""求乐活"依然任重道远。

二、产城人均衡发展的新城新区

如图 3-7 所示,"兴产业""聚人气""求乐活"链式均衡发展(即 3 项指标得分≥50 分)的新城新区有 2 个,分别为广州白云新城和深圳宝安中心区;"兴产业""聚人气"均衡发展(即这 2 项指标得分≥50 分)的新城新区有 4 个,分别为杭州钱江新城、北京望京新城、成都龙潭总部新城和广州珠江新城;"聚人气""求乐活"均衡发展(即这 2 项指标得分≥50 分)的新城新区有 2 个,分别为深圳坪山中心区和杭州经济技术开发区。

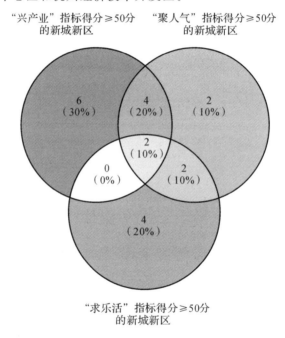

图 3-7 "兴产业""聚人气""求乐活"链式发展的情况分析(单项得分≥50)

如图 3-8 所示,就 3 项一级指标得分来看,杭州钱江新城的"兴产业"得分相对较高,"求乐活"得分相对较低;北京望京新城和成都龙潭总部新城的"聚人气"得分相对较高,"求乐活"得分相对较低;杭州经济技术开发区的"求乐活"得分相对较高,"聚人气"得分相对较低。

由此可见,杭州钱江新城、北京望京新城和成都龙潭总部新城需进一步提升烟火气,以满足居民日益增长的多元化、便利化、品质化的消费需求;杭

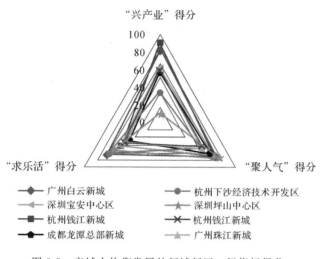

图 3-8　产城人均衡发展的新城新区一级指标得分

州经济技术开发区则应进一步发挥烟火气反哺聚人气的促进作用。

三、产城人存在相对短板的新城新区

若新城新区在单项榜单上位于后 15 位,意味着该新城新区在该项指标上存在相对短板。在 50 个新城新区中,有相当多的新城在"兴产业""聚人气""求乐活"中存在 1 项或 2 项相对短板。

(一)存在 2 项相对短板的新城新区

如图 3-9 所示,11 个新城新区存在 2 项相对短板。其中,有 5 个新城存在"聚人气"和"求乐活"2 项相对短板,分别为宁波南部商务区、重庆西部新城、重庆江南新城、济南西部新城和沈阳浑河新城。这些新城新区应在发挥产业集聚发展优势的同时,着重优化公共服务设施的配套建设和合理布局,发展商业服务,提升城市烟火气。

有 5 个新城新区存在"兴产业"和"聚人气"2 项相对短板,分别为北京良乡高教园区、金华金义都市新区、盐城城南新区、安庆北部新城和舟山临城新区。这些新城新区在独具特色的城市烟火气的基础上,应加快产业集群发展,强化公共服务设施配套,增强城市功能,支撑产业发展,吸引人口聚集。

有 1 个新城新区存在"兴产业"和"求乐活"2 项相对短板,为东莞松山湖

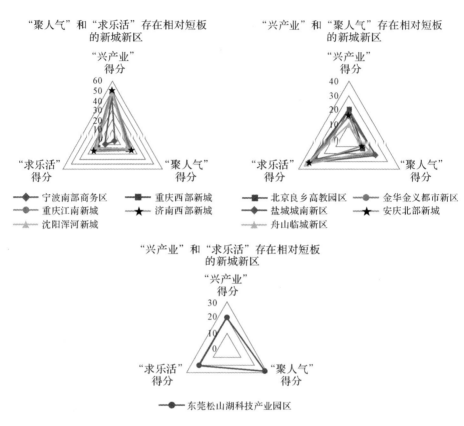

图 3-9　存在 2 项相对短板的新城新区

科技产业园区。该新城新区应进一步挖掘产业发展潜力,强化产业链招商,推动产业转型升级,同时应加快培育新城新区的商业活力,增强烟火气,有效提升人民群众生活的获得感、幸福感。

(二)存在 1 项相对短板的新城新区

如图 3-10 所示,有 8 个新城新区存在 1 项相对短板。其中,4 个新城新区以"兴产业"为相对短板,分别为绍兴迪荡新城、杭州未来科技城、苏州太湖新城和深圳坪山中心区。这些新城新区主要是面临产业发展的短板制约,应在有效构建宜居宜业生活空间和培植烟火气的基础上,加快产业发展和产业转型。

另外 4 个新城新区以"求乐活"为相对短板,分别为郑州郑东新区、合肥滨湖新城、南京南部新城和宁波镇海新城。这些新城新区在建设发展过程中忽略了烟火气的培植,应着重优化商业服务体系,改善生活消费的便利性、多样性,提升人民群众的幸福感、获得感。

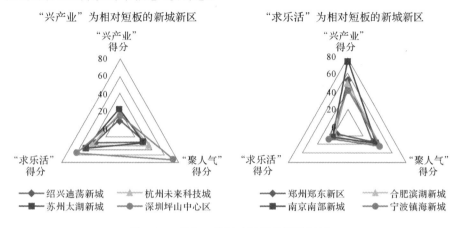

图 3-10 存在 1 项相对短板的新城新区

四、城市功能健全—人口集聚—商业活力提升的联动发展架构

为细化探究人口集聚、公共服务供给以及城市烟火气等要素之间的关联,本报告对部分二级指标和三级指标得分进行相关性分析,重点考察"新城的人类活动强度""新城的基本公共服务常住人口覆盖率"和"新城的商业分布密度"之间的关联性,以期深入探究新城新区生命周期演化过程中人口集聚、城市功能健全、商业活力提升之间的交互协同关系。

(一)新城新区公共服务供给和人口集聚的相关性分析

为探究新城新区公共服务供给和人口集聚的相关性,本报告采用二级指标"新城的基本公共服务常住人口覆盖率"以表征新城新区的基本公共服务供给水平,采用卫星夜间灯光数据投影匹配的"新城的人类活动强度"指标以表征新城新区的人口集聚水平。其中,"新城的基本公共服务常住人口覆盖率"指标得分由 4 个三级指标,即"1000 米可达综合医院的常住人口覆盖率(百分比)""500 米可达幼儿园的常住人口覆盖率(百分比)""1000 米可达小学的常住人口覆盖率(百分比)"和"2500 米可达中学的常住人口覆盖率(百分比)",通过效用函数合成方法所得。

本报告以"新城的基本公共服务常住人口覆盖率"指标得分为横坐标,以"新城的人类活动强度"指标得分为纵坐标,构建散点图。如图 3-11 所示,50个新城新区的"新城的基本公共服务常住人口覆盖率"指标得分区间为[2.25,92.68],分值差异较大;"新城的人类活动强度"得分区间为[1.00,94.11],也存在较大差异。将这两个指标得分投影全坐标,可以发现,新城新区基本公共服务常住人口覆盖率和人类活动强度呈正相关关系。

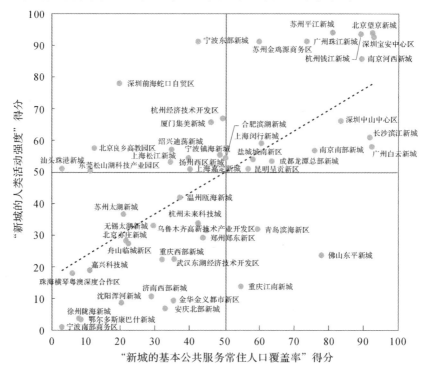

图 3-11　新城新区基本公共服务常住人口覆盖率和人类活动强度的相关性分析

(二)新城新区商业服务分布和人口集聚的相关性分析

为探究新城新区人类活动强度和商业服务分布的相关性,本报告采用二级指标"新城的商业分布密度"表征新城新区的商业服务分布,采用卫星夜间灯光数匹配投影的"新城的人类活动强度"指标以表征新城新区的人口集聚水平。其中,"新城的商业分布密度"指标得分由 3 项三级指标,即"商场密度

（个/km²）""满足生活服务的店铺及组织机构密度（个/km²）"和"满足文化休闲服务的店铺及组织机构密度（个/km²）"通过效用函数方法合成所得。

本报告以"新城的人类活动强度"指标得分为横坐标，以"新城的商业分布密度"指标得分为纵坐标，构建散点图。如图 3-12 所示，50 个新城新区的"新城的人类活动强度"得分区间为[1.00,94.11]，"新城的商业分布密度"指标得分区间为[2.58,98.75]，均存在较大差异。将两个指标得分投影至坐标上，可以发现，新城新区人类活动强度和商业分布密度表现为显著的正相关关系。

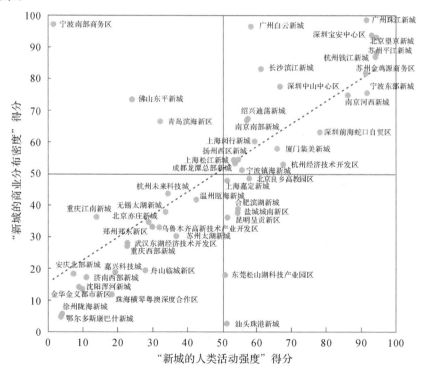

图 3-12　新城新区人类活动强度和商业分布密度的相关性分析

（三）新城新区公共服务供给、人口集聚、商业分布的相关性分析

上述分析发现，新城新区的公共服务供给水平、商业分布密度均与城市人口集聚程度呈现正相关性。本报告着重分析"新城的人类活动强度"得分≥50 分的新城新区，对图 3-11 和图 3-12 进行了交集分析，以此进一步探究这

28 个新城新区人口集聚程度较高的原因。

图 3-13 为"新城的人类活动强度"指标得分≥50 分的新城新区、"新城的基本公共服务常住人口覆盖率"指标得分≥50 分的新城新区和"新城的商业分布密度"指标得分≥50 分的新城新区的交集分析结果,我们关注于此图左上方圆圈所呈现的 4 组新城新区。有 13 个新城新区位于 3 个圆圈的交集部分,表明其 3 项指标得分均≥50 分,占 28 个"新城的人类活动强度"指标得分≥50 分的新城新区总数的 46.4%。这些新城新区分别为广州白云新城、深圳宝安中心区、杭州钱江新城、上海闵行新城、广州珠江新城、深圳坪山中心区、南京河西新城、南京南部新城、成都龙潭总部新城、长沙滨江新城、苏州金鸡湖商务区、北京望京新城和苏州平江新城。这 13 个新城新区的公共服务供给水平和消费便利性较优,可有效推进新城新区人口集聚。

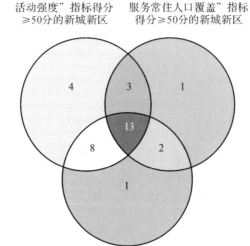

图 3-13　人口集聚程度相对较高的因果交集分析(单项得分≥50)

在"新城的人类活动强度"指标得分≥50 分的 28 个新城新区中,有 3 个新城新区同时在"新城的基本公共服务常住人口覆盖率"指标得分≥50 分,分别为合肥滨湖新城、昆明呈贡新区和盐城城南新区,占 10.7%。这 3 个新城新区的公共服务供给水平较高,在一定程度上可对新城新区的人口集聚产生正向促进作用。

有 8 个新城新区同时在"新城的商业分布密度"指标得分≥50 分,分别为杭州经济技术开发区、宁波东部新城、宁波镇海新城、厦门集美新城、上海松江新城、绍兴迪荡新城、深圳前海蛇口自贸区和扬州西区新城,占 28 个"新城的人类活动强度"指标得分≥50 分的新城新区总数的 28.6%。这 8 个新城新区的消费便利性较优,在一定程度上可对新城新区的人口集聚产生正面积极影响。

此外,在 28 个"新城的人类活动强度"指标得分≥50 分的新城新区中,有 4 个的"新城的基本公共服务常住人口覆盖率"指标得分和"新城的商业分布密度"指标得分皆低于 50 分,分别为北京良乡高教园区、东莞松山湖科技产业园区、汕头珠港新城和上海嘉定新城。这 4 个新城新区的人口集聚未受产业用地的动态增长性、公共服务设施可达性和商业服务分布的影响,其人类活动强度较高的原因,主要可能有以下两点:其一,新城新区的功能定位。高教园区以高等教育和科学报告为中心,域内在校师生数量具有一定规模,其功能定位主要是为高校师生提供日常生活保障服务和商业配套支持。其二,新城新区的房价低于主城区房价。部分新城新区位于主城区外围,房价相对低廉,吸引了一批具有住房刚性需求的消费群体。

基于上述分析,可以得出以下发现。

其一,新城新区的基本公共服务供给和商业服务布局相结合,才能有效发挥促进人口集聚的综合效应。

其二,基本公共服务供给水平的提高与人口集聚是相互促进关系。具体而言,完善的基本公共服务供给可以吸引人口集聚,公共服务资源应根据域内人口规模进行合理的配置。

其三,人口集聚与消费便利性提升呈显著的正向互动关系。简言之,综合型商场和品牌零售店通常选址于人流量较大的区域,即向人类活动强度较高的区域集聚,完善的商业设施配套体系也有利于驱动人口集聚。

其四,新城新区存在"公共服务供给—人口集聚—商业活力提升"之间的自组织、自适应链条,新城新区的建设发展可以发挥"生成"机制的调节作用,但新城新区"人口集聚—城市功能"之间自组织、自适应链条需要在一定条件下才能形成。

第五节　新城新区基本公共服务全覆盖水平

表 3-10 显示,人居环境综合绩效与"兴产业""聚人气""求乐活"3 项一级指标得分,与基本公共服务的覆盖率均呈显著的正相关。除综合医院 2500 米覆盖率与"兴产业"得分的皮尔逊相关系数在 0.1 级别(单尾)显著外,其余均在 0.01 级别(单尾)显著。综合绩效得分与 5 项公共服务覆盖率的相关性普遍高于 3 项一级指标得分。在 3 项一级指标中,"兴产业"得分与公共服务覆盖率的相关系数偏低,"聚人气"得分最高,"求乐活"次之。

表 3-10　新城新区人居环境综合绩效及三项一级指标得分与
基本公共服务覆盖率的相关性

指标	幼儿园 500 米覆盖率	小学 1000 米覆盖率	中学 2500 米覆盖率	综合医院 1000 米覆盖率	综合医院 2500 米覆盖率
综合绩效	0.769**	0.730**	0.646**	0.660**	0.529**
"兴产业"	0.534**	0.560**	0.404**	0.443**	0.289*
"聚人气"	0.778**	0.726**	0.702**	0.699**	0.585**
"求乐活"	0.570**	0.568**	0.522**	0.561**	0.419**

注:** 在 0.01 级别(单尾),相关性显著。
　* 在 0.1 级别(单尾),相关性显著。

横向看,教育相关的公共服务覆盖率与人居环境绩效得分的相关系数高于医疗服务。从义务教育看,小学 1000 米覆盖率的相关系数普遍高于中学 2500 米覆盖率。可以从人居环境的绩效得分与公共服务覆盖率的显著相关性中得到启示,基本公共服务的覆盖水平是影响新城新区人居环境绩效的重要因素,具体来说,教育条件的制约相比医疗条件更关键,在教育服务内部,幼儿园、小学的服务覆盖率是最关键的部分。

如果按基本公共服务覆盖率达到 60% 为基本达标基准,新城新区人居环境各星级的公共服务达标差异如表 3-11 所示。横向看,各项基本公共服务的覆盖的达标比例从一星级到五星级逐渐提升,普遍在四星级时可以全面达标。幼儿园和小学的达标情况最不理想,在三星级新城新区中,二者的达标率仅为27％和41％,考虑到50个新城新区中三星级的数量超过半数,意味着绝大部分新城新区在"育幼"方面的公共服务上还处于供不应求的状态。从纵向看,一星级新城新区有4项公共服务全部不达标,而五星级新城新区这5项全部达标。

表 3-11　各星级新城新区基本公共服务覆盖达标比例(60％为基准)

基本公共服务类型	一星级	二星级	三星级	四星级	五星级
幼儿园 500 米	0％	6％	27％	60％	100％
小学 1000 米	0％	17％	41％	100％	100％
中学 2500 米	0％	83％	100％	100％	100％
综合医院 1000 米	0％	28％	67％	100％	100％
综合医院 2500 米	25％	94％	95％	100％	100％

中学和综合医院2500米覆盖率均在二星级新城新区中有超过80％的达标率,可见在较大范围上的基本公共服务覆盖的实现相对容易做到,但1000米和500米这类要求布局更密集的基本公共服务达标实现难度较大。区域内幼儿园、小学这类基础教育资源充足和方便与否,是当前大量劳动力考虑定居的关键因素,推进这类基本公共服务覆盖建设尽快达标,有利于新城新区的人员聚集流动,显著改善人居环境。

如果以基本公共服务覆盖率达到80％为达标基准,新城新区人居环境各星级的公共服务达标差异如表3-12所示。横向看,中小学和医院的覆盖的达标比例从一星级到五星级逐渐提升,其中幼儿园500米覆盖率超过80％这项即使是五星级新城新区也未能做到。从纵向看,一星级新城新区基本公共服务覆盖全部不达标,而五星级新城新区也仅有4项达标,幼儿园500米覆盖率尚未超过80％。

表 3-12　各星级新城新区基本公共服务覆盖达标比例（80%为基准）

基本公共服务类型	一星级	二星级	三星级	四星级	五星级
幼儿园 500 米	0%	0%	5%	40%	0%
小学 1000 米	0%	0%	18%	60%	100%
中学 2500 米	0%	61%	86%	100%	100%
综合医院 1000 米	0%	6%	23%	60%	100%
综合医院 2500 米	0%	83%	91%	100%	100%

　　中学和综合医院 2500 米覆盖率均在三星级新城新区中有超过 80% 达标率,可见在较大范围上的基本公共服务覆盖的实现相对容易做到,但 1000 米和 500 米这类要求布局更密集的基本公共服务达标实现难度较大。特别是我国正处在人口老龄化程度逐渐加深的城市化中后期,需要通过一系列的政策措施减缓人口结构的老龄化、少子化趋势。一方面社会公共服务需要加快"适老化"的改进,另一方面需要为适龄青年提供更好的"育幼"环境。在这样的人口结构背景下,新城新区的发展要更突出"以人为本",幼儿园 500 米覆盖率和综合医院 1000 米覆盖率亟待提升,以便利幼儿和老年人口的日常生活。

第四章　新城新区人居环境质量的
影响因素

第一节　新城新区建设路径与人居环境质量

一、产业园区模式与地产开发模式对新城新区人居环境的影响

新城新区的功能定位和建设路径会影响到产业、人口、城市功能等要素的聚集和融合,特别是规划建设的初始功能定位对于新城新区的发展路径具有决定性影响,也会对人居环境质量产生影响。我国新城新区建设的初始目标主要有两大类,一是为了培育和壮大特定的产业,二是为了开拓城市增长的新空间,前者常冠以"××技术开发区"之名,后者多以"××新城""××新区"为名。相应地,本报告把新城新区建设路径分为产业园区模式和地产开发模式两大类。在 50 个新城新区中,有 14 个新城新区为产业园区模式,36个新城新区为地产开发模式(表 4-1)。

表 4-1　新城新区的开发模式

新城新区	开发模式	亚类型	新城新区	开发模式	亚类型
杭州钱江新城	地产开发模式	商务	宁波南部商务区	地产开发模式	商务
上海闵行新城	产业园区模式	—	厦门集美新城	地产开发模式	文旅
南京南部新城	地产开发模式	高铁	乌鲁木齐高新技术产业开发区	产业园区模式	—

续表

新城新区	开发模式	亚类型	新城新区	开发模式	亚类型
广州白云新城	地产开发模式	商务	上海嘉定新城	产业园区模式	一
南京河西新城	地产开发模式	商务	杭州经济技术开发区	产业园区模式	一
深圳宝安中心区	地产开发模式	商务	苏州平江新城	地产开发模式	高铁
广州珠江新城	地产开发模式	商务	佛山东平新城	地产开发模式	商务
北京望京新城	地产开发模式	综合	扬州西区新城	地产开发模式	综合
郑州郑东新区	地产开发模式	综合	上海松江新城	产业园区模式	一
无锡太湖新城	地产开发模式	商务	苏州金鸡湖商务区	地产开发模式	商务
成都龙潭总部新城	地产开发模式	商务	珠海横琴粤澳深度合作区	产业园区模式	一
济南西部新城	地产开发模式	高铁	苏州太湖新城	地产开发模式	综合
合肥滨湖新城	地产开发模式	综合	北京良乡高教园区	地产开发模式	高教
青岛滨海新区	地产开发模式	综合	东莞松山湖科技产业园区	产业园区模式	一
北京亦庄新城	产业园区模式	一	盐城城南新区	地产开发模式	综合
宁波东部新城	地产开发模式	综合	杭州未来科技城	产业园区模式	一
长沙滨江新城	地产开发模式	商务	安庆北部新城	地产开发模式	综合
重庆西部新城	地产开发模式	高教	金华金义都市新区	地产开发模式	综合
昆明呈贡新区	地产开发模式	商务	徐州陇海新城	地产开发模式	高铁
宁波镇海新城	地产开发模式	商务	嘉兴科技城	产业园区模式	一
温州瓯海新城	地产开发模式	综合	汕头珠港新城	地产开发模式	商务
武汉东湖经济技术开发区	产业园区模式	一	绍兴迪荡新城	地产开发模式	商务
沈阳浑河新城	产业园区模式	一	鄂尔多斯康巴什新区	地产开发模式	综合
深圳前海蛇口自贸区	产业园区模式	一	舟山临城新区	地产开发模式	住宅
重庆江南新城	产业园区模式	一	深圳坪山中心区	地产开发模式	商务

以产业园区模式起步建设的新城新区，人居环境星级平均地分布在二、三星级；以地产开发模式建设的新城新区，人居环境绩效差异悬殊，以三星级和二星级为主，也有一星、四星甚至五星级。从综合绩效及3个一级指标的得

分看,地产开发模式的新城新区得分均高于产业园区模式。其中,两种开发模式新城新区在"兴产业"指标上得分的差异较大,"聚人气"和"求乐活"两项指标上得分的差异相对较小,在人居环境综合绩效的得分差距为 1.63(表 4-2和表 4-3)。

表 4-2　新城新区不同开发模式人居环境星级差异

开发模式	新城新区个数	一星级	二星级	三星级	四星级	五星级
产业园区模式	14	—	7	7	—	—
地产开发模式	36	4	11	14	6	1

表 4-3　新城新区不同开发模式人居环境指标得分

功能类型	综合绩效	"兴产业"指标得分	"聚人气"指标得分	"求乐活"指标得分
产业园区模式	30.20	34.87	31.49	31.43
地产开发模式	31.83	38.39	35.22	33.46

比较产业园区和地产开发两种模式新城新区的产城人融合程度时,由"兴产业""聚人气""求乐活"三个维度之间的相关性(表 4-4 和表 4-5),可见地产开发模式的产城人融合程度相比产业园区模式新城新区更好。产业园区模式新城新区仅"聚人气"与"求乐活"之间呈显著正相关,且相关系数较高。由此可见,这一建设路径下新城新区的产业发展基础难以拉动人口集聚,不利于产城人的融合发展。地产开发模式新城新区则在"兴产业"与"聚人气"之间、"聚人气"与"求乐活"之间存在显著正相关,这表明地产开发模式新城新区存在"兴产业"—"聚人气"—"求乐活"的链式发展轨迹,但"兴产业"和"求乐活"之间尚未建立直接联系,需要通过"聚人气"从中传递,产城人融合发展链条还需加强。

表 4-4   产业园区模式新城新区一级指标得分的皮尔逊相关系数

指标	"兴产业"指标得分	"聚人气"指标得分	"求乐活"指标得分
"兴产业"指标得分	1.000	0.249	0.082
"聚人气"指标得分	0.249	1.000	0.748**
"求乐活"指标得分	0.082	0.748**	1.000

注：** 在 0.01 级别(单尾)，相关性显著。

    * 在 0.1 级别(单尾)，相关性显著。

表 4-5   地产开发模式新城新区一级指标得分的皮尔逊相关系数

指标	"兴产业"指标得分	"聚人气"指标得分	"求乐活"指标得分
"兴产业"指标得分	1.000	0.549**	0.224
"聚人气"指标得分	0.549**	1.000	0.645**
"求乐活"指标得分	0.224	0.645**	1.000

注：** 在 0.01 级别(单尾)，相关性显著。

    * 在 0.1 级别(单尾)，相关性显著。

地产开发模式的新城新区，按照规划的功能定位差异，可以进一步划分为商务中心、高铁新城、高教园区、文旅中心、住宅区以及综合性新城 6 个亚类型，如表 4-6 所示。从数量分布看，商务中心和综合性新城的样本数量最多，在样本数量上占地产开发模式新城新区的 77.8%；高教园区、文旅中心和住宅区这 3 种类型的功能鲜明，但相对小众。从人居环境星级质量看，地产开发模式新城新区以三星级为主，其中商务中心 7 个，综合性新城 4 个，高铁新城 2 个，文旅中心 1 个。人居环境优质的四星、五星级新城新区集中于商务中心和综合性新城两种类型。高铁新城、高教园区和住宅区类型新城新区的人居环境星级质量大多中等偏下。

表 4-6   不同功能类型新城新区人居环境星级分布

功能类型	新城新区个数	一星级	二星级	三星级	四星级	五星级
商务中心	16	2	2	7	4	1
综合性新城	12	1	5	4	2	—
高铁新城	4	1	1	2	—	—

功能类型	新城新区个数	一星级	二星级	三星级	四星级	五星级
高教园区	2	—	2	—	—	—
文旅中心	1	—	—	1	—	—
住宅区	1	—	1	—	—	—

在指标得分上,商务中心的综合绩效与3项一级指标的平均得分均居地产开发模式新城新区的前列,尤其在"兴产业"与"聚人气"方面得分最高,说明商务中心类型的新城新区的产业发展和配套建设方面更加成熟,进而能够吸引和聚集人气,但"求乐活"的指标得分稍显滞后。综合性新城的综合绩效与3项一级指标的平均得分比较接近,数值在[29.28,33.47]之间,没有明显短板但也欠缺亮点,在"兴产业"指标得分上略高于"聚人气"和"求乐活",可见平均意义上这类新城新区还未能形成与产业发展水平相当的人居环境。高铁新城的"兴产业"平均得分仅次于商务中心,体现了交通枢纽对产业发展的重要支撑作用,但"聚人气"与"求乐活"指标的平均得分还远不及"兴产业",两大短板拉低了人居环境的综合绩效。类似的,高教园区类型新城新区的得分呈现与高铁新城近似的特征,且各方面分数更低。文旅中心和住宅区亚类新城新区的"兴产业""聚人气"与"求乐活"得分呈递增的态势,因为这两类建设路径的出发点都服务于人的生活消费行为,在商业服务配套的便利性和多元化建设相对更完善(表4-7)。

表 4-7　不同建设路径新城新区指标得分情况

功能类型	综合绩效	"兴产业"指标得分	"聚人气"指标得分	"求乐活"指标得分
商务中心	36.94	43.46	44.59	36.40
综合性新城	29.28	33.47	30.75	31.47
高铁新城	25.16	42.86	23.39	27.68
高教园区	21.31	32.87	16.70	22.77
文旅中心	43.42	38.04	41.94	54.29
住宅区	16.71	10.00	16.60	33.93

由以上分析可见,围绕商务中心的综合开发是地产开发模式的主要特征,尤其商务中心无论在数量还是质量上均处于地产开发模式新城新区的六大亚类型之首,其人居环境的表现拉高了地产开发模式新城新区的平均水平。

二、新城新区开发时限的影响:是否走向趋同?

以新城新区的建设年份为横轴,人居环境综合绩效得分为纵轴,得到产业园区模式与地产开发模式不同建设时期的新城新区综合绩效得分散点图(图4-1)。从图中可见,新城新区人居环境综合绩效得分的趋势线向右下方倾斜,且地产开发模式趋势线向右下方的倾斜更陡峭。说明随着时间推移,两种开发模式新城新区的人居环境质量均趋于改善,其中地产开发模式改善速度更快。

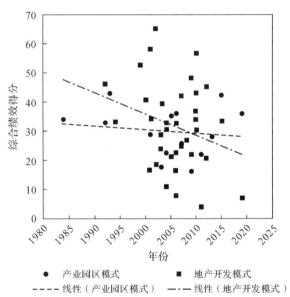

图4-1 产业园区模式与地产开发模式不同建设时期的
新城新区综合绩效得分散点图

以新城新区的建设年份为横轴,分别以"兴产业""聚人气""求乐活"指标得分为纵轴,得到产业园区模式与地产开发模式不同建设时期的新城新区"兴产业""聚人气""求乐活"得分散点图(图4-2、图4-3和图4-4)。从中可见,地产开发模式新城新区在 3 项一级指标得分的时间趋势线均向图的右下方倾斜,但"求乐活"指标得分的趋势线倾斜程度弱于"兴产业"与"聚人气"。这说明地产开发模式新城新区的人居环境各方面均随着时间推移而得到改善,但"求乐活"的改善程度滞后于"兴产业"与"聚人气",需要更加重视服务人的消费便利性和公共服务等生活品质提升。而产业园区模式新城新区的 3 项一级指标得分随建设时期推进的趋势性不明显,尤其"兴产业"指标得分趋势线略向图表的右上方倾斜,这表明成立更晚的产业园区模式新城新区的人居环境质量反而更高,这部分新城新区的优秀表现主要得益于其作为产业园区在成立之初打下了产业基础,并吸取了那些早期的产业园区模式新城新区在基础设施布局不足的经验教训。

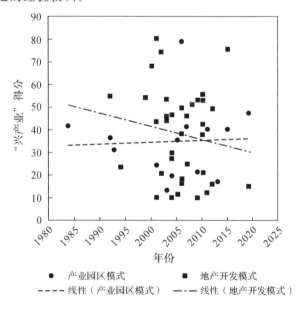

图 4-2　产业园区模式与地产开发模式不同建设时期的
新城新区"兴产业"得分散点图

以上分析表明,新城新区的建设路径对其人居环境质量和产城人融合发展水平均有影响。地产开发模式的新城新区人居环境整体水平和"兴产业""聚人气""求乐活"三大维度的表现更好,且产城人融合程度更高,其中商务中心亚类型的新城新区各项指标得分明显高于其他新城新区,从而拉高了地

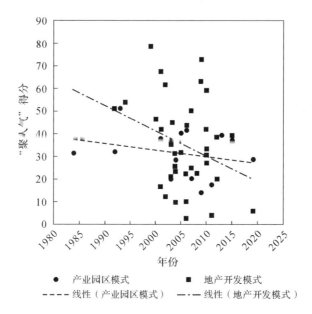

图 4-3　产业园区模式与地产开发模式不同建设时期的

新城新区"聚人气"得分散点图

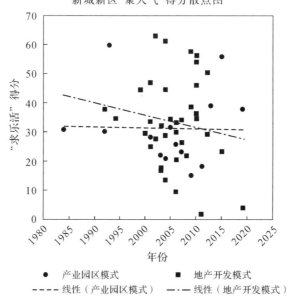

图 4-4　产业园区模式与地产开发模式不同建设时期的

新城新区"求乐活"得分散点图

产开发模式整体水平。新城新区开发时间因素对其人居环境质量的改善有正向作用,且地产开发模式新城新区随时间推移改善的速度更快。

第二节　新城到老城距离与人居环境质量

用新城新区驾车到老城的时间(分钟)衡量新老城间距,可以看到新城新区的空间分布呈现一定的规律性。从图 4-5 可见,随着新城新区与老城间距的驾车用时增加,新城新区数量呈现下降趋势,但在与老城距离较远(50 分钟以上车程)的时候,新城新区的数量有所增加。近半数(24 个)新城新区位于驾车到老城 30 分钟的空间范围内。

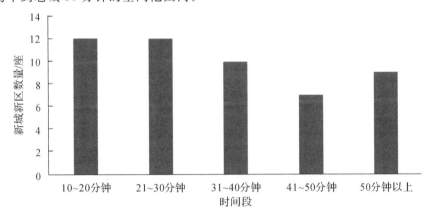

图 4-5　到老城不同通行用时的新城新区数量分布

一、新城距老城远近对新城新区人居环境的影响

从图 4-6 中可见,新城新区的人居环境指数的综合绩效得分以及"兴产业"指标得分,随着其与老城距离的增加而先升后降,新城新区与老城距离与其"聚人气"指标得分的相关关系不太显著,"求乐活"指标得分随着新城新区与老城距离的增加而先降后升。

当新城新区与老城距离在 21～30 分钟和 31～40 分钟车程的范围时,人居环境综合绩效得分和"兴产业"指标得分更高;当新城新区与老城距离在 20

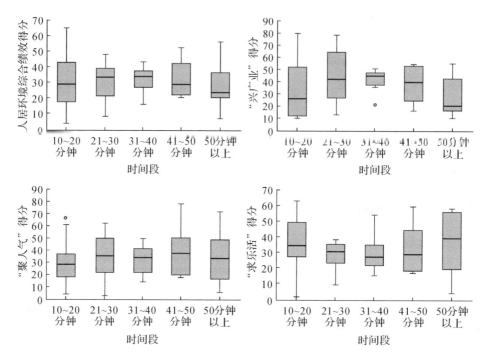

图 4-6　新城新区到老城通行用时的人居环境指数得分分布

分钟以内时,新城新区的综合绩效和"兴产业"得分处于中等水平;当新城新区与老城距离在 40 分钟以上时,与老城距离越远,新城新区的综合绩效和"兴产业"得分越低。当新城新区与老城在空间位置上过于紧密时,其产业发展高度依赖老城的基础条件,距离过近也将导致新城新区在后续发展中产业扩张所需的土地空间不足,不利于新城新区形成自身坚实的产业基础;当新城新区与老城在空间位置上过远时,新城新区与老城之间的交通网络通达性不足将影响借用规模效应的发挥,导致新城新区受到老城的辐射带动效应薄弱,产业兴旺、人气充足、烟火气浓厚发展条件较差。

　　尽管"聚人气"指标得分总体上与新城新区到老城距离远近之间没有显著相关,但可以看到 10~20 分钟以及 40 分钟以上两个区间的新城新区的"聚人气"得分低于其他区间,这与新城新区的综合绩效和"兴产业"指标得分与新老城间距有一定相关,但趋势更加缓和。这表明,新城新区吸引人口、凝聚人气的能力是与产业发展兴盛的程度相关的,但这种联系在空间上并不紧密,当新城新区与老城的距离足够远,产业发展水平的衰减比人气聚集能力衰减的程度更高。

最后,新城新区的"求乐活"指标得分随着其到老城距离的增加而先降后升,这一变化趋势呼应了经典的克鲁格曼中心边缘模型中,市场潜能与到中心城市距离的∽形曲线关系。"求乐活"的指标设置着重体现生活服务类商业的发展水平,这类商业在毗邻老城的新城新区可以借用老城消费市场从而获得较好的效益而得到充分发展,为老城和新城新区的居民同时提供方便乐活的生活配套服务;在距离老城较近的新城新区受城市回流效应的影响较大,从而"求乐活"发展被抑制,在距离老城较远的新城新区受回流效应的影响越来越小,本地的市场潜力更大,从而形成新的集聚中心,"求乐活"水平再次提高。

由此可见,新城新区在发展中与老城保持适度的距离将有利于其产城人融合高质量发展,新城距老城远近对新城新区"兴产业""聚人气""求乐活"三方面的影响程度和方向有所不同,在毗邻和距离老城过远的新城新区,"兴产业"和"聚人气"发展都更受抑制,但"求乐活"的情况相反,毗邻老城和保持更远距离的新城新区乐活程度更高。

二、新城新区开发时限是否可以克服新城新区到老城的距离?

随着新城新区开发建设,新城与老城之间交通趋于便捷:公路、快速路等交通基础设施建设将大大缩短新城老城的通勤时间,公交车、地铁线路数量增加可进一步丰富新城老城的交通方式。因此,新城新区的开发时限能够克服新城到老城的距离障碍,换句话说,越早进行开发建设的新城新区受到老城的辐射带动作用会越强,人居环境会越优质。将 50 个样本按建设时期和距离这两个特征进一步分组可见,大多数距离区间中分布的新城新区包含了 3 个不同时期,只有与老城距离 21~30 分钟车程范围内的新城新区包含完整的 4 个时期(图 4-7)。2001—2005 年和 2011 年及以后这两个时期开发建设的新城新区均广泛分布于 5 个距离分组中,前者集中在与老城间距 10~20 分钟较近位置,后者分布相对均匀。

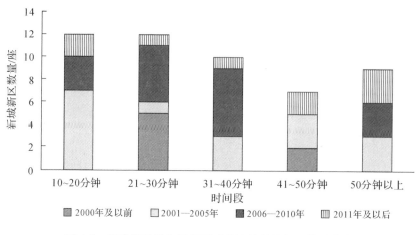

图 4-7　按建设时期与通行用时统计的新城新区数量分布

　　按建设时期细分后的人居环境综合绩效得分(表 4-8)显示,开发时限能够在一定程度上克服距离因素对老城辐射带动新城发展的阻碍。在同等通行用时范围下,开发建设时间越早,新城新区的人居环境指数得分越高,其中尤以 2000 年及以前启动建设的新城新区分数为最高;但在同一建设时期,与老城间隔不同通行时间的新城新区人居环境综合绩效得分的分布情况更加复杂。正如前文中发现距离因素对新城新区人居环境质量的影响存在阶段性特点,当新老城间距在 40 分钟以上时,驾车到老城用时越久的新城新区得到老城辐射带动发展所受的阻碍就越大;当新老城间距在 30 分钟以内时,距离的增加反而有利于新城新区人居环境质量的改善。这一发现在 2011 年及以后建成的新城新区人居环境综合绩效上反应明显。可能的原因在于,上述距离因素对老城和新城辐射带动发展的作用,会随着新城和老城之间交通基础设施的逐步完善而得以减弱甚至消除,从而位置更远的新城新区通过发展建设弥补了区位短板,在产业发展和凝聚人气方面条件更优。由于交通基础设施项目的建设周期很长,动辄需要 3～5 年时间,2011 年及以后启动建设的新城新区,新老城之间的交通条件相对薄弱,交通基础设施项目还处在建设甚至规划阶段,因此其人居环境得分随距离先增后减的趋势尚未得到改变。

表 4-8　各时期建设的新城新区与老城通行用时的人居环境综合绩效得分

建设时期	10～20 分钟	21～30 分钟	31～40 分钟	41～50 分钟	50 分钟以上
2000 年及以前	—	37.49	—	47.95	—
2001—2005 年	34.02	17.80	33.56	32.50	21.74
2006—2010 年	28.39	28.68	31.30	—	36.52
2011 年及以后	24.60	33.66	36.30	21.48	25.90

从"兴产业"得分看,新城新区的开发时限对克服距离因素的影响有一定作用(表 4-9)。首先,在同等通行用时范围内,越早启动建设的新城新区的"兴产业"得分越高;但这一规律在通行时间 21～40 分钟范围内不成立,特别是 2011 年及以后新建的新城新区的"兴产业"得分高于历年水平。可能的原因一是这些新城新区的产业"招商引资"还在高峰,用地出让动态性较高,二是 2008 年金融危机以后我国在基础设施方面的持续大规模投入,新城新区建设与周边配套得以协同推进,更有利于新城新区打牢产业发展基础。其次,在同等建设时期尽管随着通行时间的增加,新城新区"兴产业"得分仍然呈现倒 U 形,即两端的分数低中间分数高,但越早建设的新城新区因距离产生的分数差异越小。

表 4-9　各时期建设的新城新区与老城通行用时的"兴产业"得分

建设时期	10～20 分钟	21～30 分钟	31～40 分钟	40～50 分钟	50 分钟以上
2000 年及以前	—	45.00	—	42.65	—
2001—2005 年	34.71	13.11	41.93	40.70	28.49
2006—2010 年	31.88	45.87	41.14	—	28.76
2011 年及以后	30.66	75.70	47.11	27.92	24.16

新城新区"聚人气"与"求乐活"得分在同时考虑了到老城距离和开发时限后的变化趋势是一致的:在同等距离下,越早开发的新城新区得分越高;当保持开发建设时期不变时,距离与得分之间的关系更加不明显(表 4-10 和表 4-11)。在 2000 年以前开发的新城新区,距离越远的得分越高;在 2001—2005

年开发的新城新区,"聚人气"与"求乐活"得分随距离增加而先降低后增加再降低,呼应了克鲁格曼中心边缘模型的∽形曲线关系;开发于2006—2010年的新城新区,"聚人气"得分随距离增加而持续提升,且"求乐活"得分先增加后下降再增加;2011年以后开发的新城新区,"聚人气"与"求乐活"得分随距离增加而先增加后降低再增加。新城新区在"聚人气"与"求乐活"两大指标的得分呈现出较强的时空波动性。一方面随着时间推进,处于老城中心以外各个距离上的新城新区不断提高自身凝聚人气的能力,烟火气也得到提升改善;另一方面,新城新区作为城市复杂系统中的重要组成,其自身产城人融合过程也包含于老城及其周边区域演替的"交响乐"之中,位于老城中心以外各个距离上的新城新区的人居环境质量正如随时间不断变换的音符,组合成克鲁格曼中心边缘模型所模拟的城市空间自组织过程里的振动波形。

表4-10 各时期建设的新城新区与老城通行用时的"聚人气"得分

建设时期	10～20分钟	21～30分钟	31～40分钟	41～50分钟	50分钟以上
2000年及以前	—	43.05	—	65.31	—
2001—2005年	34.82	20.21	35.34	39.69	20.62
2006—2010年	26.17	28.92	32.21	—	55.26
2011年及以后	21.25	38.75	28.71	18.81	27.47

表4-11 各时期建设的新城新区与老城通行用时的"求乐活"得分

建设时期	10～20分钟	21～30分钟	31～40分钟	41～50分钟	50分钟以上
2000年及以前	—	32.79	—	52.26	—
2001—2005年	42.72	21.99	28.60	25.83	22.19
2006—2010年	30.53	28.67	28.19	—	53.57
2011年及以后	26.01	23.27	38.09	23.82	33.15

由以上分析可见,其一,新城新区的开发时限可以在一定程度上克服新城新区到老城距离对人居环境质量的影响,通过完善交通基础设施,处于较远距离的新城新区"兴产业"的改善最明显;其二,新城新区"聚人气"与"求乐活"得分具有较强的时空波动性,体现了城市空间自组织过程呈现的波形振

动情形,最终在合意位置上的新城新区的人居环境质量不断提升和强化,在产城人融合高质量发展中生成新的城市中心。

三、新城到老城距离与建设路径的交互影响

图 4-8 为按新城新区的建设路径及其与老城距离统计的样本分布。产业园区模式新城新区与老城的距离在 20 分钟车程以上基本均匀分布。商务中心类型的新城新区多数与老城距离紧密,其中 10~20 分钟内有 6 个该类型新城新区,21~30 分钟内有 5 个该类型的新城新区。综合性新城和高铁新城的空间分布没有明显差异,住宅区类型新城新区紧邻老城,高教园区类型的新城新区距离老城均有 50 分钟以上车程。

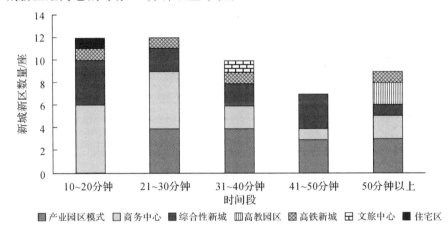

图 4-8　按新城新区的建设路径及通行用时统计的样本分布

按建设路径细分后的人居环境综合绩效得分(表 4-12)显示,不同的建设路径下,新老城距离因素对老城辐射带动新城发展的影响有明显差异。对产业园区模式新城新区而言,与老城距离越远人居环境质量越好,宜保持适度的独立性;依托产业园基础,补齐生活配套设施和公共服务功能短板,使得人居环境获便捷、得乐活。对商务中心而言,距离因素的作用效果与产业园区模式相似,距离老城越近的新城新区人居环境质量越差,距离越远则越好。对综合性新城而言,距离老城在 41~50 分钟范围内的新城新区得分最高,更近或更远的范围人居环境质量都相对更差。对高铁新城而言,距离老城较近

的新城新区发展水平更高,老城的规模经济与高铁新城的交通枢纽优势需要在空间上更紧密地结合才能互相成就和放大。需要指出的是,产业园区、商务中心和综合性新城这三种建设路径下的新城新区,也是数量最多的新城新区,人居环境综合绩效都随距离增加而先略有下降再提高,再次呈现了克鲁格曼中心边缘模型的∽型分布。

表4-12　新城新区建设路径及通行用时对人居环境综合绩效的交互影响

建设路径	10～20分钟	21～30分钟	31～40分钟	41～50分钟	50分钟以上
产业园区	—	30.28	28.46	31.47	31.12
商务中心	36.46	35.37	38.37	39.45	39.59
综合性新城	26.04	25.34	31.78	34.17	30.40
高铁新城	32.82	33.66	27.21	—	6.94
高教园区	—	—	—	—	21.31
文旅中心	—	—	43.42	—	—
住宅区	16.71	—	—	—	—

　　具体到分项指标,距离与建设路径两类因素对人居环境质量的影响更加复杂。从"兴产业"看,只有综合性新城在该项得分的空间分布与综合绩效得分的空间分布基本一致,距离老城31～50分钟范围内的新城新区得分最高,其他类型的新城新区得分的空间差异与综合绩效明显不同。产业园区模式的新城新区距离老城越近,"兴产业"的发展就越好,对商务中心而言,距离老城在21～30分钟的区域更有益于产业发展,距离老城50分钟以上的新城新区产业发展明显下降,高铁新城得分较高的区域距离老城21～40分钟。从"聚人气"看,产业园区、综合性新城和高铁新城类型新城新区的得分空间分布与其综合绩效得分的空间分布基本一致。对商务中心而言,距离老城越远,人气集聚程度就越高。从"求乐活"看,产业园区新城新区距离老城越远得分越高,商务中心的得分则随距离增加先降低后提高,综合性新城的得分随距离增加而先升后降再提高,高铁新城则距离老城越近乐活程度越高。总的来看,各类建设路径的新城新区人居环境质量的空间分布呈现出一定程度

的波形特征,且产业、人气和乐活三个维度的波形各异。

结合各类建设路径新城新区人居环境综合绩效与分项指标得分的空间分布(表4-12到表4-15),可以发现商务中心类型的新城新区在各个距离上的产城人融合发展水平普遍好于其他建设路径下的新城新区。这类新城新区的功能定位以发展商务和相应的生活配套服务为主,产业类型决定了人员集聚和流动性都更高,"聚人气"是商务中心产业兴盛的题中应有之义,而人员的密集意味着更大规模的服务业市场,乐活程度相应更高。这一类新城新区由于产业定位的特殊性,地产开发从规划伊始就充分考虑了人的需求,因此相比其他各类新城新区的产城人融合程度更高。

表 4-13 新城新区建设路径及通行用时对"兴产业"的交互影响

建设路径	10～20分钟	21～30分钟	31～40分钟	41～50分钟	50分钟以上
产业园区	—	42.66	36.22	31.81	25.74
商务中心	43.10	47.57	44.78	44.19	32.60
综合性新城	25.40	29.50	48.13	41.22	21.09
高铁新城	29.72	75.70	51.00	—	15.01
高教园区	—	—	—	—	32.87
文旅中心	—	—	38.04	—	—
住宅区	10.00	—	—	—	—

表 4-14 新城新区建设路径及通行用时对"聚人气"的交互影响

建设路径	10～20分钟	21～30分钟	31～40分钟	41～50分钟	50分钟以上
产业园区	—	31.42	25.77	35.74	34.97
商务中心	37.73	43.43	46.21	45.19	66.18
综合性新城	23.93	18.61	33.88	44.97	33.42
高铁新城	26.00	38.75	22.82	—	5.97
高教园区	—	—	—	—	16.70
文旅中心	—	—	41.94	—	—
住宅区	16.60	—	—	—	—

表 4-15　新城新区建设路径及通行用时对"求乐活"的交互影响

建设路径	10～20 分钟	21～30 分钟	31～40 分钟	41～50 分钟	50 分钟以上
产业园区	—	27.41	26.95	35.39	38.81
商务中心	37.70	30.06	29.63	32.19	57.25
综合性新城	30.26	34.69	24.90	30.43	46.20
高铁新城	61.54	23.27	21.83	—	4.07
高教园区	—	—	—	—	22.77
文旅中心	—	—	54.29	—	—
住宅区	33.93	—	—	—	—

以上分析表明,新城新区人居环境质量随着新城到老城距离的增加而呈现出近似克鲁格曼中心边缘模型的∽形曲线,距离老城较近的新城新区通过借用老城的经济和基础设施而发展水平较高,随着距离的增加老城对新城新区的辐射带动作用逐渐减弱,在距离老城较远的新城新区受老城回流效应的影响越来越小,本地的市场潜力更大,从而形成新的集聚中心。新城新区的开发时限能够在一定程度上克服距离因素对老城辐射带动新城发展的阻碍。在同等通行用时范围下,开发建设时间越早,新城新区的人居环境指数得分越高。不同建设路径新城新区的空间分布有明显差异,商务中心和综合性新城选址更接近老城所在位置,在各个距离上的商务中心由于产业定位的特殊而具有更高的人居环境质量。

第三节　新城新区建设的内生需求与人居环境质量

从新城新区与所在城市人口规模的关联性看,50 个新城新区中,有 15 个位于超大城市[①],13 个位于特大城市,12 个位于 I 型大城市,8 个位于 II 型大城市,2 个位于中小城市(图4-9)。

---

① 根据《国务院关于调整城市规模划分标准的通知》,城市规模划分标准以城区常住人口为统计口径,可分为超大城市(城区常住人口 1000 万人以上)、特大城市(城区常住人口 500 万～1000 万人)、I 型大城市(城区常住人口 300 万～500 万人)、II 型大城市(城区常住人口 100 万～300 万人)、中小城市(城区常住人口小于 100 万人)。

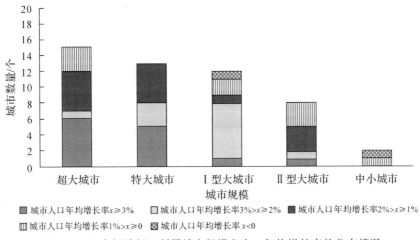

图 4-9 50 个新城新区所属城市规模和人口年均增长率的分布情况

从新城新区与所在城市人口增长的关联性看,50 个新城新区中,有 13 个位于人口年均增长率[①] $x \geqslant 3\%$ 的城市;12 个位于人口年均增长率 $3\% > x \geqslant 2\%$ 的城市;14 个位于人口年均增长率 $2\% > x \geqslant 1\%$ 的城市;9 个位于人口年均增长率 $1\% > x \geqslant 0$ 的城市;2 个位于人口年均增长率 $x < 0$ 的城市。

图 4-9 为 50 个新城新区所属城市规模和人口增长率的分布情况。表 4-16 至 4-19 为按所属城市规模和人口增长率分类统计的新城新区人居环境指数综合绩效以及"兴产业""聚人气""求乐活"三个一级指标的得分情况。

一、依托城市的人口规模与新城新区发展的关联性分析

如图 4-10 所示,新城新区所属城市规模与人居环境指数得分呈正向相关关系,即新城新区所在城市的规模越大,人居环境指数得分越高。位于超大城市的新城新区"兴产业"指标得分波动较大,且所在城市规模与"兴产业"指标得分整体上呈正相关关系;所在城市规模与"聚人气"指标得分呈正相关关系,即所在城市规模越大,"聚人气"指标得分越高;位于超大城市和位于Ⅰ型城市的新城新区得分波动较大,且所在城市规模与"求乐活"指标得分的相关关系不太显著。

---

① 人口年均增长率数据来自 2021 年第七次全国人口普查公报。

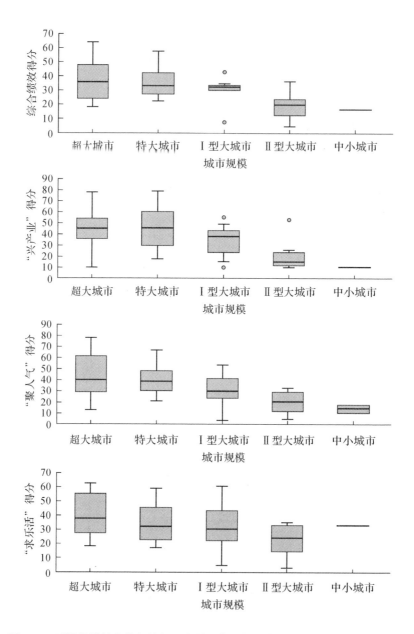

图 4-10　不同规模城市的新城新区人居环境指数综合绩效及一级指标得分分布

由上可见,其一,所属城市的规模愈大,对新城新区的辐射带动效应愈强烈,建成产业兴、人气足、烟火气旺的综合型新城新区的条件愈佳。其二,新城新区的消费便利性、烟火气与所属城市规模之间无显著的相关性。部分位于超大城市、特大城市的新城新区未能充分承接所在城市的商业服务资源,未能有效提升当地的烟火气。

二、依托城市的人口增长与新城新区发展的关联性分析

如图 4-11 所示,新城新区所在城市的人口年均增长率与人居环境指数得分总体上呈正向相关关系,即新城新区所在城市的人口年均增长率越高,人居环境指数得分越高。位于人口年均增长率 $x \geq 3$ 和 $1\% > x \geq 0$ 的城市的"兴产业"指标波动较大,且新城新区所在城市的人口年均增长率与"兴产业"指标得分的相关关系不太显著;新城新区所在城市的人口年均增长率与"聚人气"指标得分整体上呈正向相关关系,即新城新区所在城市的人口年均增长率越高,"聚人气"指标得分越高;新城新区所在城市的人口年均增长率与"求乐活"指标得分呈正向相关关系。

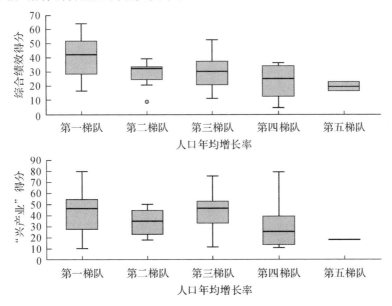

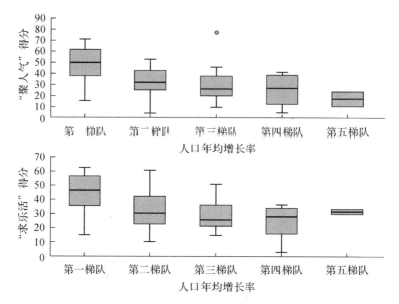

图 4-11　人口年均增长率与新城新区人居环境指数及一级指标得分的相关性
注：人口年均增长率 $x \geq 3\%$ 的城市为第一梯队；$3\% > x \geq 2\%$ 的城市为第二梯队；$2\% > x \geq 1\%$ 的城市为第三梯队；$1\% > x \geq 0$ 的城市为第四梯队；$x < 0$ 的城市为第五梯队。

由此可见，其一，人口年均增长率越高的城市，城市人口处于持续高速集聚的阶段，对于城市居住和生活空间扩张的需求越大，规划建设新城新区的必要性和合理性更加充分。其二，人口年均增长率较高城市，新城新区的公共服务设施体系相对更加完善，且消费便利性较高，也就是说，人口集聚增长可以驱动公共服务供给能力和商业服务活力提升。其三，部分新城新区虽然所属城市的人口年均增长率较高，但产城人融合发展程度仍有待提升，人口集聚未能对产业发展和结构优化起到正向促进作用。

三、新城新区所属城市的人口规模与人口年均增长率的交互影响

表 4-16 显示，所属城市的人口规模和人口年均增长率与新城新区人居环境指数得分呈正向相关关系。总体上看，人口规模较大、人口年均增长率较高的城市，新城新区人居环境指数得分较高。对于同等规模的城市来说，人口增长率越高，新城新区人居环境指数得分越高；对于同等人口年均增长率的城市来说，人口规模越大，新城新区人居环境指数得分也越高。这表明，所

在城市对于建设新城新区的内生需求较强,会使得新城新区建设发展具有一定的先天优势和有利条件。

表 4-16 新城新区所属城市的人口规模与人口年均增长率对人居环境综合绩效的交互影响

所属城市人口年均增长率	超大城市	特大城市	Ⅰ型大城市	Ⅱ型大城市	中小城市
$x \geq 3\%$	46.97	40.02	43.42	16.41	—
$3\% > x \geq 2\%$	34.13	31.64	28.95	20.79	—
$2\% > x \geq 1\%$	30.80	34.56	32.93	21.93	—
$1\% > x \geq 0$	33.62	—	20.53	16.91	16.71
$x < 0$	—	—	22.80	—	16.58

新城新区所属城市的人口规模和人口年均增长率与"兴产业"得分之间虽然总体上呈正向相关关系(表 4-17),但建设新城新区的内生需求不一定能给"兴产业"带来绝对的优势。人口规模较大的超大城市,或者人口年均增长率较高的城市,"兴产业"得分没有表现出绝对的优势,特大城市的"兴产业"得分可以超过超大城市,人口年均增长率低的超大城市的"兴产业"得分也高于人口年均增长率更高的超大城市。这表明,新城新区的产业发展并不以所在城市人口规模和人口增长为前提条件,人口规模不大或人口年均增长率不高的城市,也有可能做好新城新区的产业发展。

表 4-17 新城新区所属城市的人口规模与人口年均增长率对"兴产业"的交互影响

所属城市人口年均增长率	超大城市	特大城市	Ⅰ型大城市	Ⅱ型大城市	中小城市
$x \geq 3\%$	47.86	45.70	38.04	21.36	—
$3\% > x \geq 2\%$	41.78	30.42	36.08	16.08	—
$2\% > x \geq 1\%$	41.34	56.99	36.73	25.45	—
$1\% > x \geq 0$	46.36	—	28.65	15.99	10.00
$x < 0$	—	—	17.83	—	16.70

从"聚人气"得分看,虽然最高得分出现在人口增长率较高的超大城市,但也有特大城市的"聚人气"得分也超过了超大城市,有的人口年均增长率低

的超大城市的"聚人气"得分高于人口年均增长率更高的超大城市,甚至人口年均增长率不高的中小城市也表现出"聚人气"的潜力(表4-18)。这表明,中小城市的新城新区可以通过完善公共服务供给体系,改善生活消费便利性,推动人口集聚增长,成为新的人口集聚地。

表4-18 新城新区所属城市的人口规模与人口年均增长率对"聚人气"的交互影响

所属城市人口年均增长率	超大城市	特大城市	Ⅰ型大城市	Ⅱ型大城市	中小城市
$x \geqslant 3\%$	57.56	48.82	41.94	14.03	—
$3\% > x \geqslant 2\%$	31.41	34.92	32.24	20.04	—
$2\% > x \geqslant 1\%$	31.77	33.39	32.26	20.15	—
$1\% > x \geqslant 0$	39.98	—	16.69	20.11	16.60
$x < 0$	—	—	23.01	—	9.82

新城新区所属城市的人口规模和人口年均增长率与"求乐活"得分之间总体上也呈现出正向相关关系(表4-19),但人口规模对新城新区烟火气的影响并不绝对,许多位于Ⅰ型大城市、Ⅱ型大城市、中小城市的新城新区,消费便利性、多样性和消费成本并不次于位于超大城市、特大城市的新城新区。对于超大城市、特大城市的部分新城新区来说,也许需要克服消费成本过高的障碍,加快完善城市功能特别是商业服务体系,以更好地满足新城新区居民对于生活消费便利化、品质化和多元化的需求。与人口规模相比,人口年均增长率对于新城新区烟火气的影响似乎更加显著,对于同等规模的超大城市、特大城市、Ⅰ型大城市来说,更高的人口年均增长率可以带来更高的"求乐活"得分。这表明,城市人口集聚对于新城新区烟火气可能具有更加重要的意义。

表4-19 新城新区所属城市的人口规模与人口年均增长率对"求乐活"的交互影响

所属城市人口年均增长率	超大城市	特大城市	Ⅰ型大城市	Ⅱ型大城市	中小城市
$x \geqslant 3\%$	51.75	39.50	54.29	15.07	—
$3\% > x \geqslant 2\%$	31.23	32.72	32.42	29.43	—
$2\% > x \geqslant 1\%$	29.29	29.66	30.41	23.55	—
$1\% > x \geqslant 0$	28.53	—	20.05	20.87	33.93
$x < 0$	—	—	30.13	—	33.35

第五章 中国新城新区人居环境单项排行榜

第一节 新城新区产业动态成长性排行榜

一、新城新区产业动态成长性的重要意义及指标解释

（一）为何关注新城新区产业发展的动态成长性

新城新区建设应坚持"产城人融合"，以城市为基础，以产业为保障，以提升人的生活质量为目标，通过产业升级换代和城市服务配套，达到产业结构、就业结构、消费结构的匹配，实现产业、城市、人之间的互融发展。

新城新区建设首先要让产业发展与城市功能实现空间融合，以产促城，以城兴产，实现城市功能有产业发展支撑，产业发展有城市功能依托。在这个基础上，着重关注人的生活体验，通过完善服务设施、加强社会保障，促进城市服务业发展，提高城市人口的素质和幸福感。

从现阶段来看，我国新城新区建设仍较多地依赖行政力量推动，政府自上而下主导规划新城新区建设，然而城市与产业、人口之间是否形成了融合联动发展仍有待考察。因此，探讨新城新区产业发展的动态成长性具有重要的实践意义。由于新城新区并非区县一级行政单位，缺乏按照行政区划统计的新城新区产业经济统计数据，本报告利用2007—2020年新城新区工商业成交土地面积和宗地数，来衡量其产业发展的动态成长性。由于产业园区模式的新城新区里制造业企业数量较多，产业园区建成后工商业用地成交数量往

往较少,因此,以工商业成交土地面积和宗地数衡量新城新区产业发展的动态成长性存在一定的偏误,可能会导致产业园区模式新城新区的产业发展动态成长性被低估。

(二)新城新区产业动态成长性的指标解释

考察新城新区产业动态成长性的指标见表5-1。新城新区产业动态成长性由工商业用地面积的动态成长性和工商业用地宗地数的动态成长性两项三级指标合成,主要考察新城新区内部工业和商业发展的成长性。

表5-1 新城新区产业动态成长性的指标解释

一级指标	二级指标	指标解释	数据来源
新城新区产业动态成长性	工商业用地面积的动态成长性	2007—2020年已成交的工业和商服用地面积的平均增长率(以2007年成交的工商业用地面积为基期)	中国土地市场网
	工商业用地宗地数的动态成长性	2007—2020年已成交的工业和商服用地宗地数的平均增长率(以2007年成交的工商业用地宗地数为基期)	中国土地市场网

二、新城新区产业动态成长性的基本特征

(一)新城新区产业动态成长性的整体描述

2007—2020年,50个新城新区产业动态成长性均值为80,中位数为80,均值和中位数相同。其中,最低分为79,最高分为82,这表明新城新区产业动态成长性发育水平普遍较高。产业用地面积动态成长性的最低分和最高分分别为77、84;产业用地宗地数动态成长性的最低分和最高分分别为79、82。此外,产业用地面积和宗地数的标准差分别仅为2和1,变异系数分别仅为0.02和0.01,这也表明全国新城新区产业动态成长性的水平较高且较为均衡(表5-2)。

表 5-2 2007—2020 年新城新区产业动态成长性的整体特征

指标	样本量	最大值	最小值	均值	中位数	标准差	变异系数
产业用地面积的动态成长性	50	84	77	80	80	2	0.02
产业用地宗数的动态成长性	50	82	79	80	80	1	0.01
综合产业动态成长性	50	82	79	80	80	1	0.01

（二）产业动态成长性十强新城新区

2007—2020 年，全国产业动态成长性十强的新城新区名单见表 5-3。苏州的太湖新城、杭州的下沙经济技术开发区、杭州的未来科技城、扬州的西区新城和沈阳的浑河新城是全国产业动态成长性最高的 5 个新城新区。从区域分布来看，产业动态成长性十强新城新区主要分布在东部（7 个）、西部地区（2个）和东北地区（1 个）。在东部地区的 7 个高成长性新区中，5 个新区位于长江三角洲城市群，1 个新区位于粤港澳大湾区，1 个位于京津冀城市群。

表 5-3 2007—2020 年产业动态成长性十强新城新区名单

新城新区	所在城市	所在城市级别	所在城市人口年均增长率	所在城市行政级别	所在城市群
太湖新城	苏州	Ⅰ型大城市	3%>x≥2%	地级市	长江三角洲城市群
杭州经济技术开发区	杭州	特大城市	x≥3%	副省级城市	长江三角洲城市群
未来科技城	杭州	特大城市	x≥3%	副省级城市	长江三角洲城市群
西区新城	扬州	Ⅱ型大城市	x<1%	地级市	长江三角洲城市群
浑河新城	沈阳	特大城市	2%>x≥1%	副省级城市	辽中南城市群
呈贡新区	昆明	特大城市	3%>x≥2%	省会城市	滇中城市群
良乡高教园区	北京	超大城市	2%>x≥1%	直辖市	京津冀城市群
龙潭总部新城	成都	超大城市	x≥3%	副省级城市	成渝城市群
白云新城	广州	超大城市	x≥3%	副省级城市	粤港澳大湾区
河西新城	南京	特大城市	2%>x≥1%	副省级城市	长江三角洲城市群

　　从产业成长性十强新城新区所属城市的人口规模来看,80%的新城新区所在城市为特大城市和超大城市,表明新城新区的产业动态成长性与所属城市的人口规模正相关。从产业成长性十强新城新区所属城市的人口增长动态来看,90%新城新区为人口年均增长率超过1%的城市,表明新城新区的产业动态成长性与所属城市的人口增长动态呈正相关。从产业成长性十强新城新区所属城市的行政级别来看,80%的新城新区所属城市为省会城市及以上行政级别,产业动态成长性与所在城市的行政级别呈正相关。

　　产业动态成长性十强新城新区的得分和位次情况具体可见表5-4。由产业动态成长性的排名位次可知,产业成长性高的新城新区的优势在于产业用地面积成长性排名位次较高。新城新区产业用地面积成长性与产业动态成长性位次基本一致,其中杭州未来科技城的产业用地面积成长性位次明显低于宗地数成长性位次。

表 5-4　2007—2020 年产业动态成长性十强新城新区的指标得分及位次

新城新区	产业用地面积成长性得分	产业用地面积成长性位次	产业用地宗地数成长性得分	产业用地宗地数成长性位次
苏州太湖新城	83.56	1	81.02	10
杭州经济技术开发区	82.78	3	81.58	3
杭州未来科技城	81.82	9	81.89	2
扬州西区新城	82.80	2	80.72	14
沈阳浑河新城	82.73	4	80.72	15
昆明呈贡新区	82.65	5	80.68	16
北京良乡高教园区	82.05	8	81.19	6
成都龙潭总部新城	82.50	6	80.51	20
广州白云新城	82.43	7	80.46	22
南京河西新城	81.48	12	80.95	12

(三)产业动态成长性的区域分布特征

　　表 5-5 显示,在产业用地面积动态成长性指标上,成渝城市群、京津冀城

市群、呼包鄂榆城市群和长江三角洲城市群等 4 个城市群内的新城新区产业用地面积动态成长性均值高于 50 个新城新区均值;粤港澳大湾区内的新城新区产业用地面积动态成长性略低于均值;长江中游城市群和中原城市群内的新城新区产业用地面积动态成长性明显低于均值。

在产业用地宗地数动态成长性指标上,呼包鄂榆城市群、粤港澳大湾区、成渝城市群和长江三角洲城市群等 4 个城市群内的新城新区产业用地宗地数动态成长性显著高于 50 个新城新区均值;京津冀城市群内的新城新区产业用地宗地数动态成长性与均值持平;中原城市群内的新城新区产业用地宗地数动态成长性略低于均值;长江中游城市群内的新城新区产业用地宗地数动态成长性明显低于均值。

表 5-5　2007—2020 年国家级城市群内新城新区产业动态成长性

国家级城市群	新城新区数量/个	产业用地面积的动态成长性	产业用地宗数的动态成长性
成渝城市群	3	80.8	80.4
呼包鄂榆城市群	1	80.5	82.0
京津冀城市群	3	80.9	80.3
粤港澳大湾区	8	79.9	80.4
长江三角洲城市群	23	80.3	80.4
长江中游城市群	2	78.5	79.7
中原城市群	1	78.7	80.0
50 个新城新区均值	50	80.2	80.3

(四)产业动态成长性与城市特征

1.产业动态成长性与城市人口规模

图 5-1 显示,产业动态成长性与所在城市的人口规模呈倒 U 形关系,即人口规模最大和规模最小的超大城市、中小城市内部新城新区的产业动态成长性均值低于 50 个新城新区均值,中等人口规模的特大城市、Ⅰ 型大城市和 Ⅱ 型大城市内部新城新区的产业动态成长性均值高于或等于均值。这表明,人口规模过大可能引发集聚的负外部性,超大城市会进行产业升级或产业转

移,从而不利于城市产业发展。中小城市的人口规模尚未达到集聚门槛,不利于发挥集聚经济的共享、匹配和学习机制,导致城市产业发展不充分。

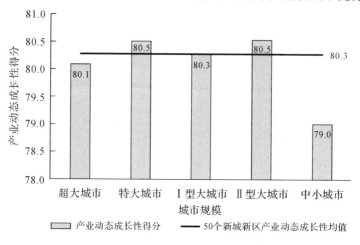

图 5-1　新城新区产业动态成长性与城市规模

2. 产业动态成长性与城市人口年均增长率

只有城市城区人口持续增加,人口溢出至新城新区的内在需求才会存在。因此,城市人口增长率决定了新城新区建设的必要性和发展潜力,新城新区产业动态成长性与所在城市的人口增长率密切相关。

图 5-2 显示,新城新区产业动态成长性与所在城市的人口年均增长率呈正相关,人口年均增长率 2%>x≥1%、人口年均增长率 3%>x≥2% 和人口年均增长率 x≥3% 的城市,其新城新区的产业动态成长性均值高于 50 个新城新区均值,人口负增长和人口年均增长率低于 1% 城市的新城新区产业动态成长性水平低于均值。

三、产业用地面积和宗地数动态成长性的关联分析

本报告按照产业用地面积成长性均值和产业用地宗地数成长性均值将 50 个新城新区划分为四个象限。其中,第一象限为均衡强区,第二象限为强宗地数新区,第三象限为弱势新区,第四象限为强面积新区。

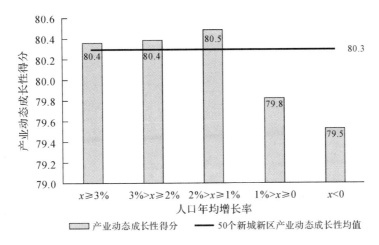

图 5-2　新城新区产业动态成长性与城市人口年均增长率

图 5-3 显示,第三象限弱势的新城新区数量最多(20 个),其次是第一象限均衡强势的新城新区(17 个),第二象限强宗地数和第四象限强面积新城新区数量分别为 7 个和 6 个,这表明新城新区产业用地面积和宗地数的动态成长性之间存在正相关性。

第一象限的均衡强区较多分布于长江三角洲城市群,其中包括杭州未来科技城、杭州经济技术开发区、嘉兴科技城、苏州太湖新城等 10 个新城新区。除长江三角洲城市群内部的新城新区,京津冀城市群的良乡高教园区、粤港澳大湾区的深圳前海蛇口自贸区和广州白云新城、成渝城市群的成都龙潭总部新城、沈阳浑河新城、鄂尔多斯康巴什新区和昆明呈贡新城也是均衡强区。

第二象限强宗地数新区中包括长江三角洲城市群中的南京南部新城、无锡太湖新城、宁波镇海新城和杭州钱江新城,粤港澳大湾区的珠海横琴粤澳深度合作区、东莞松山湖科技产业园区和成渝城市群中的重庆西部新城。

长江三角洲城市群内部苏州平江新城、宁波东部新城和宁波南部商务区,京津冀城市群中的北京望京新城,粤港澳大湾区的深圳宝安中心区以及汕头珠港新城的产业用地面积高于样本均值,但宗地数动态成长性低于样本均值,位于第四象限为强面积新区。

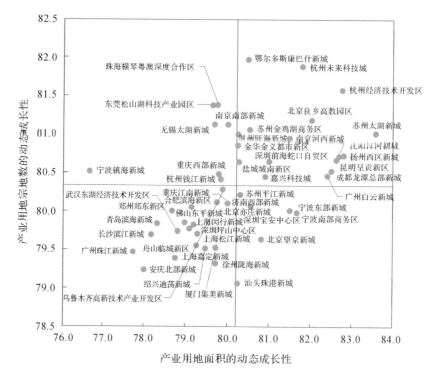

图 5-3　产业用地面积和宗地数的动态成长性

四、新城新区产业动态成长性排行榜单小结

本分项报告根据 2007—2020 年 50 个新城新区的产业用地数据,计算得出新城新区产业动态成长性排行榜单(详见附录 1),并对 2007—2020 年产业动态成长性的整体特征、十强新区和区域分布展开了分析,得出以下几点结论。

第一,全国新城新区产业动态成长性较为均衡的 50 个新城新区的产业动态成长性发育水平较高且差异较小。

第二,从新城新区产业动态成长性的区域分布来看,长江中游城市群和中原城市群等中西部城市群内的新城新区产业用地面积和宗地数的动态成长性明显低于 50 个新城新区均值。

第三,新城新区的产业动态成长性与所在城市的人口规模呈倒 U 形关系,即人口规模最大和规模最小的超大城市、中小城市内部新城新区的产业动态成长性均值低于全国均值,中等人口规模城市内部新城新区的产业动态成长性均值高于全国均值。这表明,超大城市会对工商业进行产业升级或产业转移,中小城市的人口规模尚未达到集聚门槛,从而无法实现显著发展。

第四,新城新区产业动态成长性与所在城市的人口年均增长率密切正相关,人口年均增长率 $2\% > x \geqslant 1\%$、人口年均增长率 $3\% > x \geqslant 2\%$ 和人口年均增长率 $x \geqslant 3\%$ 的城市内部新城新区的产业动态成长性均值高于 50 个新城新区均值,负增长和人口年均增长率低于 1% 城市内部的产业动态成长性水平低于均值。

第二节 最佳公共服务新城新区排行榜

一、新城新区公共服务的重要意义及指标解释

(一)为何关注新城新区的公共服务

公共服务设施是指能够为居民日常生活提供各类公共产品和服务的空间载体。作为和谐宜居城市建设的重要内容,公共服务设施配置水平高低对于一个城市的宜居性水平与居民生活质量具有重要影响。

在新城新区建设中,由于城市空间扩张速度较快,公共服务设施建设往往存在发展不充分问题,公共服务设施的供给速度通常滞后于常住人口的增长速度,这对健全城市公共服务设施、完善城市功能和提升居民满意度构成了显著挑战。因此,公共服务设施对于提升城市人居环境水平、消除社会隔离、维护社会和谐等具有重要的实践意义。

(二)新城新区公共服务排行榜的指标解释

考察新城新区公共服务供给水平的指标见表5-6。新城新区的综合公共服务供给水平总分由新城新区基本公共服务常住人口覆盖率(以下简称公共服务覆盖率)和基本公共服务设施的居民点辐射水平(以下简称公共服务设施辐射水平)2项二级指标合成。其中,公共服务覆盖率由居民点至综合医

院、幼儿园、小学和中学 4 项三级指标合成,主要考察新城新区内部公共服务设施辐射半径范围内的常住人口数量占新城新区常住人口总数的比例。公共服务设施辐射水平由综合医院、幼儿园、小学和中学辐射居民点比例 4 项三级指标合成,主要考察新城新区内部公共服务设施对居民点的辐射水平。

表 5-6 新城新区综合公共服务供给水平的指标解释

一级指标	二级指标	三级指标	指标解释
新城新区综合公共服务供给水平	公共服务覆盖率	幼儿园 500 米覆盖率	幼儿园 500 米半径范围内的人口数量占新城总人口数的比例
		小学 1000 米覆盖率	小学 1000 米半径范围内的人口数量占新城总人口数的比例
		中学 2500 米覆盖率	中学 2500 米半径范围内的人口数量占新城总人口数的比例
		综合医院 1000 米覆盖率	综合医院 1000 米半径范围内的人口数量占新城总人口数的比例
	公共服务设施辐射水平	综合医院服务辐射水平(百分比)	计算各个综合医院 1250 米半径范围内的新城居民点数占新城居民点总数的比例,在此基础上统计各个综合医院有关比例的平均值;计算各个综合医院 2500 米半径范围内的新城居民点数占新城居民点总数的比例,在此基础上统计各个综合医院有关比例的平均值;最后,1250 米半径范围内有关比例均值×2500 米半径范围内有关比例均值
		幼儿园服务辐射水平(百分比)	计算各个幼儿园 1250 米半径范围内的新城居民点数占新城居民点总数的比例,在此基础上统计各个幼儿园有关比例的平均值;计算各个幼儿园 2500 米半径范围内的新城居民点数占新城居民点总数的比例,在此基础上统计各个幼儿园有关比例的平均值;最后,1250 米半径范围内有关比例均值×2500 米半径范围内有关比例均值

一级指标	二级指标	三级指标	指标解释
新城新区综合公共服务供给水平	基本公共服务设施辐射水平	小学服务辐射水平（百分比）	计算各个小学1250米半径范围内的新城居民点数占新城居民点总数的比例，在此基础上统计各个小学有关比例的平均值；计算各个小学2500米半径范围内的新城居民点数占新城居民点总数的比例，在此基础上统计各个小学有关比例的平均值；最后，1250米半径范围内有关比例均值×2500米半径范围内有关比例均值
		中学服务辐射水平（百分比）	计算各个中学1250米半径范围内的新城居民点数占新城居民点总数的比例，在此基础上统计各个中学有关比例的平均值；计算各个中学2500米半径范围内的新城居民点数占新城居民点总数的比例，在此基础上统计各个中学有关比例的平均值；最后，1250米半径范围内有关比例均值×2500米半径范围内有关比例均值

数据来源：(1)POI数据；(2)WorldPop 100米栅格分辨率人口数据。

二、新城新区公共服务的基本特征

(一)新城新区综合公共服务的整体特征

本报告用公共服务覆盖率和公共服务设施辐射水平指标的均值衡量新城新区的综合公共服务水平。表5-7显示，50个新城新区综合公共服务水平得分均值为41.5，最大值为81.3，最小值为1.8。其中，综合公共服务水平得分低于20的有5个，占50个新城新区的10％；综合公共服务水平得分为20～60的有36个，占72％；综合公共服务水平得分高于60的有9个，占18％。此外，50个新城新区综合公共服务水平的标准差和变异系数分别为18.7和2.2，这表明50个新城新区的公共服务水平差异较大。

表 5-7　50 个新城新区公共服务水平的整体特征

指标	样本量	最大值	最小值	均值	中位数	标准差	变异系数
公共服务覆盖率	50	92.7	2.5	45.0	42.3	26.7	1.7
公共服务设施辐射水平	50	84.8	1.1	37.9	34.9	19.6	1.9
综合公共服务水平	50	81.3	1.8	41.5	38.8	18.7	2.2

从公共服务覆盖率看,得分低于 20 的新城新区有 9 个,占 50 个新城新区的 18%;得分为 20~60 的有 28 个,占 56%;得分高于 60 的有 13 个,占 26%。从公共服务设施辐射水平看,得分低于 20 的新城新区有 7 个,占 50 个新城新区的 14%;得分为 20~60 的有 36 个,占比 72%;得分高于 60 的有 7 个,占比 14%。公共服务覆盖率和公共服务设施辐射水平的标准差分别为 26.7 和 19.6,变异系数分别为 1.7 和 1.9,这表明,新城新区公共服务覆盖率和公共服务设施辐射水平的离散程度较高。

(二)综合公共服务十强新城新区

综合公共服务十强新城新区名单见表 5-8。北京望京新城、深圳坪山中心区、杭州钱江新城、广州白云新城和深圳宝安中心区是综合公共服务水平最高的 5 个。从区域分布来看,综合公共服务水平十强新城新区主要分布在东部地区,8 个位于东部地区,其他区域仅有西部的成都龙潭总部新城和中部的长沙滨江新城进入十强榜单。在东部地区的 9 个新城新区中,3 个位于长江三角洲城市群,3 个位于粤港澳大湾区,1 个位于京津冀城市群。

表 5-8　综合公共服务十强新城新区名单

新城新区	所在城市	所在城市级别	所在城市人口年均增长率	所在城市行政级别	所在城市群
望京新城	北京	超大城市	$2\% > x \geq 1\%$	直辖市	京津冀城市群
坪山中心区	深圳	超大城市	$x \geq 3\%$	副省级城市	粤港澳大湾区
钱江新城	杭州	特大城市	$x \geq 3\%$	副省级城市	长江三角洲城市群

续表

新城新区	所在城市	所在城市级别	所在城市人口年均增长率	所在城市行政级别	所在城市群
白云新城	广州	超大城市	$x\geqslant3\%$	副省级城市	粤港澳大湾区
宝安中心区	深圳	超大城市	$x\geqslant3\%$	副省级城市	粤港澳大湾区
龙潭总部新城	成都	超大城市	$x\geqslant3\%$	副省级城市	成渝城市群
滨江新城	长沙	特大城市	$x\geqslant3\%$	省会城市	长江中游城市群
滨海新区	青岛	特大城市	$2\%>x\geqslant1\%$	副省级城市	山东半岛城市群
河西新城	南京	特大城市	$2\%>x\geqslant1\%$	副省级城市	长江三角洲城市群
迪荡新城	绍兴	Ⅱ型大城市	$x<1\%$	地级市	长江三角洲城市群

从综合公共服务十强新城新区所属城市的人口规模来看,90％的新城新区所在城市为特大城市和超大城市,表明其综合公共服务水平与所属城市的人口规模正相关。从综合公共服务十强新城新区所属城市的人口增长动态来看,90％新城新区为人口年均增长率大于1％的城市,表明其综合公共服务水平与所属城市的人口增长速度正相关。从综合公共服务水平十强新城新区所属城市的行政级别来看,10％的新城新区位于直辖市,70％位于副省级城市,10％位于省会城市,仅有迪荡新城位于地级市。这表明,新城新区的综合公共服务水平与所在城市的行政等级存在正向相关关系。

综合公共服务十强新城新区的得分和排名位次情况具体可见表5-9。在公共服务覆盖率指标中,广州白云新城、深圳宝安中心区、北京望京新城和长沙滨江新城的得分均高于90,明显高于其他新城新区。在公共服务设施辐射水平指标中,深圳坪山中心区、北京望京新城、成都龙潭总部新城和绍兴迪荡新城的得分均高于70,明显高于其他新城新区。由表5-9综合公共服务水平十强名单的得分和位次情况可知,北京望京新城、深圳坪山中心区、杭州钱江新城3个新城新区的公共服务覆盖率和公共服务设施辐射水平均为前10位。

广州白云新城、深圳宝安中心区、长沙滨江新城和南京河西新城的公共服务覆盖率的位次较高,但公共服务设施辐射水平排名一般。成都龙潭总部新城、青岛滨海新区和绍兴迪荡新城的公共服务设施辐射水平较为突出,但公共服务覆盖率排位不高。

表 5-9　综合公共服务十强新城新区的指标得分及位次

新城新区	公共服务覆盖率得分	公共服务设施辐射水平得分	综合公共服务水平得分	公共服务覆盖率位次	公共服务设施辐射水平位次	综合公共服务水平位次
北京望京新城	92.3	70.3	81.3	2	5	1
深圳坪山中心区	83.3	73.6	78.4	7	3	2
杭州钱江新城	88.9	62.9	75.9	6	7	3
广州白云新城	92.2	56.1	74.2	3	11	4
深圳宝安中心区	92.7	47.1	69.9	1	13	5
成都龙潭总部新城	63.2	70.5	66.9	12	4	6
长沙滨江新城	91.6	39.9	65.7	4	21	7
青岛滨海新区	59.1	69.5	64.3	15	6	8
南京河西新城	89.2	36.0	62.6	5	25	9
绍兴迪荡新城	34.5	76.5	55.5	32	2	10

(三)新城新区综合公共服务的区域分布特征

表 5-10 显示,粤港澳大湾区、长江中游城市群、成渝城市群这 3 个城市群内部新城新区的综合公共服务水平显著高于 50 个新城新区均值;呼包鄂榆城市群、京津冀城市群、长三角城市群和中原城市群内部的新城新区公共服务水平略低于样本均值(长三角的新城新区多达 23 个,且部分新城新区综合服务水平得分较低,导致长三角新城新区综合服务水平平均得分较低,详情见附录 2)。

表 5-10　七大城市群内部新城新区综合公共服务水平

国家级城市群	新城新区数量	公共服务覆盖率	公共服务设施辐射水平	综合公共服务水平
成渝城市群	3	49.9	41.6	45.7

续表

国家级城市群	新城新区数量	公共服务覆盖率	公共服务设施辐射水平	综合公共服务水平
呼包鄂榆城市群	1	8.0	50.2	29.1
京津冀城市群	3	42.0	36.3	39.1
粤港澳大湾区	8	56.9	53.1	55.0
长江三角洲城市群	23	45.1	34.1	39.6
长江中游城市群	2	63.4	34.2	48.8
中原城市群	1	43.6	27.8	35.7
50个新城新区均值	50	45.0	37.9	41.5

（四）综合公共服务与城市特征

1. 综合公共服务与城市规模

综合公共服务和城市规模是相互作用的关系，一方面城市公共服务规模是影响人口迁移的重要因素，另一方面公共服务设施需要按照人口规模进行配置。因此，探究公共服务与城市规模的关系十分关键。

图 5-4 显示，新城新区综合公共服务水平与城市规模呈正相关，特大城市和超大城市内部的新城新区综合公共服务水平均值高于 50 个新城新区均值，Ⅰ型大城市、Ⅱ型大城市和中小城市内部的新城新区综合公共服务水平均值

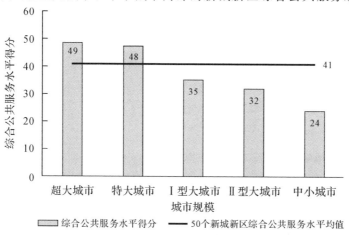

图 5-4　综合公共服务水平与城市规模

低于 50 个新城新区均值。

2. 综合公共服务与城市人口增长率

在新城新区建设中,公共服务设施的供给速度需要适应常住人口的增长速度,这对健全城市公共服务设施、完善城市功能和提升居民满意度构成了显著挑战。因此,探究公共服务与城市人口增长率的相关关系十分关键。

图 5-5 显示,总体来看,综合公共服务水平与城市人口年均增长率正相关。城市常住人口年均增长率大于 3% 的城市内部新城新区的综合公共服务水平均值高于 50 个新城新区均值;城市常住人口年均增长率低于 3% 的城市内部新城新区的综合公共服务水平低于 50 个新城新区均值。

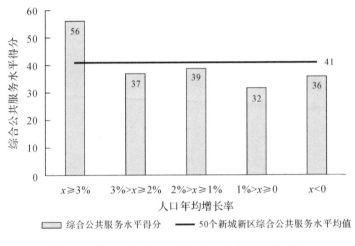

图 5-5　综合公共服务水平与城市人口年均增长率

三、新城新区公共服务覆盖率

(一)公共服务覆盖率的整体特征

表 5-11 显示,公共服务覆盖率指标中综合医院、幼儿园、小学和中学的覆盖率得分最大值分别为 98.4、98.7、97.4 和 89.9,最小值分别为 6.3、1.3、1.3 和 4.1。其中,综合医院、幼儿园、小学和中学覆盖率得分低于 20 的新城新区数量分别为 11、7、7 和 9,得分为 20～60 的新城新区数量分别为 20、23、25 和 20;得分高于 60 的新城新区数量分别为 19、20、18 和 21。此外,公共服务覆

盖率指标得分的标准差和变异系数均较高,这表明全国 50 个新城新区的公共服务覆盖率得分的差异性明显。

表 5-11　公共服务覆盖率的整体特征

指标	样本量	最大值	最小值	均值	中位数	标准差	变异系数
幼儿园 500 米覆盖率	50	98.7	1.3	50.0	47.7	28.1	1.8
小学 1000 米覆盖率	50	97.4	1.3	50.0	46.9	28.4	1.8
中学 2500 米覆盖率	50	89.9	4.1	50.5	46.1	30.4	1.7
综合医院 1000 米覆盖率	50	98.4	6.3	48.4	45.9	30.0	1.6

(二)公共服务覆盖率十强新城新区

公共服务覆盖率十强新城新区名单见表 5-12。深圳的宝安中心区、北京的望京新城、广州的白云新城、长沙的滨江新城和南京的河西新城是公共服务覆盖率水平的前 5 名。从区域分布来看,公共服务覆盖率水平十强新城新区主要分布在东部地区,9 个位于东部地区,其他区域仅有中部的长沙滨江新城进入十强名单。在东部地区入选十强的 9 个新城新区中,4 个位于长江三角洲城市群,4 个位于粤港澳大湾区,1 个位于京津冀城市群。

表 5-12　公共服务覆盖率十强新城新区名单

新城新区	所在城市	所在城市级别	所在城市人口年均增长率	所在城市行政级别	所在城市群
宝安中心区	深圳	超大城市	$x \geqslant 3\%$	副省级城市	粤港澳大湾区
望京新城	北京	超大城市	$2\% > x \geqslant 1\%$	直辖市	京津冀城市群
白云新城	广州	超大城市	$x \geqslant 3\%$	副省级城市	粤港澳大湾区
滨江新城	长沙	特大城市	$x \geqslant 3\%$	省会城市	长江中游城市群
河西新城	南京	特大城市	$2\% > x \geqslant 1\%$	副省级城市	长江三角洲城市群
钱江新城	杭州	特大城市	$x \geqslant 3\%$	副省级城市	长江三角洲城市群
坪山中心区	深圳	超大城市	$x \geqslant 3\%$	副省级城市	粤港澳大湾区
平江新城	苏州	Ⅰ型大城市	$3\% > x \geqslant 2\%$	地级市	长江三角洲城市群

续表

新城新区	所在城市	所在城市级别	所在城市人口年均增长率	所在城市行政级别	所在城市群
东平新城	佛山	特大城市	3％＞x≥3％	地级市	粤港澳大湾区
南部新城	南京	特大城市	2％＞x≥1％	副省级城市	长江三角洲城市群

从公共服务覆盖率十强所属城市的规模来看,90％的新城新区所在城市为特大城市和超大城市,表明其公共服务覆盖率与所属城市的人口规模正相关。从公共服务覆盖率十强所属城市的人口增长动态来看,100％的新城新区人口年均增长率高于1％,50％的人口年均增长率大于3％。这表明,新城新区的公共服务覆盖率与所属城市的人口增长动态正相关。从公共服务覆盖率十强所属城市的行政等级来看,80％的新城新区位于省会城市、副省级城市和直辖市。这表明,新城新区的公共服务设施的覆盖率与所在城市的行政等级存在显著的正向相关关系。

在公共服务覆盖率十强中,宝安中心区、望京新城、白云新城、滨江新城、河西新城、钱江新城和坪山中心区等7个新城新区均位于综合公共服务水平的十强(表5-9),这表明公共服务覆盖率在综合公共服务中发挥着重要作用。

在表5-13公共服务覆盖率十强的得分及位次情况中,深圳宝安中心区、北京望京新城、广州白云新城、长沙滨江新城、杭州钱江新城和深圳坪山中心区的4个分项指标位次均为前10位,各分项指标排名位次较为均衡。南京河西新城和佛山东平新城的中学2500米覆盖率排名位次明显低于其他分项指标。

表5-13　公共服务覆盖率十强新城新区分项指标得分及位次

新城新区	幼儿园500米覆盖率得分	小学1000米覆盖率得分	中学2500米覆盖率得分	综合医院1000米覆盖率得分	公共服务覆盖率得分	幼儿园500米覆盖率位次	小学1000米覆盖率位次	中学2500米覆盖率位次	综合医院1000米覆盖率位次	公共服务覆盖率位次
深圳宝安中心区	98.7	95.3	89.9	98.4	92.7	1	3	9	1	1
北京望京新城	95.8	93.7	89.9	92.3	92.3	3	6	1	5	2
广州白云新城	92.1	94.4	89.9	94.6	92.2	5	4	1	4	3

续表

新城新区	幼儿园500米覆盖率得分	小学1000米覆盖率得分	中学2500米覆盖率得分	综合医院1000米覆盖率得分	公共服务覆盖率得分	幼儿园500米覆盖率位次	小学1000米覆盖率位次	中学2500米覆盖率位次	综合医院1000米覆盖率位次	公共服务覆盖率位次
长沙滨江新城	92.2	96.6	89.9	91.0	91.6	4	2	1	7	4
南京河西新城	87.7	94.3	87.3	90.8	89.2	7	5	12	8	5
杭州钱江新城	88.9	86.8	89.9	98.1	88.9	6	8	1	2	6
深圳坪山中心区	78.6	81.7	89.9	91.8	83.3	9	9	1	6	7
苏州平江新城	73.4	92.2	89.9	97.1	80.9	12	7	1	3	8
佛山东平新城	78.2	80.9	71.3	86.3	77.6	10	10	17	10	9
南京南部新城	76.9	75.0	82.9	71.1	75.6	11	12	14	14	10

（三）公共服务覆盖率的区域分布特征

表 5-14 显示，长江中游城市群、粤港澳大湾区、成渝城市群和长江三角洲城市群等 4 个城市群内的新城新区公共服务覆盖率水平显著高于 50 个新城新区均值；京津冀城市群和中原城市群内的新城新区公共服务覆盖率水平略低于均值；呼包鄂榆城市群明显低于均值，且与其他城市群存在明显差距。

表 5-14　国家级城市群公共服务覆盖率的分项指标得分

国家级城市群	新城新区数量	幼儿园500米覆盖率得分	小学1000米覆盖率得分	中学2500米覆盖率得分	综合医院1000米覆盖率得分	公共服务覆盖率得分
成渝城市群	3	55.64	66.05	46.57	43.38	49.86
呼包鄂榆城市群	1	6.09	12.60	5.73	9.87	8.04
京津冀城市群	3	57.04	39.68	40.68	64.07	41.98
粤港澳大湾区	8	64.35	62.36	60.07	58.88	56.91
长江三角洲城市群	23	46.79	47.87	55.10	50.19	45.11
长江中游城市群	2	69.03	67.74	66.67	57.18	63.43
中原城市群	1	43.55	63.99	35.22	43.54	43.57
50 个新城新区均值	50	50.04	49.97	50.51	48.38	45.04

（四）公共服务覆盖率与城市特征

1. 公共服务覆盖率与城市规模

城市公共服务覆盖率与城市规模相互影响,这种影响体现在城市公共服务覆盖率受到服务设施选址的影响,若公共服务选址在人口密集的地区,公共服务覆盖率会较高,反之则会偏低。

图5-6显示,公共服务覆盖率与城市规模呈正相关,即人口规模最大的特大城市和超大城市内部新城新区的公共服务覆盖率较高,高于50个新城新区均值;人口规模较小的Ⅰ型大城市、Ⅱ型大城市和中小城市内部新城的公共服务覆盖率较差,低于均值。

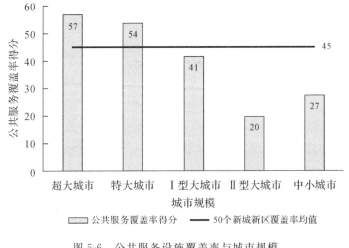

图 5-6　公共服务设施覆盖率与城市规模

2. 公共服务覆盖率与城市人口年均增长率

人口增长率、人口规模对公共服务覆盖率的相互作用相似。按照城市年均人口增长率可以将50个新城新区分为五种增长模式。图5-7显示,人口年均增长率与公共服务覆盖率呈U形关系,表现为人口年均增长率最高(大于3%)和最低(负增长)城市内部的新城新区公共服务覆盖率高于50个新城新区均值;人口年均增长率为0~3%城市内部的新城新区公共服务覆盖率得分低于均值。

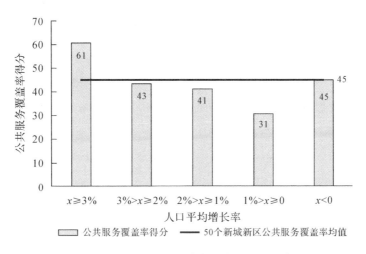

图 5-7　公共服务覆盖率与城市人口增长率

四、新城新区公共服务设施辐射水平

(一)新城新区公共服务设施辐射水平的整体特征

表 5-15 显示,公共服务设施辐射水平指标中综合医院、幼儿园、小学和中学的辐射水平得分最大值分别为 97.5、99.8、98.3 和 99.7,最小值分别为 1.7、0.2、1.6 和 3.0。其中,综合医院、幼儿园、小学和中学的辐射水平得分低于 20 的新城新区数量分别为 6、5、4 和 7;得分为 20~60 的数量分别为 22、30、30 和 25;得分高于 60 的新城新区数量分别为 22、15、16 和 18。此外,公共服务设施辐射水平的标准差和变异系数均较高,这表明全国 50 个新城新区的公共服务设施辐射水平存在明显差异。

表 5-15　公共服务设施辐射水平及分项指标的整体特征

指标	样本量	最大值	最小值	均值	中位数	标准差	变异系数
幼儿园服务辐射水平	50	99.8	0.2	47.9	44.2	23.8	2.0
小学服务辐射水平	50	98.3	1.6	49.8	49.6	26.1	1.9
中学服务辐射水平	50	99.7	3.0	48.2	47.0	27.1	1.8
综合医院服务辐射水平	50	97.5	1.7	48.7	39.8	27.7	1.8

(二)公共服务设施辐射水平十强新城新区

全国公共服务设施辐射水平十强新城新区名单见表 5-16。珠海横琴粤澳深度合作区、绍兴迪荡新城、深圳坪山中心区、成都龙潭总部新城和北京望京新城是公共服务设施辐射水平的前 5 名。从区域分布来看,公共服务设施辐射水平十强主要分布在东部地区,其中 8 个位于东部地区,其他区域仅有东北的沈阳浑河新城和西部的成都龙潭总部新城进入了十强。在东部地区的 8 个新城新区中,3 个位于长江三角洲城市群,3 个位于粤港澳大湾区,1 个位于京津冀城市群。

表 5-16　公共辐射设施辐射水平十强新城新区名单

新城新区	所在城市	所在城市级别	所在城市人口年均增长率	所在城市行政级别	所在城市群
横琴粤澳深度合作区	珠海	Ⅱ型大城市	$x \geq 3\%$	地级市	粤港澳大湾区
迪荡新城	绍兴	Ⅱ型大城市	$x < 1\%$	地级市	长江三角洲城市群
坪山中心区	深圳	超大城市	$x \geq 3\%$	副省级城市	粤港澳大湾区
龙潭总部新城	成都	超大城市	$x \geq 3\%$	副省级城市	成渝城市群
望京新城	北京	超大城市	$2\% > x \geq 1\%$	直辖市	京津冀城市群
滨海新区	青岛	特大城市	$2\% > x \geq 1\%$	副省级城市	山东半岛城市群
钱江新城	杭州	特大城市	$x \geq 3\%$	副省级城市	长江三角洲城市群
西区新城	扬州	Ⅱ型大城市	$<1\%$	地级市	长江三角洲城市群
浑河新城	沈阳	特大城市	$2\% > x \geq 2\%$	副省级城市	辽宁中部城市群
前海蛇口自贸区	深圳	超大城市	$x \geq 3\%$	副省级城市	粤港澳大湾区

从公共服务设施辐射水平十强所属城市的规模来看,70% 的新城新区所属城市为特大城市和超大城市,表明其公共服务设施辐射水平与所属城市的人口规模正相关。从公共服务设施辐射水平十强所属城市的人口增长类型来看,80% 的新城新区为人口年均增长率 $2\% > x \geq 1\%$ 和人口年均增长率 $x \geq 3\%$ 的城市,表明其公共服务设施辐射水平与所属城市的人口增长速度正

相关。从公共服务设施辐射水平十强所属城市的行政级别来看,10％的新城新区位于直辖市,60％位于副省级城市,30％位于地级市,且地级市中新城新区排名位次高于副省级城市。这表明,新城新区的公共服务设施的辐射水平与所在城市的行政级别并不存在显著的相关关系。

在公共服务设施辐射水平十强中,绍兴迪荡新城、深圳坪山中心区、成都龙潭总部新城、北京望京新城、青岛滨海新区和杭州钱江新城等6个新城新区同位于综合公共服务水平的十强(表5-9),上述新城新区位于十强的偏后位次,这表明公共服务设施辐射水平在综合公共服务中的重要性略低于公共服务覆盖率。

从表5-17公共辐射水平十强的指标得分和位次情况来看,绍兴迪荡新城和杭州钱江新城的各分项指标排名位次较为均衡;深圳前海蛇口自贸区和沈阳浑河新城的综合医院服务辐射水平,深圳坪山中心区和扬州西区新城的幼儿园服务辐射水平,以及珠海横琴粤澳深度合作区、成都龙潭总部新城和北京望京新城的中学服务辐射水平位次明显高于其他分项指标的排名位次。成都龙潭总部新城的综合医院服务辐射水平和扬州西区新城的幼儿园服务辐射水平的排名位次明显低于其他分项指标。

表5-17 公共服务设施辐射水平十强新城新区分项指标得分及位次

新城新区	综合医院服务辐射水平得分	幼儿园服务辐射水平得分	小学服务辐射水平得分	中学服务辐射水平得分	公共服务设施服务辐射水平得分	综合医院服务辐射水平位次	幼儿园服务辐射水平位次	小学服务辐射水平位次	中学服务辐射水平位次	公共服务设施服务辐射水平位次
珠海横琴粤澳深度合作区	81.2	85.8	89.6	99.7	84.8	8	4	5	1	1
绍兴迪荡新城	86.9	66.7	81.7	87.3	76.5	7	13	9	6	2
深圳坪山中心区	70.4	99.8	72.1	81.3	73.6	14	1	12	7	3
成都龙潭总部新城	64.8	73.3	96.8	97.2	70.5	19	8	3	2	4
北京望京新城	65.8	71.8	72.1	96.8	70.3	16	10	11	3	5
青岛滨海新区	64.5	64.0	82.9	78.8	69.5	20	15	8	8	6
杭州钱江新城	68.6	52.3	66.7	73.8	62.9	15	18	14	10	7

续表

新城新区	综合医院服务辐射水平得分	幼儿园服务辐射水平得分	小学服务辐射水平得分	中学服务辐射水平得分	公共服务设施服务辐射水平得分	综合医院服务辐射水平位次	幼儿园服务辐射水平位次	小学服务辐射水平位次	中学服务辐射水平位次	公共服务设施服务辐射水平位次
扬州西区新城	62.4	75.7	42.5	71.3	56.9	21	7	27	11	8
沈阳浑河新城	71.8	51.4	52.9	59.1	56.8	13	20	22	19	9
深圳前海蛇口自贸区	90.3	53.4	55.5	54.9	56.4	5	17	20	21	10

(三)公共服务设施辐射水平的区域分布特征

表 5-18 显示,粤港澳大湾区、呼包鄂榆城市群和成渝城市群 3 个城市群内的新城新区公共服务设施辐射水平显著高于 50 个新城新区均值;京津冀城市群、长江三角洲城市群和长江中游城市群内的新城新区公共服务设施辐射水平略低于均值(长三角内新城新区多达 23 个,部分新城新区公共服务设施的辐射水平得分较低,使得长三角地区整体得分偏低,具体得分详见附录 2)。中原城市群内的新城新区公共服务设施辐射水平与其他城市群存在较大差距。

表 5-18　国家级城市群公共服务设施辐射水平的分项指标得分

国家级城市群	新城新区数量	综合医院服务辐射水平	幼儿园服务辐射水平	小学服务辐射水平	中学服务辐射水平	公共服务设施的辐射水平
成渝城市群	3	38.1	52.2	49.1	52.5	41.6
呼包鄂榆城市群	1	77.6	69.8	32.9	63.7	50.2
京津冀城市群	3	30.6	60.2	59.1	53.4	36.3
粤港澳大湾区	8	71.7	54.3	64.0	57.2	53.1
长江三角洲城市群	23	45.8	42.1	44.7	49.2	34.1
长江中游城市群	2	26.4	55.9	54.7	49.9	34.2
中原城市群	1	21.5	23.5	34.6	37.2	27.8
50 个新城新区均值	50	48.7	47.9	49.8	48.2	37.9

（四）公共服务设施辐射水平与城市特征

1. 公共服务设施辐射水平与城市人口规模

公共服务设施辐射水平与城市人口规模密切相关,人口规模大(城市级别高)的城市内部公共服务设施的级别往往也更高,这种关联在医疗和教育上体现得非常明显。另外,公共服务设施辐射水平与城市人口规模的配比关系也决定着公共服务设施的供给水平。因此,探讨公共服务设施辐射水平与城市人口规模的关系十分关键。

图 5-8 显示,总体而言城市人口规模和公共服务设施辐射水平呈正相关,特大城市和超大城市内部的新城新区公共服务设施辐射水平均值高于 I 型大城市和中小城市内部的新城新区,但 II 型大城市并不符合这一规律。

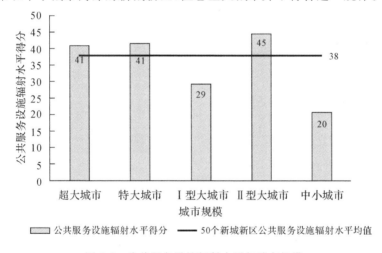

图 5-8　公共服务设施辐射水平与城市规模

2. 公共服务设施辐射水平与城市人口增长率

图 5-9 显示,总体而言公共服务设施辐射水平与人口增长率呈正相关,人口年均增长率 $x \geqslant 3\%$ 的城市内部新城新区的公共服务设施辐射水平最高,其次为人口年均增长率 $2\% > x \geqslant 1\%$、人口年均增长率 $1\% > x \geqslant 0$、人口年均增长率 $3\% > x \geqslant 2\%$ 的城市,人口负增长型城市内部新城新区的公共服务设施辐射水平最低。

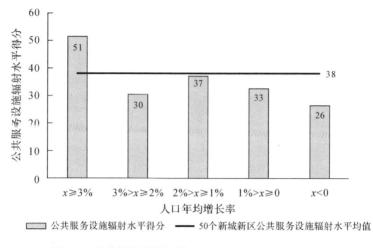

图 5-9　公共服务设施辐射水平与城市人口年均增长率

五、新城新区公共服务设施覆盖率和辐射水平的关联分析

医疗、教育等城市基本公共服务设施的供给水平对吸引城市人口、增强城市活力等方面具有深刻影响,并且进一步影响城市发展和城市竞争力等。因此,综合分析公共服务覆盖率和公共服务设施辐射水平,对于探讨新城新区公共服务供给水平而言十分必要。

本报告按照公共服务覆盖率和辐射水平将 50 个新城新区划分为四个象限。其中,第一象限为均衡型新区,第二象限为强辐射新区,第三象限为弱势新区,第四象限为强覆盖型新区。

从图 5-10 新城新区的象限分布来看,第三、四象限的新城新区数量明显高于第一、二象限,即公共服务设施的辐射水平得分低于均值的新城新区数量偏多。其中,第一象限均衡型的数量为 14,第二象限强辐射型的数量为 8,第三象限弱势型的数量为 22,第四象限强覆盖型的数量为 6。

在第一象限均衡型新区类型 14 个新城新区中,长江三角洲城市群、粤港澳大湾区、京津冀城市群、长江中游城市群和成渝城市群中新城新区的数量分别为 5 个、3 个、1 个、2 个和 1 个,还包括国家级城市群之外的昆明呈贡新区、青岛滨海新区。

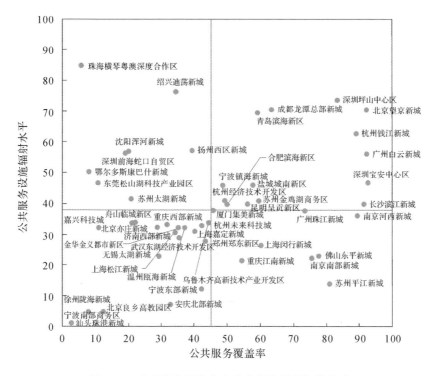

图 5-10　公共服务覆盖率和公共服务设施辐射水平

第二象限 8 个强辐射新区主要集中分布于长江三角洲城市群和粤港澳大湾区。第三象限 22 个新城新区为弱势新区,非国家级城市群内的新城新区大多分布于此区间内。在第四象限 6 个强覆盖型新区中,分布于长江三角洲城市群、粤港澳大湾区和成渝城市群。

六、最佳公共服务新城排行榜小结

本单项报告计算梳理了 50 个新城新区的综合公共服务水平、公共服务覆盖率和公共服务设施辐射水平的排行榜,并对整体特征、十强新城新区、区域分布和城市特征等内容进行了解释说明,得出了以下几点结论。

第一,城市群之间综合公共服务水平存在明显差异。粤港澳大湾区、长江中游城市群、成渝城市群等 3 个城市群内部新城新区的综合公共服务水平显著高于 50 个新城新区均值;呼包鄂榆城市群、京津冀城市群、长三角城市群和中原城市群内部的新城新区综合公共服务水平低于50个新城新区均值,其中呼包鄂榆城市群与其他城市群差距显著。值得特别说明的是,长江三角洲城市群中入围新城新区多达23个,内部公共服务水平差异较大,使得长江三角洲城市群的公共服务设施得分和排名位次不高。

第二,新城新区所在城市的行政等级对公共服务覆盖率影响力更大,在十强榜单中所在城市为副省级城市、省会城市和直辖市的比例为90%,这一比例在公共服务设施辐射水平中为60%。在公共服务设施辐射水平十强排行榜中,地级市中新城新区排名位次高于副省级城市。新城新区的公共服务设施辐射水平与所在城市的行政级别并不存在显著的相关关系。

第三,新城新区综合公共服务水平、公共服务覆盖率和公共服务设施的辐射水平与其城市人口规模呈正相关,特大城市和超大城市内部的新城新区得分均值高于50个新城新区均值,Ⅰ型大城市、Ⅱ型大城市和中小城市内部的新城新区低于50个新城新区均值。

第四,总体来看,综合公共服务水平、公共服务设施辐射水平与城市人口增长率呈正相关。城市常住人口年均增长率$x \geqslant 3\%$和人口年均增长率$2\% > x \geqslant 1\%$的城市内部新城新区的综合公共服务水平均值和公共服务设施辐射水平高于50个新城新区均值;城市常住人口年均增长率$1\% > x \geqslant 0$和负增长的城市内部新城新区的综合公共服务水平和公共服务设施辐射水平低于50个新城新区均值。公共服务覆盖率与人口增长率呈U形关系,表现为人口年均增长率最高($x \geqslant 3\%$)和最低(负增长)城市内部的新城新区公共服务覆盖率高于50个新城新区均值,人口年均增长率低于3%城市内部的新城新区公共服务覆盖率低于50个新城新区均值。

第五,结合公共服务覆盖率和公共服务设施辐射水平来看,长江三角洲城市群和粤港澳大湾区存在较明显的区域特征:(1)长江三角洲城市群公共服务设施供给水平呈现两极分化现象,既存在钱江新城、下沙经济技术开发区、滨湖新城和金鸡湖商务区等均衡型新区,也包含金义都市新区、嘉兴科技城、嘉定新城和东部新城等弱势新区。(2)粤港澳大湾区内公共服务供给水平明显高于其他城市群,这体现在粤港澳大湾区内部新城新区多分布于第

一、二、四象限,即公共服务覆盖率或公共服务设施辐射水平高于50个新城新区均值。

第三节　绿色健康新城新区排行榜

一、新城新区绿色健康水平的重要性及指标解释

新城新区人居环境是"让人民群众在城市生活得更方便、更舒心、更美好"的必要保障和重要载体,生态环境是人居环境的重要组成部分。随着经济社会的不断发展,绿色健康的人居环境在人民日益增长的美好生活需要中的重要性日益凸显。构建绿色健康的新城新区人居环境,对提升居民的生活质量具有重要作用。

空气质量与绿色空间是构成新城新区人居生态环境最关键的因素,同时也与居民的生活息息相关。因此本分项报告选取新城新区所在地的空气质量、新城新区内居民点至绿地的步行可达性以及绿地服务辐射的整体水平三项得分作为绿色健康水平的衡量指标,分析新城新区绿色健康水平的整体特征、区域分布特征,以及与所在城市特征的关联(表5-19)。

表 5-19　新城新区绿色健康排行榜考察指标

考察内容	指标	指标描述	数据来源
新城新区绿色健康水平	所在地空气质量	2021年1月至2021年12月新城所在区市 AQI 月度数据的均值	生态环境部官网及各地市统计局
	居民点至绿地的步行可达性	15分钟步行可达范围内有绿地的新城居民点数占新城居民点总数的比例;30分钟步行可达范围内有绿地的新城居民点数占新城居民点总数的比例	POI 数据
	绿地服务辐射的整体水平	各个公园绿地1250米与2500米半径范围内的新城居民点数占新城居民点总数比例的乘积	POI 数据

二、新城新区绿色健康水平分析

(一)新城新区绿色健康水平的整体特征

50个新城新区的绿色健康得分均值为38.2,中位数为40.7,表明我国新城新区的绿色健康平均水平较低,仍存在较大的提升空间。得分范围在3.3～84.9之间,其中78%的样本集中分布于20～60分之间,得分高于60分的新城新区只有3个,占6%,低于20分的新城新区则有8个,占16%,说明不同新城新区的绿色健康水平存在显著差异且大部分水平偏低。标准差达到17.7,变异系数高达0.46,反映出全国新城新区的绿色健康水平离散程度较高,存在严重的区域不平衡。

与三个分项指标相比,新城新区绿色健康得分的均值、中位数和最大值均明显低于各分项指标,表明大部分新城新区在绿色健康人居环境建设上都存在短板,绿色健康水平受分项短板制约显著,分项指标间的协同性较差,未能实现全面均衡发展(表5-20)。

表5-20 新城新区绿色健康水平的整体特征

指标	样本量	最大值	最小值	均值	中位数	标准差	变异系数
所在地空气质量	50	99.0	1.2	48.3	47.8	27.6	0.57
居民点至绿地的步行可达性	50	99.4	2.6	52.4	52.9	26.6	0.51
绿地服务辐射的整体水平	50	98.8	4.4	50.2	44.3	27.1	0.54
总体绿色健康得分	50	84.9	3.3	38.2	40.7	17.7	0.46

(二)绿色健康十强新城新区

绿色健康水平十强新城新区名单见表5-21。从区域分布上看,绿色健康水平十强几乎都分布在东部(9个),仅有安庆北部新城位于中部地区。从城市群角度分析,十强新城新区大部分属于长江三角洲城市群(7个),其余属于粤港澳大湾区(3个),表现出显著的区域和城市群集聚性。

表 5-21　绿色健康水平十强新城新区名单

排名	新城新区	地区	省市	城市	所在城市行政级别	所在城市规模	所在城市人口年均增长率	所在城市群
1	前海蛇口自贸区	东部	广东	深圳	副省级城市	超大城市	$x \geqslant 3\%$	粤港澳大湾区
2	东部新城	东部	浙江	宁波	副省级城市	Ⅰ型大城市	$3\% > x \geqslant 2\%$	长江三角洲城市群
3	镇海新城	东部	浙江	宁波	副省级城市	Ⅰ型大城市	$3\% > x \geqslant 2\%$	长江三角洲城市群
4	北部新城	中部	安徽	安庆	地级市	中小城市	$x < 0$	长江三角洲城市群
5	迪荡新城	东部	浙江	绍兴	地级市	Ⅱ型大城市	$1\% > x \geqslant 0$	长江三角洲城市群
6	城南新区	东部	江苏	盐城	地级市	Ⅰ型大城市	$x < 0$	长江三角洲城市群
7	坪山中心区	东部	广东	深圳	副省级城市	超大城市	$x \geqslant 3\%$	粤港澳大湾区
8	嘉兴科技城	东部	浙江	嘉兴	地级市	Ⅱ型大城市	$2\% > x \geqslant 1\%$	长江三角洲城市群
9	嘉定新城	东部	上海	上海	直辖市	超大城市	$1\% > x \geqslant 0$	长江三角洲城市群
10	白云新城	东部	广东	广州	副省级城市	超大城市	$x \geqslant 3\%$	粤港澳大湾区

　　结合新城新区所在城市的规模分析,除了特大城市外,十强新城新区在其他规模的城市中均有分布。十强新城新区在不同人口年均增长率的城市中未见明显分布差异。

　　表 5-22 列出了绿色健康十强新城新区的具体得分情况。仅有深圳前海蛇口自贸区和宁波东部新城具备较高的绿色健康水平,且各项指标均名列前茅,实现了较为全面的绿色健康人居环境建设;其他新城新区均存在短板指标,使得总体绿色健康水平较低。

表5-22　绿色健康水平十强新城新区的指标得分及位次

总排名	新城新区	所在地空气质量	排名	居民点至绿地的步行可达性	排名	新城新区内绿地服务辐射的整体水平	排名	总体新城新区绿色健康得分
1	深圳前海蛇口自贸区	93.6	4	80.3	10	96.2	4	84.9
2	宁波东部新城	74.5	9	85.5	6	76.6	11	77.7
3	宁波镇海新城	74.5	9	53.6	25	78.6	10	64.0
4	安庆北部新城	52.8	20	69.1	16	98.1	3	59.5
5	绍兴迪荡新城	56.1	15	52.2	26	87.3	9	57.3
6	盐城城南新区	72.5	12	57.9	22	47.8	23	56.1
7	深圳坪山中心区	93.6	4	50.3	28	98.6	2	54.8
8	嘉兴科技城	46.9	27	60.0	20	61.4	17	54.7
9	上海嘉定新城	55.3	16	83.8	8	46.0	24	53.8
10	广州白云新城	47.8	25	89.9	5	98.8	1	53.6

(三)绿色健康水平的区域分布特征

如前所述,绿色健康十强新城新区表现出显著的城市群集聚性。本报告将50个新城新区对应到七大国家级城市群,进一步分析不同城市群之间新城新区的绿色健康水平差异。表5-23显示了不同城市群内新城新区的绿色健康水平及各分项的均值。其中,粤港澳大湾区和长江三角洲城市群内新城新区的绿色健康平均水平最高,这与十强新城新区在这两个城市群中的分布优势相吻合;京津冀城市群、成渝城市群、呼包鄂榆城市群和长江中游城市群内的新城新区处于中等水平;中原城市群内郑东新区的绿色健康水平则显著低于其他新城新区。

从分项数据的分布来看,粤港澳大湾区的新城新区各项水平较高,仅绿地可达性略有欠缺;长江三角洲城市群内新城新区的空气质量有待提高;京津冀城市群的新城新区在绿地可达性上存在短板;成渝城市群内新城新区的短板则在空气质量上;呼包鄂榆城市群的鄂尔多斯康巴什新区需要大力提升空气质量和绿地可达性;长江中游城市群的新城新区在绿地可达性上具有突出优势,但空气质量问题过于严重;中原城市群的郑州郑东新区各项指标均排名靠后,尤其是空气质量亟待提高。

表 5-23　国家级城市群内新城新区绿色健康水平

国家级城市群	新城新区数量	空气质量	居民点至绿地的步行可达性	新城新区内绿地服务辐射的整体水平	绿色健康
粤港澳大湾区	8	73.1	60.9	74.1	47.8
长江三角洲城市群	23	49.4	62.3	51.0	44.6
京津冀城市群	3	52.0	29.3	41.9	37.6
成渝城市群	3	28.2	54.8	50.4	31.2
呼包鄂榆城市群	1	19.0	27.0	45.3	27.0
长江中游城市群	2	14.3	61.0	47.8	26.7
中原城市群	1	2.4	23.1	15.3	8.7
50 个新城新区均值	50	48.3	52.4	50.2	38.2

(四) 绿色健康水平与城市特征

1. 绿色健康水平与城市规模

本报告统计了不同城市规模下新城新区的绿色健康水平得分(图 5-11)。其中,中小城市内的新城新区绿色健康水平得分远高于 50 个新城新区平均值,超大城市和 I 型大城市内的新城新区得分略高于全国样本平均值,而特大城市和 II 型大城市内的新城新区在绿色健康方面存在明显的劣势。说明较小的人口规模(城区常住人口小于 100 万人)对绿色健康水平的提升有显著的正面作用,发展较好的超大城市也较为注重绿色健康水平的提升,而稍有扩张的人口规模(城区常住人口 100 万~1000 万人)由于城市发展的需要,对绿色健康水平的提升存在一定的负面作用。

2. 绿色健康水平与城市人口年均增长率

图 5-12 显示了不同人口年均增长率的城市中新城新区的绿色健康水平均值,可以发现绿色健康水平与城市人口年均增长率呈明显的 U 形关系,人口年均增长率高于 2% 以及负增长的城市内新城新区的绿色健康水平较高,

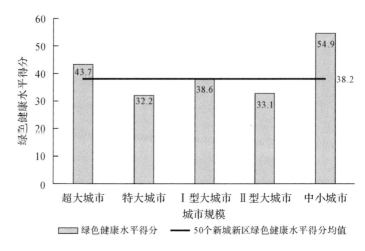

图 5-11　新城新区绿色健康水平与城市规模

而人口年均增长率在0~2％之间的城市内新城新区的绿色健康水平低于50个新城新区均值。尤其是在人口负增长的城市中,新城新区的绿色健康水平存在明显的优势。

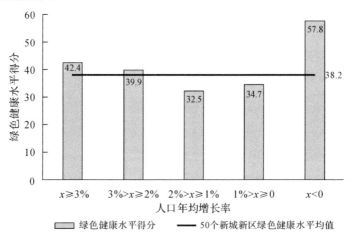

图 5-12　新城新区绿色健康水平与城市人口年均增长率

三、新城新区空气质量分析

(一)新城新区空气质量的整体特征

在绿色健康水平的分项指标中,50个新城新区的空气质量得分均值为

48.3,表明我国新城新区的空气质量平均水平仍需要进一步提升。得分范围在 1.2～99.0 之间,跨度较大,其中得分高于 90 分的新城新区有 7 个,占 14％,低于 10 分的新城新区有 5 个,占 10％,说明不同新城新区的空气质量存在差异。变异系数高达 0.57,反映出新城新区的空气质量离散程度较高(见表 5-24)。

表 5-24　新城新区空气质量的整体特征

指标	样本量	最大值	最小值	均值	中位数	标准差	变异系数
所在地空气质量	50	99.0	1.2	48.3	47.8	27.6	0.57

(二)空气质量十强新城新区

空气质量十强新城新区名单见表 5-25(存在并列)。其中,深圳前海蛇口自贸区、深圳坪山中心区、宁波东部新城、宁波镇海新城同时为绿色健康水平十强;其他新城新区中除深圳宝安中心区受到绿地可达性的制约,其余均受到绿地可达性和绿地服务辐射整体水平的共同制约,因而未能跻身总体十强。从区域分布上看,空气质量最高的 11 个新城新区几乎都分布在东部(10个),仅有昆明呈贡新区位于西部地区;从城市群角度分析,11 个新城新区有 4个属于长江三角洲城市群,4 个属于粤港澳大湾区,表现出与绿色健康水平相似的集聚特点。结合城市特征分析,空气质量十强新城新区大多分布在Ⅰ型大城市和超大城市中,以及人口年均增长率大于 2％的城市中。

表 5-25　空气质量十强新城新区名单

排名	新城新区	地区	省份	城市	所在城市行政级别	所在城市规模	所在城市人口年均增长率	所在城市群
1	临城新区	东部	浙江	舟山	地级市	中小城市	1％>x≥0	长江三角洲城市群
2	珠港新城	东部	广东	汕头	地级市	Ⅱ型大城市	1％>x≥0	
3	集美新城	东部	福建	厦门	副省级市	Ⅰ型大城市	x≥3％	
4	前海蛇口自贸区	东部	广东	深圳	副省级市	超大城市	x≥3％	粤港澳大湾区

续表

排名	新城新区	地区	省份	城市	所在城市行政级别	所在城市规模	所在城市人口年均增长率	所在城市群
4	坪山中心区	东部	广东	深圳	副省级城市	超大城市	$x \geqslant 3\%$	粤港澳大湾区
4	宝安中心区	东部	广东	深圳	副省级城市	超大城市	$x \geqslant 3\%$	粤港澳大湾区
7	横琴粤澳深度合作区	东部	广东	珠海	地级市	Ⅱ型大城市	$x \geqslant 3\%$	粤港澳大湾区
8	呈贡新区	西部	云南	昆明	省会城市	特大城市	$3\% > x \geqslant 2\%$	
9	东部新城	东部	浙江	宁波	副省级城市	Ⅰ型大城市	$3\% > x \geqslant 2\%$	长江三角洲城市群
9	镇海新城	东部	浙江	宁波	副省级城市	Ⅰ型大城市	$3\% > x \geqslant 2\%$	长江三角洲城市群
9	南部商务区	东部	浙江	宁波	副省级城市	Ⅰ型大城市	$3\% > x \geqslant 2\%$	长江三角洲城市群

(三)空气质量的区域分布特征

表 5-26 显示了不同城市群内部新城新区空气质量的平均水平。其中,粤港澳大湾区内新城新区的空气质量存在显著优势,京津冀城市群和长江三角洲城市群内新城新区的空气质量略高于 50 个新城新区平均水平,成渝城市群、呼包鄂榆城市群和长江中游城市群的新城新区处于较低水平,中原城市群内郑东新区的空气质量则显著低于其他新城新区。

表 5-26 国家级城市群内新城新区空气质量

国家级城市群	新城新区数量	空气质量得分
粤港澳大湾区	8	73.1
京津冀城市群	3	52.0
长江三角洲城市群	23	49.4
成渝城市群	3	28.2
呼包鄂榆城市群	1	19.0
长江中游城市群	2	14.3
中原城市群	1	2.4
50 个新城新区均值	50	48.3

(四)空气质量水平与城市特征

1. 空气质量水平与城市规模

图 5-13 显示了按所在城市规模统计的新城新区的空气质量水平得分。其中,中小城市的新城新区空气质量水平得分远高于 50 个新城新区平均值,超大城市、I 型大城市和 II 型大城市的新城新区得分略高于全国样本平均值,而特大城市的新城新区在空气质量水平上存在显著劣势,说明较小的人口规模(城区常住人口小于 100 万人)对空气质量的改善有显著的积极作用。

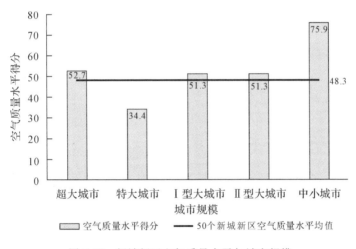

图 5-13 新城新区空气质量水平与城市规模

2. 空气质量水平与城市人口年均增长率

图 5-14 显示了不同人口年均增长率的城市中新城新区的空气质量水平得分,与绿色健康水平一致,空气质量水平与城市人口年均增长率也呈现一种 U 形关系。人口年均增长率在 1%～2% 之间的城市内新城新区的空气质量水平得分远低于 50 个新城新区均值,而其他城市内新城新区得分都高于50 个新城新区均值。

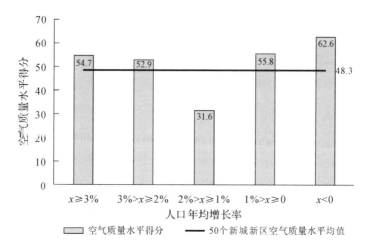

图 5-14　新城新区空气质量水平与城市人口年均增长率

四、新城新区绿地水平

(一)新城新区绿地水平的整体特征

使用效用函数合成法,结合居民点至绿地的步行可达性、新城新区内绿地服务辐射的整体水平两个分项指标,可以构建新城新区绿地水平得分。2021 年,50 个新城新区的绿地水平得分均值为 44.6,表明我国新城新区的平均绿地水平较低,仍有较大提升空间。得分范围在 3.4～93.6 之间,其中82%的样本集中分布于 15～70 分之间;得分高于 70 分的新城新区为 6 个,占12%;低于 15 分的新城新区为 3 个,占 6%。说明不同新城新区的绿地水平存在显著差异且大部分水平偏低,变异系数高达 0.49,说明新城新区绿地水平的离散程度较高(见表 5-27)。

表 5-27　新城新区绿地水平的整体特征

指标	样本量	最大值	最小值	均值	中位数	标准差	变异系数
居民点至绿地的步行可达性	50	99.4	2.6	52.4	52.9	26.6	0.51
绿地服务辐射的整体水平	50	98.8	4.4	50.2	44.3	27.1	0.54
总体绿地水平	50	93.6	3.4	44.6	40.6	21.7	0.49

（二）绿地水平十强新城新区

2021 年,绿地水平十强新城新区名单见表 5-28。其中,广州白云新城、深圳前海蛇口自贸区、宁波东部新城、安庆北部新城同时为绿色健康水平十强,其余新城新区均受到空气质量短板的制约未能跻身总体十强。从区域分布上看,绿地水平十强新城新区大部分位于东部(8 个),其余位于中部地区(2个);从城市群角度分析,十强中有 5 个属于长江三角洲城市群,3 个属于粤港澳大湾区,1 个属于长江中游城市群,同样具备与总体水平相似的集聚特点。结合城市特征分析,绿地水平十强绝大部分分布在城区常住人口 300 万人以上的城市中,以及人口年均增长率大于 2% 的城市中。

表 5-28　绿地水平十强新城新区名单

排名	新城新区	地区	省份	城市	所在城市行政级别	所在城市规模	所在城市人口年均增长率	所在城市群
1	珠江新城	东部	广东	广州	副省级城市	超大城市	$x \geq 3\%$	粤港澳大湾区
2	平江新城	东部	江苏	苏州	地级市	Ⅰ型大城市	$3\% > x \geq 2\%$	长江三角洲城市群
3	白云新城	东部	广东	广州	副省级城市	超大城市	$x \geq 3\%$	粤港澳大湾区
4	前海蛇口自贸区	东部	广东	深圳	副省级城市	超大城市	$x \geq 3\%$	粤港澳大湾区
5	东部新城	东部	浙江	宁波	副省级城市	Ⅰ型大城市	$3\% > x \geq 2\%$	长江三角洲城市群
6	北部新城	中部	安徽	安庆	地级市	中小城市	$x < 0$	长江三角洲城市群
7	滨江新城	中部	湖南	长沙	省会城市	特大城市	$x \geq 3\%$	长江中游城市群
8	杭州经济技术开发区	东部	浙江	杭州	副省级城市	特大城市	$x \geq 3\%$	长江三角洲城市群
9	滨海新区	东部	山东	青岛	副省级城市	特大城市	$2\% > x \geq 1\%$	山东半岛城市群
10	钱江新城	东部	浙江	杭州	副省级城市	特大城市	$x \geq 3\%$	长江三角洲城市群

（三）新城新区绿地水平的区域分布特征

表 5-29 显示了各城市群内新城新区的平均绿地水平。其中粤港澳大湾区、长江中游城市群和长江三角洲城市群内新城新区的绿地水平最高，成渝城市群内新城新区的绿地水平略低于 50 个新城新区均值，呼包鄂榆城市群和京津冀城市群内新城新区绿地水平低于 50 个新城新区均值，中原城市群内郑东新区的绿地水平则显著低于其他新城新区。

表 5-29　国家级城市群内新城新区绿地水平

国家级城市群	新城新区数量	绿地水平
粤港澳大湾区	8	54.6
长江中游城市群	2	52.8
长江三角洲城市群	23	49.7
成渝城市群	3	43.5
呼包鄂榆城市群	1	33.7
京津冀城市群	3	33.7
中原城市群	1	18.6
50 个新城新区均值	50	44.6

（四）新城新区绿地水平与城市特征

1. 绿地水平与城市规模

图 5-15 为不同城市规模下新城新区绿地水平。其中，中小城市绿地水平得分最高，超大城市内新城新区得分略高于 50 个新城新区均值，Ⅰ型大城市内新城新区得分略低于 50 个新城新区均值，特大城市和Ⅱ型大城市内新城新区的绿地水平均值最低。这说明，人口规模较小的城市中新城新区的绿地供应较为充足，发展较好的超大城市也较为注重新城新区的绿地供应，而人口规模稍有扩张（城区常住人口 100 万～300 万人）的城市由于城市发展的需要，新城新区的绿地供应比较紧缺。

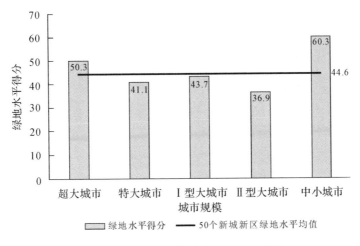

图 5-15　新城新区绿地水平与城市规模

2. 绿地水平与城市人口年均增长率

图 5-16 显示了不同人口年均增长率的城市内部新城新区的绿地水平均值,绿地水平与城市人口年均增长率同样呈 U 形关系。人口年均增长率在 0～2％的城市内新城新区的绿地水平均值明显低于 50 个新城新区均值,而其他城市内新城新区均值都高于 50 个新城新区均值。

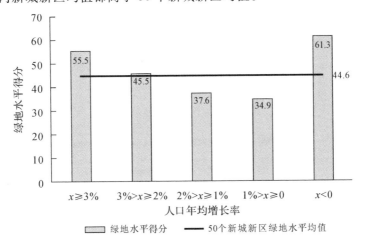

图 5-16　新城新区绿地水平与城市人口年均增长率

五、新城新区空气质量与绿地水平的关联分析

为探究 50 个新城新区的绿色健康发展模式,本报告以空气质量为横轴、绿地水平为纵轴、50 个新城新区均值为划分线,绘制四象限分析图(图 5-17)。通过四象限分析图,将 50 个新城新区分为四类,具体分类名单见表 5-30。

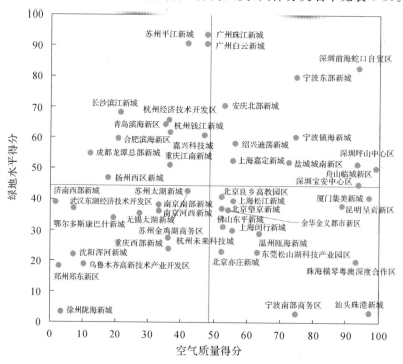

图 5-17 空气质量和绿地水平

表 5-30 新城新区空气质量和绿地水平分类

象限	类别	新城新区	数量
I	高水平发展区	深圳前海蛇口自贸区、坪山中心区、宝安中心区,宁波东部新城、镇海新城,安庆北部新城,绍兴迪荡新城,盐城城南新区,上海嘉定新城,舟山临城新区	10

续表

象限	类别	新城新区	数量
II	绿地水平优势区	嘉兴科技城,广州白云新城、珠江新城,杭州经济技术开发区、钱江新城,青岛滨海新区,苏州平江新城,重庆江南新城,长沙滨江新城,合肥滨湖新城,扬州西区新城,成都龙潭总部新城	12
III	空气质量优势区	苏州太湖新城、金鸡湖商务区,南京南部新城、河西新城,无锡太湖新城,杭州未来科技城,重庆西部新城,鄂尔多斯康巴什新区,武汉东湖经济技术开发区,乌鲁木齐高新技术产业开发区,沈阳浑河新城,郑州郑东新区,济南西部新城,徐州陇海新城	14
IV	低水平发展区	上海松江新城、闵行新城,北京良乡高教园区、望京新城、亦庄新城,厦门集美新城,昆明呈贡新区,金华金义都市新区,佛山东平新城,温州瓯海新城,东莞松山湖科技产业园区,珠海横琴粤澳深度合作区,宁波南部商务区,汕头珠港新城	14

高水平发展区两项指标均高于 50 个新城新区均值,低水平发展区均低于 50 个新城新区均值,绿地水平优势区绿地水平较高但存在空气质量短板,空气质量优势区则与之相反。从数量上看,高水平发展区有 10 个,低水平发展区有 14 个,80% 的新城新区都存在一至两项过低指标,说明大部分新城新区在绿色健康方面存在短板制约,如何实现各指标全面提升是新城新区绿色健康人居环境建设的关键问题。

六、新城新区绿色健康排行榜单小结

本分项报告梳理了 2021 年 50 个新城新区绿色健康水平的整体特征、十强新区和区域分布特征(详见附录 3),得出以下几点结论。

第一,当前我国大部分新城新区的绿色健康水平偏低,仍存在较大的提升空间。新城新区之间绿色健康水平差异显著,存在严重的区域不平衡现象。

第二,大部分新城新区在绿色健康人居环境建设上都存在短板,绿色健康水平受短板制约显著,未能实现全面发展。

第三,新城新区的绿色健康水平表现出显著的城市群集聚性,绿色健康十强新城新区集中分布于东部地区以及粤港澳大湾区和长江三角洲城市群。粤港澳大湾区和长江三角洲城市群内新城新区的绿色健康水平最高,京津冀城市群、成渝城市群、呼包鄂榆城市群和长江中游城市群处于中等水平,中原城市群则显著低于其他城市群。粤港澳大湾区内新城新区的绿色健康发展较为全面,仅绿地可达性略有欠缺;长江三角洲城市群空气质量有待提高;京津冀城市群在绿地可达性上存在短板,成渝城市群的短板则在空气质量上,呼包鄂榆城市群需要大力提升空气质量和绿地可达性;长江中游城市群在绿地可达性上具有突出优势,但空气质量短板过于严重;中原城市群各项指标均需提升,尤其是空气质量亟待提高。

第四,新城新区位于人口规模较小的城市和发展较好的超大城市对新城新区绿色健康水平的提升有正面作用,而稍有扩张的人口规模由于城市发展的需要,对新城新区绿色健康水平的提升存在一定的负面作用。

第五,新城新区的绿色健康水平与所在城市的人口年均增长率呈明显的U形关系,人口年均增长率高于2%以及负增长的城市内新城新区的绿色健康水平较高,而人口年均增长率为0~2%之间的城市内新城新区的绿色健康水平较低。尤其是在人口负增长的城市中,新城新区的绿色健康水平存在明显的优势。

第六,50个新城新区中,空气质量和绿地水平双高的高水平发展区只有10个,而低水平发展区达14个,此外还有12个绿地水平优势区和14个空气质量优势区,80%的新城新区都存在一至两项过低指标。

第四节　消费便利新城新区排行榜

一、新城新区消费便利性的重要性及指标解释

新城新区的建设发展趋势往往以"以产聚人、以人兴产、产城融合"为整体思路,最终目标是打造集居住、就业、教育、休闲、卫生、娱乐、商业、福利等于一体的新城新区。居民的商业消费便利性是新城新区发展成熟性的重要

表现之一。本报告基于生活质量理论体系（Quality of Life Theory，QOL）框架，针对新城居民对生活居住场景、休闲游乐和社会交往场景等的需求，围绕居民在日常消费层面的消费便利性进行分析。

　　考察各新城消费便利性的指标见表 5-31。消费便利性总分由商场区位情况、商业分布情况以及消费成本情况 3 项二级指标合成。其中，商场区位情况由居民点至商场的步行可达性和商场的服务辐射整体水平 2 项三级指标合成，主要考察新城内部商场区位分布的便利程度；商业分布情况由商场、满足生活服务的店铺和组织机构、满足文化休闲服务的店铺和组织机构三类商业载体的密度分别作为三级指标合成，主要考察新城内部商业分布的密集程度；消费成本情况通过新城餐饮店铺的均价与新城内居民月均收入的比值作为指标进行衡量，主要考察新城内部日常生活的消费成本与居民收入的匹配程度。

表 5-31　新城新区消费便利性考察指标描述

考察内容	二级指标	三级指标	指标描述	数据来源
新城新区消费便利性	商场区位情况	居民点至商场的步行可达性	15 分钟步行可达范围内有商场的新城居民点数占新城居民点总数的比例；30 分钟步行可达范围内有商场的新城居民点数占新城居民点总数的比例	大众点评数据
		商场的服务辐射整体水平	各商场 1250 米与 2500 米半径范围内新城居民点数分别占新城居民点总数比例的乘积	大众点评数据
	商业分布情况	商场密度	商场个数/新城面积	大众点评数据
		满足生活服务的店铺及组织机构密度	满足生活服务的店铺及组织机构个数/新城面积	POI 数据
		满足文化休闲服务的店铺及组织机构密度	满足文化休闲服务的店铺及组织机构个数/新城面积	POI 数据
	消费成本情况	新城的餐饮店铺均价与居民每月人均收入的比例	新城的地理边界内大众点评所有（含人均价格）餐饮类店铺的价格均值/新城所在城市居民每月人均收入	大众点评数据和各地市统计年鉴

二、新城新区消费便利性分析

(一)新城新区消费便利性的整体特征

50个新城新区的消费便利性得分情况见表5-32。消费便利性总分均值为36.89分,得分范围在0.62~86.57之间,得分最高和得分最低的城市相差85.95分,各新城之间的消费便利性存在着显著的差异。50个新城新区消费便利性得分的标准差达19.12,变异系数高达0.52,说明新城新区消费便利性得分分布的离散程度较高。考虑到不同的新城新区具有不同的功能定位,以生产、办公为主要功能定位的新区与以生活、居住为主要功能定位的新区,以及综合性新区之间可能存在较大消费便利性差异。例如,消费便利得分位于前三位的广州白云新城、苏州平江新城以及深圳坪山中心区均为集商务服务、生活居住、文化休闲功能于一体的综合性新城新区;而位于末位的珠港新城,作为汕头市的中央商务区、企业总部集聚区和金融服务区,功能定位则以办公为主。

表 5-32　新城新区消费便利性得分整体情况

指标	样本量	最大值	最小值	平均值	中位数	标准差	变异系数
商场区位情况得分	50	98.38	0.76	44.17	37.40	24.62	0.56
商业分布情况得分	50	98.75	2.58	49.41	48.32	27.77	0.56
消费成本情况得分	50	91.96	0.12	49.84	51.61	29.05	0.58
消费便利性总分	50	86.57	0.62	36.89	31.65	19.12	0.52

在消费便利性方面,50个新城新区的整体水平仍有待提高。78%的新城新区得分集中分布在20~65分之间;低于20分的有8个,占16%;得分高于65分的仅有3个,占6%,分别为86.57分的广州白云新城、苏州平江新城,和得分78.18的深圳坪山中心区。50个新城新区的消费便利性排行榜单见附录4。

(二)消费便利性十强新城新区

50个新城新区中消费便利性十强榜单见表5-33。广州白云新城、苏州平江新城、深圳坪山中心区、宁波南部商务区和杭州经济技术开发区是消费便利性最强的 5 个新城新区。从消费便利性十强所属的城市级别来看,90％的新城位于直辖市或副省级城市,仅苏州平江新城位于地级市。从所在城市的规模特征来看,消费便利性十强均分布在Ⅰ型大城市及以上级别城市,其中,有 5 个分布在超大城市、2 个分布在特大城市、3 个分布在Ⅰ型大城市;从所在城市人口规模的动态特征来看,消费便利性十强均位于人口正增长的城市,除青岛滨海新区和上海嘉定新城外,消费便利性前八位均位于人口增长率大于等于 2％的城市,体现出所在城市人口规模及其动态增长与新城新区消费便利性的正相关关系。从区域分布来看,有 4 个新城新区位于长江三角洲城市群、3 个位于粤港澳大湾区,1 个位于成渝城市群。

表 5-33　消费便利性十强新城新区及分布

排名	新城新区	城市	所在城市行政级别	所在城市级别	所在城市人口增长率	所在城市群
1	白云新城	广州	副省级城市	超大城市	$x \geq 3\%$	粤港澳大湾区
1	平江新城	苏州	地级市	Ⅰ型大城市	$3\% > x \geq 2\%$	长江三角洲城市群
3	坪山中心区	深圳	副省级城市	超大城市	$x \geq 3\%$	粤港澳大湾区
4	南部商务区	宁波	副省级城市	Ⅰ型大城市	$3\% > x \geq 2\%$	长江三角洲城市群
5	下沙经济技术开发区	杭州	副省级城市	特大城市	$x \geq 3\%$	长江三角洲城市群
6	龙潭总部新城	成都	副省级城市	超大城市	$x \geq 3\%$	成渝城市群
7	宝安中心区	深圳	副省级城市	超大城市	$x \geq 3\%$	粤港澳大湾区
8	集美新城	厦门	副省级城市	Ⅰ型大城市	$x \geq 3\%$	海西市城市群
9	滨海新区	青岛	副省级城市	特大城市	$2\% > x \geq 1\%$	山东半岛城市群
10	嘉定新城	上海	直辖市	超大城市	$1\% > x \geq 0$	长江三角洲城市群

消费便利性十强新城新区的各项指标具体得分情况见表 5-34。其中,前 3 位新城新区在商场区位、商业分布和消费成本情况上均体现出一定优势;而 3 项二级指标排名均未进入前 10 名且位于 20 名左右的上海嘉定新城,在消

费便利总体得分上也进入了前 10 名。就二级指标而言,在消费便利性前 10 名的新城新区中,7 个新城新区的商场区位情况排在前 10 名,5 个新城的商业分布情况排在前 10 名,仅 3 个新城新区的消费成本情况排在前 10 名。对照消费便利性与各项二级指标的排名情况可以看出,在商场区位、商业分布和消费成本三方面的发展较为均衡的话,更能够体现出较高的消费便利性。此外,较为便利的商场区位和较为密集的商业分布往往是高消费便利性地区更加主要的优势,而消费成本情况的水平与消费便利性整体水平则存在一定程度的脱节。

表 5-34　消费便利性十强新城新区及其得分情况

消费便利性排名	新城新区	商场区位情况得分	商业分布情况得分	消费成本情况得分	消费便利性总得分	商场区位情况排名	商业分布情况排名	消费成本情况排名
1	广州白云新城	90.60	96.65	82.68	86.57	4	3	11
1	苏州平江新城	90.47	88.14	83.34	86.57	5	6	9
3	深圳坪山中心区	77.05	77.76	79.96	78.18	6	10	12
4	宁波南部商务区	98.38	97.16	61.04	64.05	1	2	21
5	杭州经济技术开发区	72.91	52.87	70.03	62.32	8	23	15
6	成都龙潭总部新城	68.55	53.13	67.29	61.22	10	22	19
7	深圳宝安中心区	72.16	93.64	51.88	60.71	9	4	25
8	厦门集美新城	54.05	57.88	89.61	58.71	15	19	3
9	青岛滨海新区	43.02	66.62	89.25	53.71	23	16	4
10	上海嘉定新城	47.61	47.90	60.97	51.04	18	26	22

(三)新城新区消费便利性的区域分布特征

为探求城市群尺度的新城新区消费便利性差异,本报告将 50 个新城新区根据城市群进行了划分(图 5-18、表 5-35)。其中,消费便利性平均水平排在各城市群第一位的粤港澳大湾区总分远高于 50 个新城新区均值;位于第二位和第三位的长三角城市群和京津冀城市群,消费便利性平均水平整体相差不大,且基本等于均值;成渝城市群、长江中游城市群中新城的消费便利性平均水平略低于平均水平;中原城市群和呼包鄂榆城市群中的新城新区消费便利性水平则与平均水平差距较大。总体而言,各城市群的消费便利性同样体现出东部、西部、中部、东北的明显断层差异;此外,各城市群中新城新区的消费便利性还体现出粤港澳断层优势明显,其余城市群水平普遍偏低的特征。

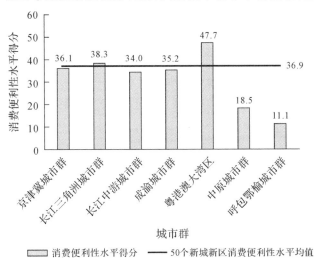

图 5-18　各城市群新城新区消费便利性平均水平

表 5-35　各城市群新城新区消费便利性平均水平

国家级城市群	新城新区数量	商场区位情况	商业分布情况	消费成本情况	消费便利性	消费便利性排名
粤港澳大湾区	8	62.67	66.70	50.39	47.69	21
长江三角洲城市群	23	42.14	52.97	55.82	38.27	24
京津冀城市群	3	31.25	58.96	50.99	36.11	25
成渝城市群	3	39.34	38.88	32.97	35.24	30
长江中游城市群	2	61.69	55.74	43.00	34.05	26
中原城市群	1	33.53	33.27	7.87	18.50	44

续表

国家级城市群	新城新区数量	商场区位情况	商业分布情况	消费成本情况	消费便利性	消费便利性排名
呼包鄂榆城市群	1	17.39	5.09	17.44	11.12	49
50个新城新区均值	50	44.17	49.41	49.84	36.89	26

（四）新城新区消费便利性与城市特征

1. 新城新区消费便利性与城市规模

由图5-19可以看出,位于超大城市的新城新区消费便利性远高于50个新城新区均值;位于特大城市和Ⅰ型大城市的新城新区消费便利性相差不多,基本等于全国样本平均水平;位于中小城市与位于Ⅱ型大城市的新城新区消费便利性低于50个新城新区均值,且差距较大,其中,位于Ⅱ型大城市的新城新区消费便利性最低。可以看出,随着所在城市人口规模的扩大,新城新区消费便利性的发展趋势基本呈U形:当所在城市人口规模由中小城市水平初步扩张时,新城新区消费便利性降低;进而随着所在城市人口规模的进一步扩大,其消费便利性逐步提高。

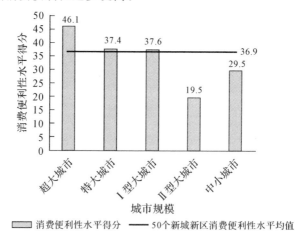

图5-19　新城新区消费便利性与城市规模

2. 新城新区消费便利性与城市人口年均增长率

城市人口动态增长趋势在一定程度上体现出城市"聚人气"的能力水平，与城市的消费便利性互为因果：城市人口增长对城市的消费便利性提出更高的需求，而以消费便利性为衡量指标之一的城市宜居水平则是影响城市人口吸引力的因素之一。为探究新城新区消费便利性与所在城市人口规模动态变化之间的关系，本报告对 50 个新城新区所在城市根据人口年均增长率进行了分类（图 5-20）。结果显示，新城新区的消费便利性与新城所在城市的人口年均增长率呈现出较显著的正相关关系，随着所在城市人口年均增长率的提高，新城新区消费便利性往往进一步提高。该结果在一定程度上初步印证了新城新区所在城市人口动态增长趋势与消费便利性之间的双向关系。

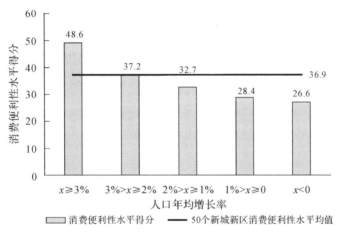

图 5-20　新城新区消费便利性与城市人口年均增长率

三、新城新区商场区位便利性

（一）新城新区商场区位便利性的整体特征

在考察新城新区生活便利性的分项指标中，商场区位情况通过居民点至商场的步行可达性和商场的服务辐射整体水平两项得分的合成，表征商场区位的便利性。商场区位情况得分分布见表 5-36，均值为 44.17，得分分布在 0.76～98.38 之间，最高分与最低分相差 97.62 分，不同新城新区之间的得分差距明显;此外,商场区位情况得分的标准差为24.62,变异系数达到0.56,这表明,该指标在不同新城新区之间的得分差异较大。在具体指标上,居民点至商场的步行可达性得分与商场的服务辐射整体水平得分在分布区间、平均值、中位数、标准差、变异系数等方面均较为相似,二者体现出于商场分布情况得分类似的分布特征。

表5-36 新城新区商场区位便利性得分整体情况

指标	样本量	最大值	最小值	平均值	中位数	标准差	变异系数
居民点至商场的步行可达性得分	50	98.43	2.32	50.78	49.68	28.55	0.56
商场服务辐射水平得分	50	99.39	0.26	50.29	44.58	26.00	0.52
商场区位情况得分	50	98.38	0.76	44.17	37.40	24.62	0.56

(二)商场区位便利性十强新城新区

商场区位便利性十强新城新区见表5-37。就城市等级而言,商场区位便利性十强有8个位于省会城市或副省级城市,仅徐州陇海新城和苏州平江新城位于地级市。就所在城市的规模而言,商场区位便利性十强新城新区均位于Ⅰ型大城市及以上规模级别城市,其中5个位于超大城市、2个位于特大城市、3个位于Ⅰ型大城市。就所在城市人口增长率而言,商场区位便利性十强新城新区均位于人口正增长的城市,其中,除徐州陇海新城所在城市人口年均增长率不足1%外,其余新城新区所在城市人口年均增长率均高于2%,且有7个新城新区所在城市人口年均增长率高于3%,可见商场区位便利性在一定程度上与所在城市的规模水平与人口动态增长呈正向关系。就区域分布而言,商场区位便利性十强新城新区有4个分布在粤港澳大湾区、3个分布在长三角城市群、1个位于长江中游城市群、1个位于成渝城市群。

表 5-37　商场区位便利性十强新城新区及分布

排名	新城新区	城市	所在城市行政级别	所在城市级别	所在城市人口增长率	所在城市群
1	南部商务区	宁波	副省级城市	Ⅰ型大城市	3%＞x≥2%	长江三角洲城市群
2	陇海新城	徐州	地级市	Ⅰ型大城市	1%＞x≥0	
3	珠江新城	广州	副省级城市	超大城市	x≥3%	粤港澳大湾区
4	白云新城	广州	副省级城市	超大城市	x≥3%	粤港澳大湾区
5	平江新城	苏州	地级市	Ⅰ型大城市	3%＞x≥2%	长江三角洲城市群
6	坪山中心区	深圳	副省级城市	超大城市	x≥3%	粤港澳大湾区
7	滨江新城	长沙	省会城市	特大城市	x≥3%	长江中游城市群
8	下沙经济技术开发区	杭州	副省级城市	特大城市	x≥3%	长江三角洲城市群
9	宝安中心区	深圳	副省级城市	超大城市	x≥3%	粤港澳大湾区
10	龙潭总部新城	成都	副省级城市	超大城市	x≥3%	成渝城市群

对比商场区位便利性与消费便利性十强新城新区的排名情况（表 5-38）可以看出,两项指标的整体情况相对平行,商场区位便利性十强新城新区中有 7 个在消费便利性排名中同样位于前 10 名,而位于第 2 位的徐州陇海新城、位于第 3 位的广州珠江新城和位于第 7 位的长沙滨江新城,在消费便利性整体排名中则分别位于第 49 位、第 34 位和第 32 位(陇海新城受商业分布和消费成本双短板制约明显,珠江新城和滨江新城则主要受到消费成本短板制约)。

表 5-38　商场区位便利性十强新城新区及其得分情况

排名	新城新区	商场区位情况得分	商业分布情况排名	消费成本情况排名	消费便利性排名
1	宁波南部商务区	98.38	2	21	4
2	徐州陇海新城	96.66	48	49	49
3	广州珠江新城	92.25	1	36	34
4	广州白云新城	90.60	3	11	1

续表

排名	新城新区	商场区位情况得分	商业分布情况排名	消费成本情况排名	消费便利性排名
5	苏州平江新城	90.47	6	9	1
6	深圳坪山中心区	77.05	10	12	3
7	长沙滨江新城	75.67	8	42	32
8	杭州经济技术开发区	72.91	23	15	5
9	深圳宝安中心区	72.16	4	25	7
10	成都龙潭总部新城	68.55	22	19	6

(三)新城新区商场区位便利性的区域分布特征

就新城新区商场区位便利性的城市群差异来看,粤港澳大湾区和长江中游城市群的平均得分远高于50个新城新区均值,长三角城市群、成渝城市群的平均情况得分略低于全国样本均值,中原城市群、京津冀城市群和呼包鄂榆城市群的平均情况与全国样本平均水平差距较大。总体而言,7个城市群的商场区位便利性得分呈现出三级断层分布。其中,大部分城市群在居民点至商场的步行可达性和商场服务辐射水平两方面水平发展相对均衡,京津冀城市群和呼包鄂榆城市群主要受到居民点至商场的步行可达性水平的短板制约(图5-21,表5-39)。

表5-39　各城市群新城新区商场区位便利性平均水平

国家级城市群	新城新区数量	居民点至商场的步行可达性	商场的服务辐射整体水平	商场区位情况得分	商场区位情况排名
粤港澳大湾区	8	69.15	68.82	62.67	16
长江中游城市群	2	57.00	74.37	61.69	12
长江三角洲城市群	23	53.03	45.19	42.14	26
成渝城市群	3	40.51	53.33	39.34	29
中原城市群	1	33.22	33.83	33.53	32
京津冀城市群	3	29.38	47.03	31.25	32
呼包鄂榆城市群	1	11.08	71.67	17.39	46
50个新城新区合计	50	50.78	50.29	44.17	26

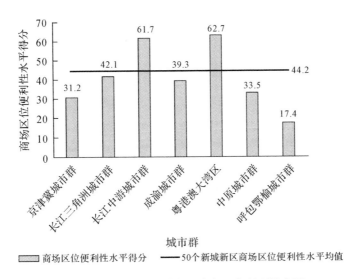

图 5-21　各城市群新城新区商场区位便利性水平

（四）新城新区商业区位便利性与城市特征

新城新区所在城市的人口规模与动态增长趋势与新城新区商业区位便利性的关系如图 5-22 所示。位于超大城市与Ⅰ型大城市的,商业区位便利性相近,平均水平高于 50 个新城新区均值;位于特大城市和中小城市的,商业区位便利性相近,略低于均值;位于Ⅱ型大城市的,商业区位便利性则远低于均

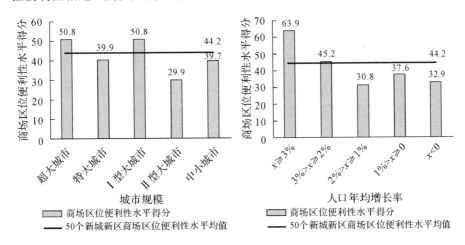

图 5-22　新城新区商业区位便利性与城市规模及城市人口年均增长率

值。可见,对于 50 个新城新区而言,所在城市的人口规模与新城新区的商业区位便利性并不具备严格的正向或负向关系。所在城市人口年均增长率 $x \geqslant$ 3％的商业区位便利性远高于 50 个新城新区均值,所在城市人口年均增长率 3％＞$x \geqslant$2％的商业区位便利性略高于均值。而所在城市人口年均增长率不到 2％的新城新区,商业区位便利性均低于 50 个新城新区均值,该指标得分与人口年均增长率的相关性不再明显。可以看出,商业区位便利性指标与所在城市的人口规模和动态增长趋势之间并无严格的相关关系,二者之间的关联仅体现人口规模极大或人口增长率极高的城市更容易出现商业区位便利性的断层优势。

四、新城新区商业分布密集性

(一)新城新区商业分布密集性整体特征

在考察新城新区生活便利性的分项指标中,商业分布密集性情况通过商场密度、生活服务店铺及组织密度,以及文化休闲服务店铺及组织密度 3 项得分的合成,表征商业活动分布的密集程度。商业分布情况总分均值为 49.41,得分分布在 2.58～98.75 之间,最高分与最低分相差 96.17 分,各新城新区得分差距同样明显;商业分布得分的标准差 27.77 与变异系数 0.56 同样体现出商业分布情况得分的离散特征。

在具体指标上,商场密度、生活服务店铺及组织密度、文化休闲服务店铺及组织密度三者,在得分区间、平均值、标准差、变异系数等方面均较为相似,各指标得分的中位数差距相对明显。其中,商场密度与商业分布情况得分的中位数均小于平均值,表明在此两项指标上,部分新城新区得分存在断层高分现象;而生活服务店铺及组织、文化休闲服务店铺及组织密度得分的中位数大于平均值,表明在此两项指标上,部分新城新区得分存在极端低分现象(表 5-40)。

表 5-40　新城新区商业分布密集性得分整体情况

指标	样本量	最大值	最小值	平均值	中位数	标准差	变异系数
商场密度	50	99.02	0.40	50.23	44.93	26.70	0.53
生活服务店铺及组织机构密度	50	98.66	2.23	51.32	52.37	28.34	0.55
文化休闲服务店铺及组织机构密度	50	98.76	3.67	49.86	50.38	28.80	0.58
商业分布情况	50	98.75	2.58	49.41	48.32	27.77	0.56

(二)商业分布密集性十强新城新区

商业分布密集性十强新城新区的分布、得分及排名情况见表 5-41 和表 5-42。就城市等级而言,商业分布密集性十强新城新区中有 8 个位于直辖市、省会城市或副省级城市,仅位于苏州的平江新城和金鸡湖商务区位于地级市。就所在城市规模而言,商业分布密集性十强均为位于Ⅰ型大城市及以上规模水平的城市,其中 5 个位于超大城市,2 个位于特大城市,3 个位于Ⅰ型大城市;就所在城市人口年均增长率而言,商业分布密集性十强均为位于人口年均增长率大于 1%的城市,其中,除北京的望京新城外,其余新城新区所在城市人口年均增长率均高于 2%,并有 6 个新城新区所在城市人口年均增长率高于 3%。可见,商业分布密集性十强与大城市、高人口增长率的所在城市特征挂钩。就区域分布而言,商业分布密集性十强新城新区均位于国家级城市群,其中有 4 个位于粤港澳大湾区,4 个位于长三角城市群,1 个位于京津冀城市群,1 个位于长江中游城市群。

表 5-41　商业分布密集性十强新城新区及分布

排名	新城新区	城市	所在城市行政级别	所在城市级别	所在城市人口年均增长率	所在城市群
1	珠江新城	广州	副省级城市	超大城市	$x \geqslant 3\%$	粤港澳大湾区
2	南部商务区	宁波	副省级城市	Ⅰ型大城市	$3\% > x \geqslant 2\%$	长江三角洲城市群
3	白云新城	广州	副省级城市	超大城市	$x \geqslant 3\%$	粤港澳大湾区

续表

排名	新城新区	城市	所在城市行政级别	所在城市级别	所在城市人口年均增长率	所在城市群
4	宝安中心区	深圳	副省级城市	超大城市	$x\geqslant 3\%$	粤港澳大湾区
5	望京新城	北京	直辖市	超大城市	$2\%>x\geqslant 1\%$	京津冀城市群
6	平江新城	苏州	地级市	Ⅰ型大城市	$3\%>x\geqslant 2\%$	长江三角洲城市群
7	钱江新城	杭州	副省级城市	特大城市	$x\geqslant 3\%$	长江三角洲城市群
8	滨江新城	长沙	省会城市	特大城市	$x\geqslant 3\%$	长江中游城市群
9	金鸡湖商务区	苏州	地级市	Ⅰ型大城市	$3\%>x\geqslant 2\%$	长江三角洲城市群
10	坪山中心区	深圳	副省级城市	超大城市	$x\geqslant 3\%$	粤港澳大湾区

表 5-42　商业分布密集性十强新城新区得分及排名情况

排名	新城新区	商业分布情况得分	商场区位情况排名	消费成本情况排名	消费便利性排名
1	广州珠江新城	98.75	3	36	34
2	宁波南部商务区	97.16	1	21	4
3	广州白云新城	96.65	4	11	1
4	深圳宝安中心区	93.64	9	25	7
5	北京望京新城	93.30	22	33	17
6	苏州平江新城	88.14	5	9	1
7	杭州钱江新城	86.80	27	30	18
8	长沙滨江新城	83.34	7	42	32
9	苏州金鸡湖商务区	81.95	28	37	29
10	深圳坪山中心区	77.76	6	13	3

在商业分布密集性十强新城新区中,有 5 个(宁波南部商务区、广州白云新城、深圳宝安中心区、苏州平江新城、深圳坪山中心区)在消费便利整体排名中同样位于十强;消费便利性分别位于第 17、18 和 29 位的北京望京新城、杭州钱江新城和苏州金鸡湖商务区,均受到了商场区位和消费成本两方面短板的共同制约;而消费便利性位于第 32 和 34 位的长沙滨江新城和广州珠江新城,则受到了较为严重的消费成本短板制约。

(三)新城新区商业分布密集性的区域分布特征

就不同城市群之间商业分布密集性的差异来看,粤港澳大湾区、京津冀城市群、长江中游城市群和长三角城市群的得分高于 50 个新城新区均值,成渝城市群和中原城市群的得分低于均值,呼包鄂榆城市群的得分则明显偏低。就构成商业密集性得分的分项指标而言,各个城市群在商场密度、生活服务业密度和文化休闲业密度三方面并未体现出显著的短板效应,即商业密集性差异是各项指标共同作用的结果(图 5-23、表 5-43)。

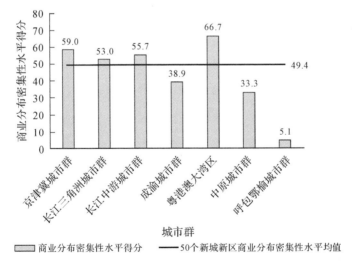

图 5-23　各城市群新城新区商业分布密集性水平

表 5-43　各城市群新城新区商业分布密集性平均水平

国家级城市群	新城新区数量	商场密度	满足生活服务的店铺及组织机构密度	满足文化休闲服务的店铺及组织机构密度	商业分布得分	商业分布排名
粤港澳大湾区	8	72.33	67.41	65.89	66.70	17
京津冀城市群	3	54.45	60.79	66.77	58.96	21
长江中游城市群	2	51.34	58.21	60.26	55.74	23
长江三角洲城市群	23	52.58	53.91	54.38	52.97	23
成渝城市群	3	36.07	44.91	37.16	38.88	31
中原城市群	1	36.08	38.82	27.21	33.27	35
呼包鄂榆城市群	1	9.25	2.58	5.78	5.09	49
50 个新城新区合计	50	50.23	51.32	49.86	49.41	26

（四）新城新区商业密集性与城市特征

新城新区所在城市的人口规模与动态增长趋势与新城新区商业分布密集性的关系如图 5-24 所示。位于超大城市的新城新区,商业分布密集性远高于 50 个新城新区平均水平;位于Ⅰ型大城市与特大城市的新城新区,商业分布密集性略高于均值;位于Ⅱ型大城市与中小城市的新城新区,商业分布密集性则低于均值;总体而言,新城新区商业分布密集性呈现出随所在城市人口规模的增长而增加的特征。就所在城市人口年均增长率而言,新城新区商业密集性与所在城市人口年均增长率呈现出较为明显的正向相关性,所在城市人口年均增长率越高的新城新区,体现出商业密集性平均水平越高的特征;整体来看,所在城市人口年均增长率大于等于 2% 的新城新区商业密集性高于 50 个新城新区均值。可以看出,商业密集性与所在城市的人口规模与人口动态增长性相关性较强,所在城市人口规模越大、人口增长率越高的新城新区,体现出更强的商业密集性优势。

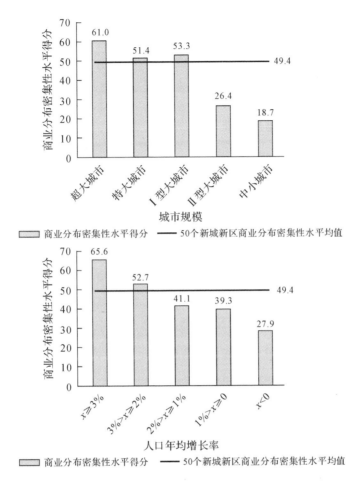

图 5-24　新城新区商业分布密集性与城市规模及城市人口年均增长率

五、新城新区消费成本

(一)新城新区消费成本的整体特征

在考察新城新区生活便利性的分项指标中,通过新城新区内餐饮店铺均价与人均月收入的比值表征其消费成本。新城新区消费成本得分的整体特征见表 5-44,消费成本得分均值为 49.84,得分分布在 0.12～91.96 之间,最高分与最低分相差 91.84 分;消费成本得分的标准差为 29.05,变异系数为0.58,表明新城新区消费成本得分具有离散特征。

表 5-44　新城新区消费成本得分整体情况

指标	样本量	最大值	最小值	平均值	中位数	标准差	变异系数
消费成本情况得分	50	91.96	0.12	49.84	51.61	29.05	0.58

（二）消费成本十强新城新区

消费成本十强新城新区见表 5-45。就所在城市级别而言，消费成本十强新城新区中有 5 个位于直辖市或副省级城市，5 个位于地级市，地级市所占比例高于商场分布便利性、商业分布密集性指标以及消费便利性总指标。就所在城市的人口规模级别而言，消费成本十强中，有 2 个位于超大城市、2 个位于特大城市、3 个位于 I 型大城市、2 个位于 II 型大城市、1 个位于中小城市。就所在城市的人口增长率而言，消费成本十强中，有 1 个位于人口年均增长率 $x \geqslant 3\%$ 的城市、4 个位于人口年均增长率 $3\% > x \geqslant 2\%$ 的城市、2 个位于人口年均增长率 $2\% > x \geqslant 1\%$ 的城市、2 个位于人口年均增长率 $1\% > x \geqslant 0$ 的城市，还有 1 个位于人口呈负增长态势的城市。可以看出，十强新城新区的消费成本适宜性与所在城市人口规模并未体现出明显相关性。就区域分布而言，除厦门集美新城和青岛滨海新区外，消费成本十强中有 8 个位于国家级城市群，其中 7 个位于长三角城市群、1 个位于粤港澳大湾区。

表 5-45　消费成本十强新城新区及分布

排名	新城新区	城市	所在城市行政级别	所在城市级别	所在城市人口增长率	所在城市群
1	松江新城	上海	直辖市	超大城市	$1\% > x \geqslant 0$	长江三角洲城市群
2	金义都市新区	金华	地级市	II 型大城市	$3\% > x \geqslant 2\%$	长江三角洲城市群
3	集美新城	厦门	副省级城市	I 型大城市	$x \geqslant 3\%$	海西城市群
4	滨海新区	青岛	副省级城市	特大城市	$2\% > x \geqslant 1\%$	山东半岛城市群

续表

排名	新城新区	城市	所在城市行政级别	所在城市级别	所在城市人口增长率	所在城市群
5	镇海新城	宁波	副省级城市	Ⅰ型大城市	$3\% > x \geqslant 2\%$	长江三角洲城市群
6	闵行新城	上海	直辖市	超大城市	$1\% > x \geqslant 0$	长江三角洲城市群
7	北部新城	安庆	地级市	中小城市	$x < 0$	长江三角洲城市群
8	嘉兴科技城	嘉兴	地级市	Ⅱ型大城市	$2\% > x \geqslant 1\%$	长江三角洲城市群
9	平江新城	苏州	地级市	Ⅰ型大城市	$3\% > x \geqslant 2\%$	长江三角洲城市群
10	东平新城	佛山	地级市	特大城市	$3\% > x \geqslant 2\%$	粤港澳大湾区

　　消费成本十强新城新区中,仅3个新城(厦门集美新城、青岛滨海新区和苏州平江新城)在消费便利整体排名中同样位于前10名,其余各新城新区受到商场区位便利性和商业分布集聚性的短板制约,消费便利性总排名普遍较低。总体而言,消费成本全国十强新城新区与前述的商场区位便利性和商业分布密集性十强存在较大差别,但该指标对消费便利性总体水平影响相对较小(表5-46)。

表 5-46　消费成本十强新城新区及其得分情况

排名	新城新区	消费成本情况得分	商场区位情况排名	商业分布情况排名	消费便利性排名
1	上海松江新城	91.96	25	21	13
2	金华金义都市新区	90.76	21	46	38
3	厦门集美新城	89.61	15	19	8
4	青岛滨海新区	89.25	23	16	9
5	宁波镇海新城	88.38	44	24	27
6	上海闵行新城	87.48	38	18	23

续表

排名	新城新区	消费成本情况得分	商场区位情况排名	商业分布情况排名	消费便利性排名
7	安庆北部新城	84.84	20	42	31
8	嘉兴科技城	84.81	47	41	44
9	苏州平江新城	83.34	5	6	1
10	佛山东平新城	82.85	35	13	16

(三)新城新区消费成本的区域分布特征

在新城新区消费成本方面,长三角城市群内消费成本平均得分高于50个新城新区均值,京津冀城市群和粤港澳大湾区城市群内消费成本平均得分分别略高于和略低于均值,长江中游城市群、成渝城市群内新城消费成本得分低于均值,呼包鄂榆城市群与中原城市群内消费成本得分明显偏低。

总体而言,东部地区和东北地区新城新区的消费成本适宜度普遍较高,其中位于东部的长三角城市群优势最为明显,京津冀和粤港澳大湾区与全国样本平均水平基本一致;中部与西部新城的消费成本适宜性仍存在一定的发展潜力(图5-25、表5-47)。

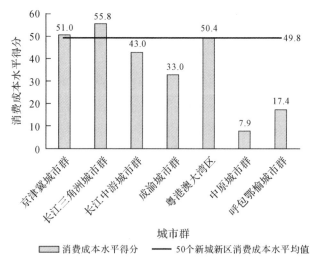

图5-25 各城市群新城新区消费成本水平

表 5-47 各城市群新城新区消费成本平均水平

国家级城市群	新城新区数量	消费成本情况得分	消费成本情况排名
长江三角洲城市群	23	55.82	22
京津冀城市群	3	50.99	27
粤港澳大湾区	8	50.39	25
长江中游城市群	2	43.00	29
成渝城市群	3	32.97	34
呼包鄂榆城市群	1	17.44	41
中原城市群	1	7.87	47
50 个新城新区合计	50	49.84	26

(四)新城新区消费成本与城市特征

结合新城新区所在城市的人口规模来看,消费成本适宜性与所在城市的人口规模并未体现出明显的相关性。位于中小城市的新城新区消费成本适宜性远高于 50 个新城新区平均水平,位于超大城市与特大城市的新城新区消费成本适宜性略高于 50 个新城新区均值,位于Ⅰ型大城市和Ⅱ型大城市的新城新区消费成本适宜性则低于均值。就所在城市人口增长率来看,所在城市人口年均增长率为 1%~3% 的新城新区和所在城市人口呈负增长的新城新区消费成本适宜性高于 50 个新城新区均值,所在城市人口年均增长率不低于3% 的新城新区消费成本适宜性略低于均值,所在城市人口呈正增长、但增长率低于 1% 的新城新区消费成本适宜性则远低于均值。可以看出,位于大城市(特大、超大城市以及人口增长率大于 1% 的城市)或中小城市的新城新区在消费成本适宜程度上表现出更大的优势,位于人口规模及其增速均处于中等水平的城市的新城新区在消费成本适宜程度上则表现普遍不佳(图 5-26)。

六、新城新区消费便利性与聚人气水平的关联分析

综上可见,新城新区所在城市的人口规模及增长动态特征与新城新区消费便利性之间存在一定的正向关系。消费便利性作为"乐活"水平的重要指

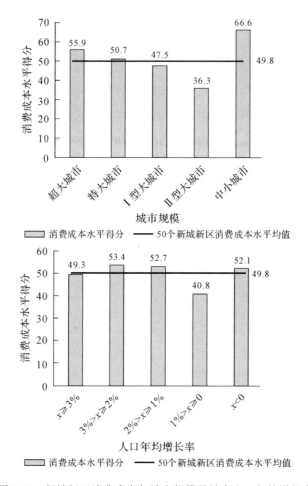

图 5-26　新城新区消费成本与城市规模及城市人口年均增长率

标之一,在一定程度上影响着新城新区的人口吸引力;人口规模的不断增长同样也会对消费便利性的提高提出需求。图 5-27 表明了新城新区消费便利性与聚人气水平之间的关系。可以看出,新城新区消费便利性与聚人气水平呈现出较为明显的正相关关系,这在一定程度上印证了新城新区消费便利性与人口吸引力之间的双向作用。

七、消费便利新城新区排行榜小结

本报告通过新城新区的商场区位便利性、商业分布密集性和消费成本三

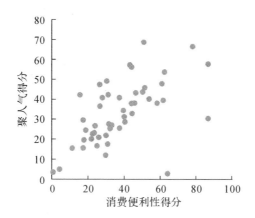

图 5-27　新城新区消费便利性与聚人气水平

方面指标合成,对新城新区的消费便利性进行了考察,可以得到如下发现。

第一,总体而言,受到新城新区发展阶段差异和新城新区功能定位差异的影响,全国 50 个新城新区的消费便利性存在显著的差异。

第二,大部分新城新区面临消费便利性的短板制约,总体水平有待提升。具体而言,新城新区的消费便利性具有几个类型:在商场区位便利性、商业分布密集性和消费成本方面发展均较为成熟的均衡发展型;在三方面体现均不突出但由于发展相对均衡,并未体现出明显短板,致使消费便利性综合水平较强的稳步发展型;在发展中存在短板,但同时存在明显优势并足以弥补短板的特长型;在发展中存在短板,并且尚无足以弥补短板的优势的潜力型。

第三,就消费便利性的区域差异而言,整体上呈现出东部、西部、中部和东北三档断层的区域差异,其中,粤港澳大湾区和长三角城市群在消费便利性以及各分项指标中的综合表现较优。

第四,消费便利性与人口吸引力之间存在较为明显的正相关性。消费便利性随着所在城市人口规模的扩大基本呈现出先减后增的 U 形变化,而随着所在城市人口年均增长率的提高则基本呈现出单调递增的趋势。此外,消费便利性与所在城市人口规模及其动态特征之间的关系在人口增速较快的大城市中表现得更为密切,人口规模极大或人口增长率极高的城市更容易出现断层优势。

第五,在消费便利性的 3 项指标中,商场区位便利性、商业分布密集性水平与消费便利性水平联系更为紧密,消费成本水平与消费便利性存在一定程度的脱节。

第五节　最佳夜生活新城新区排行榜

一、新城新区夜生活的重要意义及指标解释

夜间经济往往指当日晚上 9 点到次日早上 6 点所包含的经济文化活动,涉及晚间购物、餐饮、娱乐、影视、休闲等现代服务业,是现代城市的重要业态之一。作为居民生活维度的反映,夜间经济是衡量城市活力与城市发展成熟度的重要指标之一。本报告通过对新城新区内部夜间营业店铺种类丰富度与分布密集度的考量,对全国 50 个新城新区的夜生活发展情况进行了分析。

考察新城新区夜生活水平的指标见表 5-48。新城新区夜生活得分由夜间(晚上 9 点到次日早上 6 点)营业店铺丰富度和夜间营业店铺密度 2 项指标合成。夜间营业店铺丰富度由夜间营业店铺类别数进行衡量,夜间营业店铺密度则由单位面积夜间营业店铺数量进行衡量。

表 5-48　新城新区夜生活考察指标描述

考察内容	二级指标	三级指标	指标描述	数据来源
新城新区夜生活	新城的夜间经济	夜间营业店铺丰富度	晚上 9 点到次日早上 6 点营业店铺的类别数/个	大众点评数据
		夜间营业店铺密度	晚上 9 点到次日早上 6 点营业的店铺及组织机构密度(个/km²)	大众点评数据

二、新城新区夜生活水平分析

(一)新城新区夜生活水平整体特征

全国 50 个新城新区的夜生活水平得分分布见表 5-49。新城新区夜生活

得分均值为 43.11 分,得分范围在 4.64～89.99 之间,得分最高和得分最低的城市相差 85.35 分,总体而言,新城新区夜生活水平存在较大差距。50 个新城新区夜间经济得分的标准差达 25.81,变异系数高达 0.6,表明全国新城新区夜间经济活动水平差异较大。一方面,夜生活水平与发展程度相关,发展成熟度较高、实现产城融合的新城新区,夜生活水平往往相对较高;另一方面,新城新区的功能定位对夜生活水平也具有较大影响,以居住和生活为主要功能定位的新城新区,夜生活水平往往较高(夜生活水平第一位的望京新城,住宅用地占总建筑用地的将近 50%)。

表 5-49　新城新区夜生活得分整体情况

指标	样本量	最大值	最小值	平均值	中位数	标准差	变异系数
夜间营业店铺丰富度得分	50	92.32	3.11	52.93	57.43	29.10	0.55
夜间营业店铺密度得分	50	97.57	5.67	52.33	59.27	29.65	0.57
夜间经济总分	50	89.99	4.64	43.11	40.74	25.81	0.60

在夜生活水平方面,50 个新城新区表现出的整体水平有待提高。62% 的新城新区夜生活水平得分分布在 20～76 分之间,高于 76 分的仅 6 个,低于 20 分的达到 13 个,占 26%。50 个新城新区的夜生活排行榜单见附录 5。

(二)最佳夜生活十强新城新区

最佳夜生活十强新城新区榜单见表 5-50。北京望京新城、苏州金鸡湖商务区、杭州经济技术开发区、广州珠江新城、佛山东平新城是夜生活水平最高的 5 个。从最佳夜生活十强所属城市的等级来看,70% 的新城位于直辖市、省会城市或副省级城市,仅苏州金鸡湖商务区、佛山东平新城和无锡太湖新城位于地级市。从所在城市的人口规模来看,除无锡太湖新城位于 Ⅱ 型大城市外,最佳夜生活十强中有 9 个位于 Ⅰ 型大城市级以上规模级别的城市,其中 3 个位于超大城市、2 个位于特大城市、4 个位于 Ⅰ 型大城市。从所在城市人口增长率来看,最佳夜生活十强均位于人口年均增长率不低于 1% 的城市,其中 4 个位于人口年均增长率 $x \geqslant 3\%$ 的城市,3 个位于人口年均增长率 $3\% > x \geqslant$

2%的城市,3个位于人口年均增长率 2%＞x≥1%的城市。可以看出,在最佳夜生活十强中,所在城市的高人口增长率是与夜间经济水平关系较密切的因素。从区域分布来看,最佳夜生活十强中有 4 个位于长三角城市群、3 个位于粤港澳大湾区、1 个位于京津冀城市群(表 5-50)。

　　总体而言,最佳夜生活十强在夜间营业店铺丰富度和密度方面普遍表现较优。夜生活水平十强的夜间营业店铺丰富度均排在前 10 名,夜生活水平前 7 名的新城新区夜间营业店铺密度均排在前 15 名,夜间经济受益于夜间营业店铺丰富度和密度两方面的均衡优势。就分项指标而言,最佳夜生活十强中,10 个在夜间营业店铺丰富度上进入了前 10 名,4 个在夜间营业店铺密度上进入了前 10 名。可以看出,夜生活水平较高的新城新区主要分 3 种情况:部分新城新区夜生活整体水平较高是受益于夜间营业店铺丰富度和密度两方面的共同优势;部分新城新区受益于单项指标的发展,且另外一项指标的短板不明显,能够被单项指标的优势所弥补;部分新城新区则主要受益于夜间营业店铺和密度的相对均衡,即使此类新城在两项指标上并未体现出明显优势。

(三)新城新区夜生活水平的区域分布特征

　　为探求城市群尺度的新城新区消费便利性差异,本报告将 50 个新城新区根据国家级城市群城市目录进行了划分(表 5-51)。其中,中原城市群、京津冀城市群、粤港澳大湾区和长江中游城市群的夜间经济平均分高于 50 个新城新区均值,长三角城市群夜间经济平均分略低于 50 个新城新区均值,成渝城市群和呼包鄂榆城市群新城夜间经济平均分明显低于 50 个新城新区均值。总体而言,各城市群新城的夜间经济水平同样呈现出中部、东部、东北和西部的断层差异,位于西部的成渝城市群和呼包鄂榆城市群与其余城市群的断层尤为明显(图 5-28)。

表 5-50 最佳夜生活十强新城新区

排名	新城新区	城市	所在城市行政级别	所在城市人口规模	所在城市年均人口增长率	城市群	夜间经济总分	夜间营业店铺丰富度排名	夜间营业店铺密度排名
1	望京新城	北京	直辖市	超大城市	$2\% > x \geq 1\%$	京津冀城市群	89.99	1	7
2	金鸡湖商务区	苏州	地级市	Ⅰ型大城市	$3\% > x \geq 2\%$	长三角城市群	88.42	1	8
3	下沙经济技术开发区	杭州	副省级城市	特大城市	$x \geq 3\%$	长三角城市群	80.82	1	13
4	珠江新城	广州	副省级城市	超大城市	$x \geq 3\%$	粤港澳大湾区	79.18	9	1
5	东平新城	佛山	地级市	特大城市	$3\% > x \geq 2\%$	粤港澳大湾区	79.07	9	10
6	前海蛇口自贸区	深圳	副省级城市	超大城市	$x \geq 3\%$	粤港澳大湾区	78.64	9	11
7	集美新城	厦门	副省级城市	Ⅰ型大城市	$x \geq 3\%$		75.21	9	15
8	滨湖新城	合肥	省会城市	Ⅰ型大城市	$3\% > x \geq 2\%$	长三角城市群	68.30	9	21
9	乌鲁木齐高新技术产业开发区	乌鲁木齐	省会城市	Ⅰ型大城市	$2\% > x \geq 1\%$		67.46	9	22
10	大湖新城	无锡	地级市	Ⅱ型大城市	$2\% > x \geq 1\%$	长三角城市群	67.35	9	23

表 5-51　各城市群新城新区夜生活水平

城市群	新城新区数量	夜间经济总分	夜间经济排名
中原城市群	1	64.95	11
京津冀城市群	3	56.47	20
粤港澳大湾区	8	55.09	20
长江中游城市群	2	48.05	23
长江三角洲城市群	23	40.04	27
成渝城市群	3	16.05	42
呼包鄂榆城市群	1	14.95	38
50 个新城新区合计	50	43.11	26

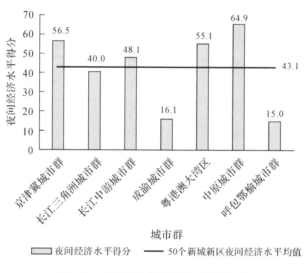

图 5-28　各城市群新城新区夜生活水平

（四）新城新区夜生活水平与城市特征

1. 新城新区夜生活水平与所在城市人口规模

从新城新区消费便利性与所在城市规模之间的关系看，位于Ⅰ型大城市和特大城市的新城新区夜生活水平相当，且高于 50 个新城新区均值；位于超大城市、中小城市与Ⅱ型大城市的新城新区夜生活水平均低于 50 个新城新区均值。可以看出,夜生活水平与所在城市的人口规模并未体现出明显的相关性(图 5-29)。

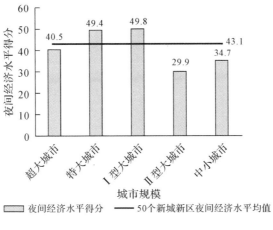

图 5-29　新城新区夜生活水平与城市规模

2. 新城新区夜生活水平与所在城市人口增长率

结合新城所在城市的年均人口增长率来看,所在城市人口年均增长率 x ≥3%的新城夜生活水平远高于 50 个新城新区均值,人口年均增长率在 3% >x≥2%的新城夜生活水平同样高于均值;人口年均增长率不到 2%的新城夜生活水平则低于均值;所在城市人口呈负增长的新城夜生活水平则与平均水平相当。可以看出,新城夜生活水平与所在城市的人口增长率并无严格的相关关系,但所在城市人口增长率相对较高的新城,在夜生活水平上体现出更加明显的优势(图 5-30)。

三、新城新区夜间营业店铺丰富度

(一)新城新区夜间营业店铺丰富度的整体特征

本指标通过夜间(晚 9 点到次日早 6 点)营业店铺种类数表征新城夜间营业店铺的丰富程度,进而作为考量新城夜间经济活力的指标之一。在全国 50 个新城新区中,夜间营业店铺丰富度平均得分 52.93 分,得分分布在 3.11~92.32 之间,最高分与最低分相差 89.21 分,总体来说新城间夜间营业店铺丰富度差异较大;标准差 29.1 和变异系数 0.55 同样表明各新城夜间营业店铺

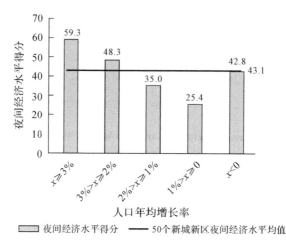

图 5-30　新城新区夜生活水平与城市人口年均增长率

丰富度得分的离散特征(图 5-30、表 5-52)。

表 5-52　新城新区夜间营业店铺丰富度得分整体情况

指标	样本量	最大值	最小值	平均值	中位数	标准差	变异系数
夜间营业店铺丰富度得分	50	92.32	3.11	52.93	57.43	29.10	0.55

(二)夜间营业店铺丰富度十九强新城新区

夜间营业店铺丰富度十九强新城新区见表 5-53。就城市等级而言,十九强中,有 4 个位于直辖市、11 个位于省会城市或副省级城市,4 个位于地级市,重庆和北京在新城夜间营业店铺丰富度上表现较为突出。就所在城市人口规模而言,夜间营业店铺较丰富的新城新区中,除无锡太湖新城位于 Ⅱ 型大城市外,其余均位于 Ⅰ 型大城市及以上规模级别的城市;其中,夜间营业店铺最丰富的前 8 个均位于 Ⅰ 型大城市及以上规模级别的城市(4 个位于超大城市、2 个位于特大城市、2 个位于 Ⅰ 型大城市)。就所在城市人口年均增长率而言,夜间营业店铺较丰富的新城新区均位于人口增长率高于 1% 的城市。可以看出,所在城市的人口规模在一定程度上与夜间营业店铺的丰富度呈正向关系。就区域分布而言,夜间营业店铺较丰富的新城新区中,有 6 个位于长三角城市群、3 个位于粤港澳大湾区、2 个位于京津冀城市群、2 个位于成渝

表 5-53　夜间营业店铺丰富度十九强新城新区

排名	新城新区	城市	所在城市行政级别	所在城市人口规模	所在城市年均人口增长率	城市群	夜间营业店铺丰富度得分	夜间营业店铺密度排名	夜间经济排名
1	杭州经济技术开发区	杭州	副省级城市	特大城市	$x≥3\%$	长三角城市群	92.32	13	3
1	南部新城	南京	副省级城市	特大城市	$2\%>x≥1\%$	长三角城市群	92.32	44	47
1	金鸡湖商务区	苏州	地级市	I型大城市	$3\%>x≥2\%$	长三角城市群	92.32	8	2
1	太湖新城	苏州	地级市	I型大城市	$3\%>x≥2\%$	长三角城市群	92.32	28	20
1	江南新城	重庆	直辖市	超大城市	$2\%>x≥1\%$	成渝城市群	92.32	45	48
1	西部新城	重庆	直辖市	超大城市	$2\%>x≥1\%$	成渝城市群	92.32	46	49
1	望京新城	北京	直辖市	超大城市	$2\%>x≥1\%$	京津冀城市群	92.32	7	1
1	亦庄新城	北京	直辖市	超大城市	$2\%>x≥1\%$	京津冀城市群	92.32	30	22
9	太湖新城	无锡	地级市	II型大城市	$2\%>x≥1\%$	长三角城市群	77.42	23	10
9	滨湖新城	合肥	省会城市	I型大城市	$3\%>x≥2\%$	长三角城市群	77.42	21	8
9	东平新城	佛山	地级市	特大城市	$3\%>x≥2\%$	粤港澳大湾区	77.42	10	5
9	珠江新城	广州	副省级城市	超大城市	$x≥3\%$	粤港澳大湾区	77.42	1	4
9	前海蛇口自贸区	深圳	副省级城市	超大城市	$x≥3\%$	粤港澳大湾区	77.42	11	6
9	西部新城	济南	副省级城市	特大城市	$2\%>x≥1\%$	山东半岛城市群	77.42	38	28
9	集美新城	厦门	副省级城市	I型大城市	$x≥3\%$	海西城市区	77.42	15	7

续表

排名	新城新区	城市	所在城市行政级别	所在城市人口规模	所在城市年均人口增长率	城市群	夜间营业店铺丰富度得分	夜间营业店铺密度排名	夜间经济排名
9	郑东新区	郑州	省会城市	特大城市	x≥3%	中原城市群	77.42	26	11
9	呈贡新区	昆明	省会城市	特大城市	3%>x≥2%	滇中城市群	77.42	27	12
9	乌鲁木齐高新技术产业开发区	乌鲁木齐	省会城市	Ⅰ型大城市	2%>x≥1%	天山北坡城市群	77.42	22	9
9	浑河新城	沈阳	副省级城市	特大城市	2%>x≥1%	辽宁中部城市群	77.42	40	31

城市群、1个位于中原城市群。总体而言,东部地区(长三角城市群、京津冀城市群)和西部地区(成渝城市群)在夜间营业店铺丰富度方面表现较为突出。

　　表5-53显示,夜间营业店铺丰富度得分呈现出明显的块状分布特征,有8个新城得分并列第一位,11个新城得分并列第二位,第一位的得分(92.32分)远高于第二位得分(77.42分)。由于夜间营业店铺丰富度得分的块状分布,夜间经济活动水平十强在夜间营业店铺丰富度上均位于前19位;然而,在夜间营业店铺丰富度得分最高的8个新城中,仅3个在夜间经济排名中位于前十强,其余新城新区受到夜间营业店铺密度的影响,夜间经济活动总体水平均较低。

(三)新城夜间营业店铺丰富度的区域分布特征

　　在夜间营业店铺丰富度方面,中原城市群、成渝城市群、京津冀城市群的新城夜间营业店铺丰富度远高于50个新城新区平均水平,粤港澳大湾区略高于50个新城新区均值,长江中游城市群和长三角城市群略低于均值,呼包鄂榆城市群与均值差距较大。总体而言,东部城市群在夜间营业店铺丰富度上的表现存在两极分化局面;位于中部的中原城市群和位于西部的成渝城市群在新城夜间营业店铺丰富度上体现的优势较为明显,拉高了西部和中部夜间生活丰富度的平均水平(表5-54、图5-31)。

表5-54　各城市群新城新区夜间营业店铺丰富度水平

城市群	新城新区数量	夜间营业店铺丰富度	夜间营业店铺丰富度排名
中原城市群	1	77.42	16
成渝城市群	3	69.98	18
京津冀城市群	3	67.04	20
粤港澳大湾区	8	51.93	27
长江三角洲城市群	23	49.50	26
长江中游城市群	2	48.18	32
呼包鄂榆城市群	1	16.48	45
50个新城新区合计	50	52.93	26

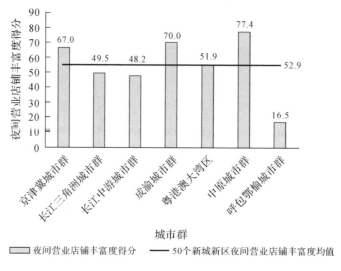

图 5-31　各城市群新城新区夜间营业店铺丰富度水平

（四）新城夜间营业店铺丰富度与城市特征

结合新区所在城市的人口规模与动态增长趋势来看新区夜间营业店铺丰富度，结果如图 5-32 所示。位于特大城市、超大城市与 Ⅰ 型大城市的新城夜间营业店铺丰富度，与位于 Ⅱ 型大城市和中小城市的新城夜间营业店铺丰富度之间存在着断层差异，后者远低于 50 个新城新区平均水平。所在城市的人口增长率与新城夜间营业店铺丰富度并未体现出明显的相关关系，但所在城市人口增长率不低于 1％的新城，与所在城市人口增长率低于 1％或呈负增长的新城之间，同样存在着较为明显的夜间营业店铺丰富度差异。可以看出，虽然所在城市规模及增长特征与新城夜间营业店铺丰富度并未体现出严格的相关关系，但大城市与较高的人口增长率，仍是与新城夜间营业店铺丰富度挂钩较为密切的因素。

四、新城新区夜间营业店铺密度

（一）新城新区夜间营业店铺密度的整体特征

本指标（表 5-55）通过新城单位面积内夜间营业店铺的数量，考量新城内部夜间经济活动的密集程度，作为反映新城夜间经济活力的指标之一。在全

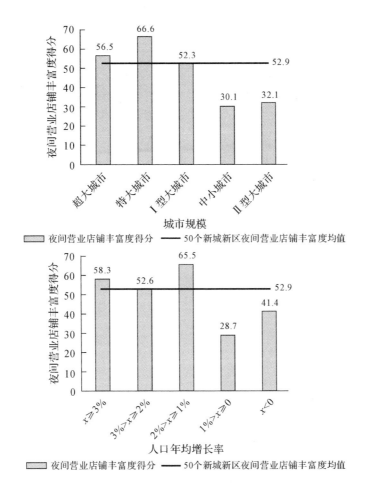

图 5-32　新城新区夜间营业店铺丰富度与城市规模及城市人口年均增长率

国 50 个新城新区中,夜间营业店铺密度平均得分为 52.33 分,得分分布在 5.67~97.57 之间,最大值与最小值之间相差 91.9 分,各新城新区得分差距较为明显,分数分布呈现出较明显的离散特征(标准差 29.65、变异系数 0.57)。

表 5-55　新城新区夜间营业店铺密度得分整体情况

指标	样本量	最大值	最小值	平均值	中位数	标准差	变异系数
夜间营业店铺密度	50	97.57	5.67	52.33	59.27	29.65	0.57

（二）夜间营业店铺密度十强新城新区

夜间营业店铺密度十强新城新区及得分情况见表 5-56。就城市等级而言，夜间营业店铺密度十强中，前 7 位均位于直辖市、省会城市或副省级城市，仅苏州的金鸡湖商务区和平江新城、佛山的东平新城位于地级市。其中，前 4 位新城均位于广东。就所在城市的人口规模而言，夜间营业店铺密度十强全部位于Ⅰ型大城市及以上规模级别的城市，其中 5 个位于超大城市（前 4 名均位于超大城市）、3 个位于特大城市、2 个位于Ⅰ型大城市；就所在城市人口年均增长率而言，夜间营业店铺密度十强新城中有 9 个位于人口年均增长率不低于 2% 的城市，且前 6 位所在城市人口增长率均不低于 3%。可以看出，所在城市人口规模与人口增长率与新城夜间营业店铺密度在一定程度上存在正向关系。就区域分布而言，有 5 个位于粤港澳大湾区、3 个位于长三角城市群、1 个位于京津冀城市群、1 个位于长江中游城市群。总体而言，位于东部的新城新区，尤其是粤港澳大湾区在夜间营业店铺密度方面体现出较为明显的优势。

相对于夜间营业店铺丰富度而言，新城夜间营业店铺密度较高的前 10 位新城，得分分布较为均匀，未出现明显断层或块状分布现象，因此夜间营业店铺密度对新城夜生活总体水平影响相对较大。在夜间营业店铺密度十强中，有 4 个在夜间经济活动总体水平上位于前 10 位，7 个位于前 15 位，其余受夜间营业店铺丰富度的短板影响，夜间经济活动总体水平偏低。

（三）新城夜间营业店铺密度的区域分布特征

就新城夜间营业店铺密度而言，粤港澳大湾区、京津冀城市群、长江中游城市群和中原城市群的新城夜间营业店铺密度平均得分高于全国样本均值，且粤港澳大湾区优势较为突出；长三角城市群平均水平略低于全国样本均值，成渝城市群和呼包鄂榆城市群则与全国样本均值具有较大差距（表 5-57、图 5-33）。

表 5-56　夜间营业店铺密度十强新城新区

排名	新城新区	城市	所在城市行政级别	所在城市人口规模	所在城市人口增长率	城市群	夜间营业店铺密度得分	夜间营业店铺丰富度排名	夜间经济排名
1	珠江新城	广州	副省级城市	超大城市	$x \geqslant 3\%$	粤港澳大湾区	97.57	9	4
2	宝安中心区	深圳	副省级城市	超大城市	$x \geqslant 3\%$	粤港澳大湾区	95.74	20	19
3	白云新城	广州	副省级城市	超大城市	$x \geqslant 3\%$	粤港澳大湾区	94.50	20	18
4	坪山中心区	深圳	副省级城市	超大城市	$x \geqslant 3\%$	粤港澳大湾区	91.83	30	25
5	钱江新城	杭州	副省级城市	特大城市	$x \geqslant 3\%$	长三角城市群	91.64	20	15
6	滨江新城	长沙	省会城市	特大城市	$x \geqslant 3\%$	长江中游城市群	89.54	20	14
7	望京新城	北京	直辖市	超大城市	$2\% > x \geqslant 1\%$	京津冀城市群	88.47	1	1
8	金鸡湖商务区	苏州	地级市	Ⅰ型大城市	$3\% > x \geqslant 2\%$	长三角城市群	86.31	1	2
9	平江新城	苏州	地级市	Ⅰ型大城市	$3\% > x \geqslant 2\%$	长三角城市群	85.98	20	13
10	东平新城	佛山	地级市	特大城市	$3\% > x \geqslant 2\%$	粤港澳大湾区	81.09	9	5

表 5-57　各城市群新城新区夜间营业店铺密度平均水平

城市群	新城新区数量	夜间营业店铺密度	夜间营业店铺密度排名
粤港澳大湾区	8	75.17	13
京津冀城市群	3	67.81	19
长江中游城市群	2	59.41	22
中原城市群	1	58.96	26
长江三角洲城市群	23	49.07	28
成渝城市群	3	23.64	40
呼包鄂榆城市群	1	13.61	42
50 个新城新区合计	50	52.33	26

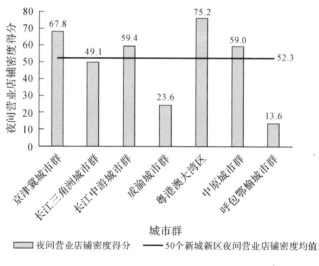

图 5-33　各城市群新城新区夜间营业店铺密度水平

（四）新城夜间营业店铺密度与城市特征

结合所在城市人口规模来看,位于Ⅰ型大城市的新城夜间营业店铺密度远高于 50 个新城新区均值,位于特大城市与超大城市的新城夜间营业店铺密度与 50 个新城新区平均水平基本一致,位于Ⅱ型大城市和中小城市的新城夜间营业店铺密度则与均值差距较大。就所在城市人口动态增长特征而言,所在城市人口年均增长率 $x \geqslant 3\%$ 的新城夜间营业店铺密度远高于 50 个新城新区均值,所在城市人口年均增长率 $3\% > x \geqslant 2\%$ 的新城夜间营业店铺密度略高于均值,所在城市人口年均增长率低于 2% 的新城夜间营业店铺密度与人口负增长的新城相比则并无优势。可以看出,新城夜间营业密度与所在城市人口规模及增长特征并无严格的相关性,但大城市与较高的人口增长率(不低于 2%)仍与新城夜间营业密度优势相挂钩(图 5-34)。

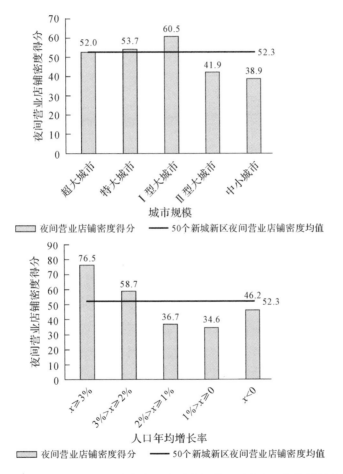

图 5-34 新城夜间营业店铺密度与城市规模及城市人口年均增长率

五、新城新区夜生活与聚人气的关联分析

由上可知,新城新区夜生活与所在城市人口规模及动态特征的相关性主要体现在大城市或高人口增长率城市的新城新区在夜生活水平上表现出更多的优势。图 5-35 更加直观地表现出新城新区夜间经济与新城人口吸引力之间的关系。可以看出,在夜间经济水平和聚人气水平均较高的新城中,二者之间的正向关系最为明显。该结果同样印证了新城新区夜间经济水平与新城人口吸引力之间的双向关系,即在夜生活水平与人口吸引力均较高的新城中,二者起到相互促进的作用。

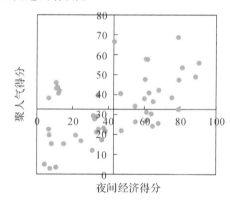

图 5-35　新城新区夜生活与聚人气水平

六、最佳夜生活新城排行榜小结

本报告通过对夜间(晚 9 点至次日早 6 点)营业丰富度和密度的考察,对全国 50 个新城新区夜生活水平进行了分析,得到如下发现。

第一,受新城新区发展成熟度和功能定位影响,新城新区的夜生活水平具有较大差距。

第二,新城新区的夜间经济发育普遍存在短板制约。在夜生活水平较高的新城新区中,主要是受益于夜间营业店铺丰富度和密度两方面的共同优势;有部分新城新区受益于单项指标的专项发展;还有部分受益于夜间营业店铺和密度的相对均衡,即使此类新城新区在两项指标上均未体现出明显

优势。

第三,就新城新区分布的区域分异来看,新城新区夜生活平均水平呈现出中部、东部、东北和西部的三档断层差异,其中以长三角城市群和粤港澳大湾区表现最为突出。

第四,新城新区的夜生活水平与人口吸引力之间的相互促进作用主要体现在 2 项指标均较高的新城新区中。就所在城市的人口规模及其动态特征而言,新城夜生活水平与所在城市的人口规模及增长率均未体现出显著的相关关系,但大城市(特大、超大城市)与较高的人口增长率($x \geqslant 2\%$)与新城夜生活水平优势相挂钩。

第五,就分项指标而言,夜间营业店铺丰富度得分呈现出明显的块状分布,导致该指标的得分分布情况与夜间经济总分相差较大;相较而言,得分分布更加均匀的夜间营业店铺密度,对新城夜间经济总分具有更大的影响。

第六章 新城新区产城人融合发展案例分析

第一节 北京亦庄新城

北京经济技术开发区（Beijing Economic-Technological Development Area），简称"北京经开区"（BEIJINGETOWN），又称"亦庄新城"，位于中国北京市大兴区与通州区辖区内，是北京市唯一一个国家级经济技术开发区。亦庄新城起步于1992年建立的北京经济技术开发区，后随着北京市整体规划的实施，向外拓展、由产到城。截至2022年，亦庄新城生产总值已突破2800亿元，工业总产值占全市的22.2%，位列全市第一。目前，亦庄新城已培育出4个千亿级规模的产业集群，并形成了以四大主导产业为优势、以新兴产业为引力的高精尖产业格局。

最新的《亦庄新城规划（国土空间规划）（2017—2035年）》将亦庄新城总规划面积划定为225平方千米，总规划常住人口89.2万人、就业人口65万人（到2035年）。具体包括新城核心地区单元（即北京经济技术开发区）、大兴部分和通州部分三大区域。其中，大兴部分主要为综合配套服务区，涉及亦庄、旧宫、瀛海三镇，此外还包括位于青云店、长子营和采育的三个产业园；通州部分则主要包括台湖高端总部基地、光电一体化基地、通州物流基地以及马驹桥镇区、金桥科技产业基地、京沪高速以东的预留地。为探究亦庄新城产城人融合程度，本报告着重考虑亦庄新城具有空间连续性的规划单元，青云店产业园和采育产业园作为在空间上与主要城区分离的独立存在，未被划入本次研究范围。

一、亦庄新城的历史沿革

(一)起步阶段:产业先行

亦庄新城最早起步于 1992 年开始建设的北京经济技术开发区,起步时面积为 3.8 平方千米,1994 年 8 月 25 日,北京经开区被国务院批准为北京唯一的国家级经济技术开发区。随着园区建设和产业引入,北京经开区在此阶段持续进行着小范围的空间规模扩张。1999 年 6 月,经国务院批准,北京经济技术开发区范围内的 7 平方千米区域被确定为中关村科技园区——亦庄科技园。2002 年 8 月,国务院正式批准北京经开区扩区 24 平方千米,总面积达到 46.8 平方千米。

(二)发展阶段:由产到城

2005 年 1 月,《北京城市总体规划(2004—2020)》出台,确定以北京经济技术开发区为核心向外扩展,规划为北京亦庄新城。2007 年 1 月 5 日,北京市人民政府批复《大兴亦庄新城规划(2005—2020 年)》,明确指出以北京经济技术开发区为核心功能区的大兴亦庄新城是北京东部发展带的重要节点和重点发展的新城之一,规划涉及总面积为 508.5 平方千米的亦庄新城及其周边地区,其中,面积约 212.7 平方千米的新城地区是规划期内的发展研究重点。由此,亦庄新城迈入了由产业园区到产业先行新城的发展阶段。

在此阶段,亦庄新城的产业迅速发展。截至 2012 年,共有来自 30 多个国家和地区的 4800 多家企业在亦庄新城投资发展,其中包括奔驰、拜耳等在内的 77 家世界 500 强企业投资的 108 个项目。基于这些重点项目,亦庄新城成功打造了若干产业集群,包括以诺基亚(已经被微软收购)为龙头的移动通信产业集群、以京东方为龙头的显示器产业集群、以中芯国际为龙头的集成电路产业集群、以北京奔驰为龙头的汽车制造产业集群、以拜耳为代表的生物制药产业集群、以 SMC 和 ABB 为代表的装备制造产业集群、以 GE 为龙头的医疗设备产业集群、以国富安为代表的信息安全产业集群和以金风科技为代表的新能源产业集群。

在这一阶段,亦庄新城的城市功能也初步完备。2007年,地铁亦庄线开通;2010年12月30日,地铁亦庄线一期工程投入运营,宋家庄到次渠段正式通车,途经旧宫、核心区北侧并通往台湖;2018年,地铁亦庄火车站投入使用,次渠到亦庄火车站正式通车。同时,亦庄新城相关地区的房价在2015—2017年经历了较大程度的增长,2017年后逐渐趋于稳定,由产到城的起步转型此时初见成效(图6-1)。

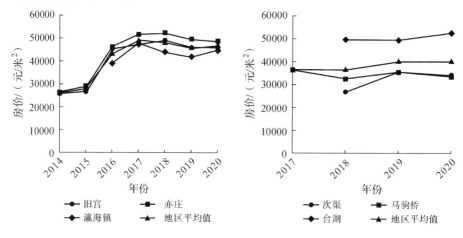

图 6-1 亦庄新城大兴部分(左)及通州部分(右)房价变化情况

(三)面向未来:产城并行

2019年11月20日,北京市政府正式批复《亦庄新城规划(国土空间规划)(2017—2035年)》,由经开区管委会统一规划和开发建设亦庄新城。在最新规划中,亦庄新城包括亦庄核心区(核心区、河西区、路东区、路南区),大兴区部分(旧宫镇、瀛海镇、青云店镇及长子营镇北部),通州区部分(台湖镇及马驹桥镇西部),以及飞地(青云店及采育工业园)。整体规划的空间结构为:一廊(京津发展走廊)、一带(区域协同发展带)、三中心(综合商业服务中心、生态文化休闲中心、科技金融创新中心)。其中,综合商务服务中心位于亦庄新城核心区,生态文化休闲中心主要依托西侧的综合配套服务区,科技金融创新中心主要依托东侧的台湖高端总部基地。最新的亦庄新城规划指出,亦庄新城要形成核心区、配套区与多组团相协同的产业发展格局。

1. 新城核心区

开发区是新城高精尖产业发展的核心地区,是科技研发与设备配套的重点地区。

2. 产业发展配套区

包括综合配套服务区和台湖高端总部基地。综合配套服务区依托良好的生态环境条件,积极发展高品质生活性服务业,提供完善的教育、文化、医疗、公共绿地的优质资源。台湖高端总部基地重点发展科技创新服务产业,推动文化、金融与科技深度融合,形成支撑技术创新和产业发展的聚集区。

3. 产业发展组团

包括光机电一体化基地、金桥科技产业基地、物流基地和青云店产业园、长子营产业园、采育产业园,主要承载新一代信息技术、新能源汽车、生物技术和大健康、智能设备、军民融合等各具特色的产业集群。

当前,亦庄新城核心区的空间结构已基本与规划中的功能分区吻合,以亦庄线和亦庄 T1 线为界,分为居住主导区和生产主导区两大区域,西侧的居住主导区进一步向西延伸与综合服务配套区相接,东侧生产主导区进一步向东延伸则可与东北侧的台湖规划单元、东南侧的物流基地、金桥科技产业基地及长子营产业园相接,商业商务、文化教育、公共服务、行政办公以及绿地、水体等区域则零散地分布在新城内。

整体而言,亦庄新城的空间结构分为以产业功能为主导的东侧和以生活功能为主导的西侧两部分。当前,亦庄核心区的产业与生活服务功能发展已经相对完备,而分别位于东西两侧的台湖规划单元与综合配套服务区则仍在持续建设过程中。2018 年 12 月 30 日,地铁 8 号线珠市口到瀛海段开始试运营,西侧综合配套服务区与北京城区之间的交通通达性进一步提升;2021 年底,地铁 17 号线十里河到嘉会湖段开通,台湖规划单元与北京城区进一步贯通。

二、亦庄新城人居环境指数分析

(一)整体情况

亦庄新城人居环境指数总分在 50 个新城新区内位列第 15 名。其中,"兴产业"指数位列第 15 名,"聚人气"指数位列第 30 名,"求乐活"指数位列第 15 名(表 6-1)。

亦庄新城的建设从北京经济技术开发区起步,属于典型的产业先行新城。在发展历程上,基本沿着产业园区初步起建、周边配套设施逐步完善、以此吸引人气并最终带动周边区域整体发展的经典进程。从各产业得分及排名可以看出,亦庄新城当前的产业发展相对成熟,但新城内的配套服务仍有待进一步完善以与产业发展程度相匹配,人口吸引力也仍有待进一步提升。

表 6-1　亦庄新城人居环境指数整体得分与分项排名情况

新城新区	人居环境 LOHAS 总得分	最终排名	兴产业排名	聚人气排名	求乐活排名
广州白云新城	65.27	1	4	5	1
杭州钱江新城	58.06	2	1	3	9
深圳宝安中心区	57.00	3	6	6	5
北京望京新城	52.91	4	8	1	12
成都龙潭总部新城	48.45	5	11	4	14
广州珠江新城	46.31	6	7	9	16
青岛滨海新区	45.23	7	14	20	8
厦门集美新城	43.42	8	27	15	7
杭州经济技术开发区	42.99	9	30	8	3
深圳前海蛇口自贸区	42.61	10	24	22	6
长沙滨江新城	42.07	11	17	10	21
南京河西新城	40.92	12	5	11	29
昆明呈贡新区	39.45	13	19	12	24
无锡太湖新城	37.10	14	10	29	18
北京亦庄新城	36.30	15	15	30	15

(二)分项指标

1."兴产业"指数

亦庄新城"兴产业"指数在 50 个新城新区内位列第 15 名。其中,所在城市与国内外其他城市的通达性位列第 11 名,新城与老城的通达性位列第 23 名,产业用地供给的动态增长性位列第 32 名(表 6-2)。

从指标得分可以看出,作为 20 世纪以经开区起步发展的产业先行类型新城,亦庄新城在 2007 年后的产业发展已经趋近成熟,产业用地的增长情况在本报告选取的 50 个新城新区样本中相对平缓。与此同时,其与老城的通达性则相对而言呈现出一定的发展短板。新城与老城通达性的指标构成为新城内的地铁站数量(个)和新城至城市中心(商圈)的距离(千米),亦庄新城在此两项指标上的排名分别为第 13 位和第 33 位。可见,亦庄新城在"兴产业"方面的短板主要来自其地理位置上的不便(距北京主城区较远)。而除去此项原生因素的限制外,亦庄新城在可随发展变动的相关指标——地铁线路的开通运营上则表现良好。

表 6-2　亦庄新城"兴产业"指数得分与排名情况

新城新区	兴产业得分	兴产业排名	所在城市与其他国内外城市的通达性排名	新城与老城区之间的通达性排名	产业用地供给的动态增长性排名
北京亦庄新城	47.11	15	11	23	32

2."聚人气"指数

亦庄新城"聚人气"指数在 50 个新城中位列第 30 名,"聚人气"为亦庄新城人居环境指数中的短板。从具体的指标构成上来看,所在城市的人口吸引力位列第 6 名,基本公共服务设施的居民点辐射水平位列第 28 名,基本公共服务常住人口覆盖率位列第 39 名,新城人类活动强度位列第 36 名。可见,除亦庄新城所在的北京市对人口的吸引力为亦庄新城"聚人气"水平创造了一定优势之外,亦庄新城内部起到吸引人口作用的配套公共服务设施仍有待进一步完善,反映在结果上的人类活动强度也尚待提高(表 6-3)。

表 6-3　亦庄新城"聚人气"指数得分与排名情况

新城新区	聚人气得分	聚人气排名	所在城市的人口吸引力排名	基本公共服务设施的居民点辐射水平排名	基本公共服务常住人口覆盖率排名	人类活动强度排名
北京亦庄新城	28.71	30	6	28	39	36

从新城基本公共服务设施居民点辐射水平的指标构成上来看,除中学辐射水平相对良好(位列第 18 名)之外,新城内部的综合医院、幼儿园、小学的辐射水平均较低(分别位列第 41、40 和 28 名)。从基本公共服务常住人口覆盖率的指标构成上看,500 米可达的幼儿园、1000 米可达的小学、2500 米可达的中学和 1000 米可达的综合医院常住人口覆盖率分别位列第 35、第 43、第 37和第 40 名。总体而言,新城内部居民的基本公共服务设施可获取性尚待加强。

从新城人类活动强度看,亦庄新城人类活动强度在前 20% 水平和平均水平方面均处于 50 个样本的中下游水平(分别位列第 39 和第 35 名)。人类活动强度作为反映新城"聚人气"效果的指标,体现出亦庄新城在人口活力方面的不足。

3. "求乐活"指数

亦庄新城"求乐活"指数在 50 个新城内位列第 15 名。其中,商业分布密度位列第 34 名,商场区位布局位列第 26 名,消费成本情况(餐饮店铺均价与居民人均月收入比例)位列第 27 名,夜间经济情况位列第 22 名,绿色健康水平位列第 36 名。可见,亦庄新城"求乐活"指数位次相对较高,这是由于各项指标相对均衡、未出现明显的短板。但从各分项指标上来看,组成亦庄新城消费便利性的各部分均不具有明显优势(表 6-4)。

表 6-4　亦庄新城"求乐活"指数得分与排名情况

新城新区	求乐活得分	求乐活排名	商业分布密度排名	商场区位布局排名	消费成本排名	夜间经济排名	绿色健康水平排名
北京亦庄新城	38.09	15	34	26	27	22	36

商场密度位列第 38 名,满足生活服务和满足文化休闲服务的店铺机构密度分别位列第 36 和第 32 名;居民点至商场的 30 分钟步行可达性位列第 33 名,商场的整体辐射水平位列第 37 名,夜间(晚 9 点至次日早上 6 点)营业店铺的类别数位列第 1 名、密度则位列第 30 名。总体而言,就消费场所的分布和可达性,以及消费成本上来看,亦庄新城在研究的 50 个新城中总体位于中下游水平。

从新城绿色健康的指标构成上看,亦庄新城所在城市 2021 年 AQI 年度均值位列第 22 名,居民点至绿地的 15 分钟步行可达性和新城内绿地的辐射水平分别位列第 41 和第 45 名。目前来看,北京市的空气质量对亦庄新城绿色健康水平的影响相对而言并没有新城内绿地设施与居民活动空间的匹配程度的影响大,新城内绿地设施与服务人群活动范围的不匹配,是导致亦庄新城绿色健康水平不高的主要因素。

(三)人居环境短板及影响因素分析

由上述分析可见,亦庄新城的人居环境短板主要在"聚人气"和"求乐活" 2 项一级指标方面。具体而言,幼儿园、小学、中学、综合医院等基本公共服务设施与绿地的可获得性较低,是亦庄新城当前产城人融合发展的症结所在。这一方面是由于研究区域所涉及的除了城市功能发展较为完备的核心区,还包括在最新规划中计划建设,但当前仍处于持续性动态发展、尚未完全成熟的其他空间单元;另一方面则与亦庄新城产住相对分离的空间布局特征有关。

就发展较为成熟的核心区而言,居住主导区和产业主导区整体上分列于核心区的东西两侧,基本公共服务单元零星分布在空间范围内,且相同类型的功能单元大多呈聚类而非离散分布,这就导致基本公共服务单元的辐射范围更加有限,整体上呈现出并非所有居住单元都能获得同等且便利的基本公共服务的现象;此外,由于产住分离的空间格局,分布于产业主导区的、同样必要的基本公共服务设施实际上无法覆盖到核心区内的居住单元,同样导致了基本公共服务设施辐射水平和常住人口覆盖率水平相对较低的结果。在绿地分布方面,由于亦庄新城产业先行新城的发展历程和特征,部分绿地会依托产业园建设或分布在办公场所周边。同样以核心区为例,分布于西侧居住主导区的绿地仅为北侧的国际企业文化园、博大公园和南侧的体育公园，且绿地公园大多位于居住主导区边界而非融入其内部，当前公园的空间位置与居住单元整体的空间分布存在一定的错配，这可能同样是亦庄新城绿地设施指标得分较低的原因。

亦庄新城西部的综合服务配套区、东部的台湖高端总部基地等空间规划单元，当前尚处于建设阶段。西部综合服务配套区依托南海子公园，现已完成部分居民住宅的建设，但整体区域建设仍处于相对起步阶段；东部台湖高端总部基地与其类似，除次渠旧镇区和新建成的部分居住社区外，其余地块大多仍处于待开发建设状态。东西侧的持续建设发展和城市功能的完备，以及其与核心区的融合，为带动亦庄新城人居环境提供了充足潜力。

三、亦庄新城产城人融合情况

作为产业先行新城，亦庄新城的产业自 1992 年发展至今，已经进入了相对成熟、稳步增长、追求进一步向高端产业集群方向发展的阶段。相对而言，新城的生活居住功能稍显薄弱，在人口吸引力和人类活动强度，以及生活便利程度方面仍有待进一步完善。需要考虑居住空间内基础公共服务的合理配置，以及绿地和消费场所等的合理布局，以使新城的城市功能水平尽快与产业发展水平相匹配。

核心区的产城分工已初见雏形，整体上形成了产业功能和生活功能相结合的完整结构，进入产城人融合发展阶段。当前，商业、文化教育、公共服务等功能单元的数量和空间分布仍有待与居住主导区进一步适配，新城产城人融合的"生成"过程有望进一步均衡核心区各功能单元的空间布局。

包括新规划区在内的亦庄新城整体，作为依托产业园区发展的新城，往往"以完备的板块规划吸引企业迁址，带来高端人才的集聚，再以高端人才的需求刺激宜居程度的升级"的动态发展的过程。当前亦庄新城仍处于人才吸引阶段，体现出发展相对良好的主要功能仍旧为生产和办公，宜居程度和吸引人口在此长期居住的能力欠佳，在规划建设高端产业园区和居住功能单元的同时，需要更多地考虑居民的生活需求而非办公需求，进而提高新城的生活活力。

四、小　结

第一,亦庄新城为产业先行新城,始建于 1992 年的北京市经开区,2005 年向外扩展为亦庄新城,并于 2017 年进入产城并行的新一轮开发建设阶段。

第二,亦庄新城人居环境指数总分在 50 个新城中位列第 15 名。其中,"聚人气"和"求乐活"是亦庄新城人居环境指数更为明显的短板,具体表现为基本公共服务、消费场所和绿地空间分布的不足,整体上体现出生活居住功能滞后于产业发展、人类活动水平不高的特征。该结果一方面与亦庄新城相对分离的职住结构有关,另一方面则由于亦庄新城除核心区外的其他区域当前仍处于建设阶段。

第三,亦庄新城核心区内的产城分工已初见雏形,整体上已形成产业功能和生活功能相结合完整结构,进入了产城人融合的发展阶段。

核心区内部体现出"东产西住"的空间分布格局,商业、文化教育、公共服务等功能单元数量相对较少,各类功能单元大多聚类而非离散分布,在一定程度上导致了此类功能单元与居住空间的错配,造成生活居住功能表现不佳。

第四,除核心区外的其他地区,包括西侧的综合配套服务区、东侧的台湖单元等,仍处于开发阶段,当前已完成部分居民住宅及社区的建设,但尚未具备成熟完整的城市功能。核心区外围的持续建设发展和城市功能的完备,以及其与核心区的有机融合,有望成为进一步推动亦庄新城实现"产城人"融合的强大动力。

第二节　上海闵行新城

一、闵行新城概况

闵行新城位于上海市西南腹地,是上海极为重要的地区之一。根据规划,闵行新城规划范围为闵行区沪青平公路以南、外环线、黄浦江以西部分,总用地面积约 193.7 平方千米。闵行新城的规划常住人口至 2020 年为 105 万人。闵行新城与浦东新区、徐汇区、长宁、嘉定区、松江区、青浦区、奉贤区、南汇区相邻,与虹桥经济技术开发区,漕河泾高新技术开发区紧密相连,闵行经济技术开发区和虹桥国际机场均坐落于本区之内。

闵行新城有较为发达的园区经济,域内高新技术产业园区有紫竹国家高新区、张江国家自主创新示范区漕河泾分园和张江国家自主创新示范区闵行分园等。2016 年,高新园区完成工业总产值 2216.54 亿元,第三产业主营业务收入 1249.85 亿元。此外,"十三五"时期,闵行新城工业企业科技研发投入稳步提高:2019 年,开展 R&D 项目的企业有 246 户,占全部规模以上企业的 29.8%,企业投入的 R&D 人员总数达 12234 人,R&D 经费支出合计 59 亿元。

闵行区作为上海市唯一的国家产城融合示范区,正在精心描绘一幅产城融合的"工笔画",积极推进城市发展方式的新转变和城市功能提升的新跨越,力争早日建成充满活力、高效便捷、环境优美、城乡融合、社会和谐的生态宜居现代化新城区。

二、发展历程

闵行新城的发展历程可以看作从开发前期阶段到建设期阶段再到转型升级阶段的演化。闵行新城在不断完善基础设施和公共服务设施的同时,也在逐步实现从单一的工业区到多元化、高科技的产业中心的转型。

(一)开发前期阶段:工业卫星城

1957 年,中共上海市一届二次党代会作出"在上海周围建立卫星城镇,分散一部分工业企业,减少市区人口过分集中"的决定,进一步明确上海以工业化为中心扩展城市空间的发展方向,卫星城承担着安置工业功能和疏散人口规模的两大功能。1958 年,为增加工业骨干企业、开发新产品、合理布局工业并减少市区人口,上海编制了闵行、吴泾、安亭、嘉定、松江 5 个卫星城的具体规划,闵行成为上海重要卫星城之一。1959 年,《关于上海城市总体规划的初步意见》提出"逐步改造旧市区,严格控制近郊工业的规模,有计划地建设卫星城镇"的原则,明确上海由单一城市向组合城市发展的方向。闵行卫星城以机电工业为主体,在原有上海汽轮机厂、上海电机厂的基础上,又新建了上海锅炉厂、上海重型机器厂,被称为闵行卫星城的"四大金刚",同时还迁入或建立了闵行发电厂、闵行自来水厂等十余家大中型企业。在与工业区配套的住宅建设中,根据"成街成坊""先成街后成坊"的原则,上海编制闵行一条街规划,并以短短 3 个月的时间,于 1959 年新中国成立 10 周年国庆前夕一次建成,成为全国闻名的新中国工业新城规划建设的样板。

(二)转型升级阶段:闵行新城

经过改革开放后数十年的规划建设,以工业生产为主体的闵行等卫星城初步构建了上海的城镇体系。然而卫星城定位基本与产业基地类似,城市功能极差,加之这些产业均由上海市主管部门管理,譬如闵行卫星城以机电行业为主,相应企业由上海市机电一局管理,当地政府难以发挥作用,地区发展缺乏整体性、协调性。

1992 年,上海市政府确定了闵行新城的规划,并开始进行土地征收和基础设施建设。1995 年,闵行新城成为上海市的第一个试点城市新区。2001年起,闵行新城正式启动建设,加快了基础设施和居住区的建设。在此期间,闵行新城建设了大量的住宅小区、商业中心、公共服务设施等,成为上海市的新兴商圈和生活区。

(三)新发展阶段:产城人融合的闵行新城

随着新城建设进入稳定期,闵行新城开始着眼于产业转型和升级。闵行新城开始建设多个科技园区,包括张江高新区闵行园区和紫竹科学园区等,吸引了大量的高科技企业入驻。

大学城的建立对于闵行而言也是重要的历史节点。2001 年,上海交通大学闵行校区作为上海兴建的紫竹科学园区的主要部分,开始新一轮大规模建设,成为上海交通大学教学和研究的主要基地。2004 年,华东师范大学闵行校区建设完工并正式启用,闵行大学城初见雏形。

此外,闵行新城还加强了公共服务设施建设,提升了居民的生活品质。"十三五"时期,为了促进产城融合、缩小城乡差距,上海提出"三倾斜一深化",即推动公共服务资源配置向郊区人口集聚地倾斜,推动基础设施建设投入向郊区倾斜,推动执法管理力量向城乡接合部倾斜,深化农村土地制度改革。

三、产城人融合水平评估

闵行新城人居环境指数综合绩效在全国 50 个新城新区中排名第 16 位,得分 36.27,为三星级新城。从人居环境指数的一级指标来看,闵行新城"兴产业"排名第 2 位,"聚人气"排名第 16 位,"求乐活"排名第 35 位。这表明,闵行新城的产业发展水平在全国新城新区中处于领先地位,然而城市功能发育程度与产业发展水平尚不匹配,烟火气不足,制约着人民群众生活便利程度。

(一)"兴产业"指数

闵行新城"兴产业"指标得分高达 79,排名全国第 2 位,在产业发展方面显著领先于其他新城新区。具体来看,闵行新城所在城市与其他国内外城市的通达度、新城与老城区之间的通达度以及产业用地供给的动态增长性三个一级指标得分为 91、75 和 79 分,均为全国领先水平。

进一步地,本文将具体展开分析闵行新城产业发展的特点与优势。近年来,闵行区坚持"制造业立区、服务业强区",全力实施南北联动空间发展战略,逐步构建具有闵行特色的"4+4"产业体系(以高端装备、新一代信息技术、人工智能、生物医药为主导的先进制造业和以国际商贸、现代金融、文化创意、科技服务为主导的现代服务业)。闵行区的高端装备制造、新一代信息技术、生物医药、人工智能等四大产业规模已达到 1504 亿元,是闵行区先进制造业的支柱。先进制造业进一步向园区集中,产业园区发展稳步增长。其中紫竹科学园区在国家高新区综合排名第 11 位;莘庄工业区、上海国家民用航天产业基地获"国家新型工业化示范基地"五星评级、上海市开发区综合发展指数评审位居第三;外资企业占 99% 以上,由世界 500 强投资的企业主要经济指标在开发区中比例超过 80%,智能制造产业基地、马桥 AI 创新区入选全市首批 26 个特色园区。

闵行新城在打造制造业优势时,首先在高端装备领域聚焦"国之重器"。

在"四大金刚"的基础上,2000 年以来,闵行围绕国家战略,积极布局航天、航空、船舶、核电等产业。在高端装备产业方面,重点打造莘庄工业区智能装备基地、闵行经济技术开发区先进装备基地、闵行老工业基地、上海国家民用航天产业基地等四大高端装备制造基地,基地内集聚了强生、ABB、西门子等 25家世界 500 强企业。由于高端制造的聚集,园区引入各类研发中心、技术中心,目前已有亨斯迈、艾仕得、强生、圣戈班、米其林、泰华施等 6 家世界级研发中心入驻,集聚了 ABB 亚洲技术创新中心、富士施乐创新中心等 18 家企业的研发机构。

闵行新城内人工智能产业蓬勃发展。2021 年,闵行区人工智能产业全年总营收规模达到 291.32 亿元,同比增长 29％。全区人工智能企业数量近 400家,其中核心人工智能企业达到 80 多家,呈现出应用主导、技术支撑、多领域全面赋能的特点。上海马桥人工智能创新试验区位于闵行西南、上海地理中心,区域面积 15.7 平方千米,上海马桥人工智能创新试验区是"上海人工智能融合创新四大载体"之一,是上海最具发展潜力的人工智能产业集聚区和应用示范区,总体规划格局为"双核双轴,四廊五组团"。据报道,2022 年 1 月至10 月中旬,试验区新增 477 家企业,一批人工智能与高端制造产业硬核科技企业相继落地试验区,基本实现了人工智能产业链上下游集聚态势。目前已入驻企业超过 850 家,其中世界 500 强企业 25 家。在智能机器人产业链方面,已有达闼、鲸鱼、高仙、海神等近 20 家企业。智能运载系统方面,有福洛德、卡倍亿、盛普智能、新孚美等近 40 家产业链企业。智能新硬件系统方面,有东方申信、紫光芯云、奎芯、燧原等十余家产业链企业。智能感知系统方面,有昇视唯盛、檗古、鲁邦通等十余家产业链企业。

闵行区近年来一直在扎实推进生物医药产业发展,加快生物化学新药研发生产,做强医用器材和生物制药设备制造产业,培育高端医疗服务业,壮大生物医药企业,在生物医药、医疗器械、国际医疗三大领域取得了关键进展。闵行是上海市生物医药新一轮"1＋5＋X"产业布局的重要承载区。相关数据显示,2021 年,该区生物医药产业工业总产值 312 亿元,同比增长近 30％,增速位居全区战略性新兴产业第一。继成功引进信达生物、威高研究院、云南白药、康方生物、正大天晴等一批重大产业投资项目之后,2022年闵行区已开工和拟开工的生物医药产业重大项目达22项,总投资219.5亿元,已逐步成为上海打造世界级生物医药产业集群的活跃增长极。

现代服务业已成为闵行的支柱产业之一。2020年全年商品销售额为6592.3亿元,社会消费品零售总额为1900.24亿元,总量全市第二。批发零售业税收收入为107.86亿元,占全区税收收入总量的15.39%,占第三产业税收收入总量的23.24%,仅次于房地产业(43.45%),位列第二。此外,在2012—2017年,闵行区文化创意产业增加值从110亿元增长到265.3亿元,占全区生产总值比重连续4年超过11%,成为区域主导产业和支柱产业。创意设计业、网络信息业成为闵行区文创产业最具竞争力的行业板块。从规模以上企业数、资产总计、营业收入、用工人数来看,创意设计业和网络信息业在全区文创产业中的占比持续走高。截至2019年,这两大领域资产占比达到了文创产业总资产的56.93%,营业收入占到文创产业总营收的74.17%,优势产业核心凸显。

(二)“聚人气”指数

闵行新城“聚人气”指标得分为42,全国50个新城新区中排名第16位,为中上游水平。具体来看,所在城市的人口吸引力、基本公共服务设施的居民点辐射水平、基本公共服务常住人口覆盖率和人类活动强度4个一级指标得分为93、26、60和59,其中所在城市的人口吸引力具有明显优势,基本公共服务设施的居民点辐射水平为显著短板。

闵行新城所在城市上海具有强大的人口吸引力,此外闵行新城也积极推进人才引进政策,广纳贤才。闵行新城在内的上海五大新城放宽了落户与积分条件。对新城重点产业的用人单位,可由行业主管部门优先推荐纳入人才引进重点机构。市、区加大对新城特殊人才落户的支持力度。对新城紧缺急需的技能岗位核心业务骨干,探索经由行业代表性企业自主评定和推荐后,纳入技能人才引进范围。

在基本公共服务设施的居民点辐射水平方面,闵行新城存在明显短板。具体来看,闵行新城在综合医院、幼儿园、小学和中学的服务辐射的整体水平得分为 20、24、28 和 40,存在较大提升空间。当前闵行新城的医疗资源包括复旦大学附属儿科医院(万源路)、华东医院闵行门诊部和仁济医院南院(浦江镇),新城内部医疗资源不充分,缺乏高水平综合性三甲医院。上海市政府为提升郊区新城的医疗卫生服务水平,加快优化新城医疗卫生资源配置,建设与新城经济社会发展水平相适应、与居民健康需求相匹配的医疗卫生服务体系,推进市级优质医疗资源向新城下沉。2020 年,上海市卫健委提出"5+3+1"规划,"5"即在浦东、闵行、南汇、宝山、嘉定 5 个区分别引入长征、仁济、六院、华山、瑞金等三级医院优质医疗资源,床位规模都为 600 张。

闵行新城的教育服务设施并不充分,这种不足在幼儿园和小学服务覆盖率上表现尤为突出。闵行新城较为优质的义务教育资源集中在高教园区,如华东师大附属紫竹幼儿园、交大闵行幼儿园、华东师大附属紫竹小学、交大附属实验小学、华东师大二附中紫竹校区、华东师大二附中紫竹双语学校、交大附属二中、交大附中闵行分校等。在闵行新城的其他区域,教育资源尤其是幼儿园和小学教育服务设施严重滞后于城市发展水平。

(三)"求乐活"指数

闵行新城"求乐活"指标得分为 26,全国 50 个新城新区中排名 35 位,为中下游水平。具体来看,商业分布密度、商场区位布局、消费成本、夜间经济和绿色健康水平五个一级指标得分为 60、25、87、12 和 37,其中商业分布密度和消费成本具有明显优势,商场区位布局、夜间经济和绿色健康水平为显著短板。

在商业分布密度和消费成本方面,闵行新城因具备特大、大型、中型和社区商业同步发展的完善商业体系而存在明显优势。闵行区有商业体 39 个,超过 330 万平方米。其中 20 万平方米以上的特大型商业综合体 1 个(仲盛世界商城),10 万~20 万平方米的大型商业综合体 12 个,分别是爱琴海、万象城、龙湖虹桥天街、七宝万科、中庚漫游城、百联南方、虹桥天地、维璟广场、七宝宝龙、浦江万达、颛桥万达和马桥万达;5 万~10 万平方米的中型商业综合体 14 个,分别是新华联购物中心、龙湖闵行天街、莘庄龙之梦、凯德七宝、虹桥丽宝等;5 万平方米以下的社区商业(商业综合体)12 个。以虹桥商务区商圈和虹桥吴中路商圈为引领,七宝、莘庄、南方等商圈配合,多个社区商业中心为补充的现代化商业网点体系基本形成。此外区内 36 家大型超市卖场、数百家中小型超市、5 个农副产品批发市场、92 个室内菜市场、7 个新模式生鲜超市(4 个盒马鲜生、2 个宝燕市集、1 个康品汇)和 245 个智慧微菜场,极大地丰富了市民购物和生活。然而,闵行新城商场与居民点的匹配度仍有待提高,商场区位的空间布局有待优化。

作为城市经济的重要组成部分,夜间经济的繁荣程度是一座城市经济开放度、便利度和活跃度的晴雨表。发展夜间经济不仅能满足人民日益增长的美好生活需要,还能扩大内需、繁荣市场、创造就业,展现地方特色文化、焕发城市活力。夜间经济是闵行新城在"求乐活"指标中最显著的短板,晚上 9 点到次日 6 点营业的店铺类型和店铺密度得分仅为 39 和 6。这表明,闵行新城内部商业消费场所多集中于大型商超,夜间餐饮、零售、娱乐等夜间经济活动密度较低。闵行新城需要进一步活跃夜间商业和市场,推动夜间经济从夜市向夜间经济商圈,再到夜间文旅消费集聚区发展,实现产业化、专业化和品质化。

在绿色健康水平方面,所在区市 2021 年 AQI 年度均值与居民点至绿地的 15 分钟步行可达性较高,绿地服务辐射的整体水平是闵行新城绿色健康水平的主要制约因素。2020 年底,闵行区 AQI 达到 88%,较"十二五"期末提高 17.6 个百分点;空气中细颗粒物(PM2.5)年均浓度降至 32 微克/米^3,较"十二五"期末下降 43.9%。闵行新城拥有莘城中央公园、集心公园、申北樱语园、田园公园、马桥公园、郊野绿园等大型城市公园和绿地空间。然而,公园绿地 1250 米(2500 米)范围覆盖的居民点数量有限,绿地服务辐射的整体水平较低。这表明,闵行新城内部公园绿地与城市居民点之间的匹配度有待提升,需优化公园绿地的空间布局。

四、总结与展望

闵行新城是由上海工业卫星城发展而来的,其发展轨迹具有强烈的产业导向,现代制造业和现代服务业发展水平遥遥领先。然而,闵行新城在"聚人气"和"求乐活"方面发展滞后于产业发展,产业发展、城市功能、公共服务、商业服务的均衡性和协调性有待提升。

　　闵行新城"聚人气"的主要制约因素是基本公共服务设施的居民点辐射水平,综合医院、幼儿园和小学的服务辐射的整体水平存在较大提升空间。对此,闵行新城应重点着力于提升综合医院、幼儿园和小学等基本公共服务设施服务水平,做好普惠性、基础性、兜底性民生工作,保证幼有所育、学有所教、劳有所得、病有所医、老有所养、住有所居、弱有所扶,全面提高基本公共服务能力和共享水平。

　　闵行新城"求乐活"的主要制约因素是夜间经济欠缺,应着力活跃夜间商业和市场,以烟火气满足人民群众日益增长的物质文化生活和绿色健康需要。闵行新城应推动夜间经济从夜市向夜间经济商圈,再到夜间文旅消费集聚区发展,实现夜间经济的产业化、专业化和品质化,进而惠民生、拉动居民就业、便利百姓生活。此外,闵行新城的商场区位布局和绿地服务辐射水平也影响着居民幸福感的提升。闵行新城可从街区尺度上打造更便捷、更丰富的社区商场、街头绿地和口袋公园,实现公共空间贯通,优化商场、公园绿地与居民点之间的空间匹配度,进而增强居民的获得感与幸福感。

第三节　广州珠江新城

　　珠江新城位于广州东部新中轴线,北接黄埔大道,南达珠江北岸,西邻广州大道,东抵华南大道,是广州天河CBD的主要组成部分。总规划用地面积6.44平方千米,核心地区约1平方千米,商建面积约450万平方米。天河CBD是国务院批准的三大国家级中央商务区(还包括北京CBD与上海陆家嘴CBD)之一,目前已成为华南地区总部经济和金融、科技、商务等高端产业高度集聚区,发展能级和区域影响力仍在不断提升,正在逐渐向洲际级CBD演进。

一、珠江新城的历史沿革

(一)起步建设

1993 年,《珠江新城综合规划方案》出台,珠江新城被确立为广州新城市中心区,正式开始投入建设。至 2000 年前后,历时 7 年多的基础设施建设阶段基本结束。但在这一阶段,由于新城整体在开发过程中存在住宅先行、商务落后的特征,交通、商务、生活等配套设施不足,难以聚集“商气”“人气”。作为广州 CBD 的核心板块,珠江新城的商服空间严重被居民住宅占据,加之楼面地价高昂,较多发展商对珠江新城的建设开始持观望态度,土地市场供应和调控一度出现失控局面,导致珠江新城整体发展缓慢。

(二)规划调整

1999 年,广州市针对珠江新城发展不理想的问题,启动了《珠江新城规划检讨》。2003 年 1 月,原版《广州新城市中心——珠江新城规划》被废止,《珠江新城规划检讨》正式公布实施,成为珠江新城下一步规划设计和建设管理的文件依据。新的规划文件提出,珠江新城是“广州 21 世纪中央商务区的核心商务金融办公区”,明确了珠江新城 CBD 的定位,确保了新城内商务服务功能的健康发展。同时,新的规划将珠江新城定位为集国际金融、贸易、商业、文娱、行政和居住等城市一级功能设施于一体的、能够服务周围地区的商业和城市公共生活中心,并提出适当调整城市的空间形态、增加绿地面积,强化了其在城市景观上的“中心”地位。此外,规划划分出 14 个面积为 20~40 公顷的街区,功能涵盖商务、行政办公、高层居住、金融贸易、文化活动、商业购物等,面积 6.19 平方千米,人口规模达 17 万～18 万人,能够提供近 35 万～40 万个就业岗位(袁奇峰等,2002)。

在新的规划下,珠江新城的建设逐渐步入正轨,城市发展速度不断加快。2007 年,由于城市规划建设、猎德大桥修建等原因,猎德村开始筹备搬迁;2008 年 1 月,猎德城中村改造工程正式动工,历时三年便全面完成了改造,成为广州最成功的旧村全面改造项目,后被称为“猎德模式”(邓勃,2021)。

在基础设施建设方面,2006—2010 年,珠江新城持续推进核心区市政交通项目,建设内容主要包括地下旅客自动输送系统、地下空间市政及商业配套设施、市政道路管线改造、核心区地面景观和生态环境建设等内容,旨在将珠江新城 CBD 核心中央商务区联结成一个统一、集约、高效的有机整体,提高城市空间综合利用效率,加快广州向国际化大都市迈进的步伐(广州市发改委,2010)。此外,广州西塔、新电视塔等地标性建筑,也先后于 2010 年左右竣工并投入使用。2010 年的亚运会可以作为珠江新城建设的分水岭,自此,珠江新城进入了辉煌的成熟发展时期。

(三)成熟发展

建成后的珠江新城占据了广州城市中心的核心位置,以冼村路为界,东部以居住功能为主,西部以商务办公功能为主,珠江滨水绿化带和东西向商业活动轴线贯通新城内部。城市主次干道将珠江新城划分为 14 个街区,在冼村路以西,西区的三个街区同时具备商务办公和商住功能;中轴线区域的三个街区主要为中央广场和文化广场,以及商务办公区,承担着重要的商务功能与城市中心功能。冼村路以东,东一区主要为自然村址与村留商住用地,冼村作为珠江新城内最后一个城中村,自 2008 年启动改造以来由于拆迁安置、公共服务设施增设等因素的影响改造进度并不乐观,2019 年《冼村地块控制性详细规划》的通过进一步加快了其回迁进程。东二区包含商务办公区与商住综合区,坐落着珠江公园以及依托珠江公园良好的居住环境而规划的别墅区,居住功能较为突出。东三区则以赛马场为突出功能,主要为文化娱乐综合区和酒店区,同时包含商住功能单元。

可见,珠江新城作为商务中心、规划先行的新城,虽然在建设过程中历经波折,但如今也已经具备相对完整的城市功能结构。其产业以商务、金融、文化、休闲娱乐等第三产业为主导,产业发展已十分成熟。据统计,2016 年以珠江新城为核心组成部分的广州天河 CBD 产值约 2700 亿元,居全国第一位,比第二位的北京 CBD 高出近千亿。城内居住主导单元与产业主导单元分布较为均衡,同时具备着丰富的消费场所与广阔的公园绿地。值得注意的是,珠江新城作为广州城市中心,其功能并不局限于满足新城内部居民的工作与生活。由于部分作为城市中心的功能将辐射到周边区域甚至广州全市,珠江新

城与其周边区域存在着大量的功能交换与互补，而贯通珠江新城内外的丰富的道路交通与轨道交通则为这种日常功能交换提供了重要依托。

二、新城人居环境指数分析

（一）整体情况

珠江新城人居环境指数总分在全国 50 个新城中位列第 6 名。其中，"兴产业"指数位列第 7 名，"聚人气"指数位列第 9 名，"求乐活"指数位列第 16 名（表 6-5）。

表 6-5　珠江新城人居环境指数整体得分与分项排名情况

新城新区	人居环境LOHAS总得分	最终排名	兴产业排名	聚人气排名	求乐活排名
广州白云新城	65.27	1	4	5	1
杭州钱江新城	58.06	2	1	3	9
深圳宝安中心区	57.00	3	6	6	5
北京望京新城	52.91	4	8	1	12
成都龙潭总部新城	48.45	5	11	4	14
广州珠江新城	46.31	6	7	9	16

珠江新城作为天河 CBD 的组成部分，是典型的商务中心类型新城。在发展历程上，珠江新城符合规划先行的发展模式，虽然在开发前期存在住宅抢先、产业滞后的问题，但在整个发展历程上来看，依然可以说符合产业与居住功能同步发展的路径。从指标得分上可以看出，珠江新城在产业发展动力和人口吸引力方面占有较强的优势，但新城的"求乐活"指数（即消费便利性）成为当前新城整体人居环境的短板部分。

（二）分项指标

1."兴产业"指数

珠江新城"兴产业"指数在 50 个新城内位列第 7 名。其中，所在城市通达性位列第 15 名，新城与老城的通达性位列第 10 名，产业用地供给的动态增长性位列第 49 名(表 6-6)。

表 6-6 珠江新城"兴产业"指数得分与排名情况

新城新区	兴产业得分	兴产业排名	所在城市与其他国内外城市的通达性排名	新城与老城区之间的通达性排名	产业用地供给的动态增长性排名
广州珠江新城	54.43	7	15	10	49

珠江新城的产业用地动态增长性在研究的各个新城内处于相对较低的水平。一方面可能是由于其建设起步时间较早,自 1993 年开始规划动工,且在发展建设十年之后的 2003 年便已提出了规划调整方案,至 2007 年,产业用地大幅增长期已基本结束。另一方面,珠江新城内的产业发展以第三产业为主,所需生产场所大多为容积率较高的高层建筑,对用地面积的需求增长远不及以发展制造业为主的产业园模式新城,因此其产业用地动态增长性在所有新城中整体排位较低。而从指标得分可以看出,广州的交通通达性和珠江新城所在的区位,则为珠江新城的产业发展提供了相当的优势。

2."聚人气"指数

珠江新城"聚人气"指数在 50 个新城内位列第 9 名,"聚人气"为珠江新城在整体人居指数中较为明显的优势。从具体的指标构成上看,其所在城市人口吸引力位列第 4 名,新城内基本公共服务设施的居民点辐射水平和常住人口覆盖率分别位列第 24 名和第 11 名,新城人类活动强度位列第 5 名(表 6-7)。可见,广州的人口吸引力是珠江新城人口吸引力的主要来源,而公共服务设施的获取便利性则仍是珠江新城的短板。尽管如此,珠江新城依然体现出了较强的生活活力,人类活动强度无论是在前 20% 水平还是在平均水平上都表现良好(二者分别位列第 9 名和第 3 名)。

表 6-7 珠江新城"聚人气"指数得分与排名情况

新城新区	聚人气得分	聚人气排名	所在城市的人口吸引力排名	基本公共服务设施的居民点辐射水平排名	基本公共服务常住人口覆盖率排名	人类活动强度排名
广州珠江新城	51.20	9	4	24	11	5

从具体的基本公共服务设施上来看,珠江新城内综合医院的居民点辐射范围和常住人口覆盖率分别位于第1名和第16名,幼儿园的居民点辐射范围和常住人口覆盖率分别位于第21名和第2名,小学的居民点辐射范围和常住人口覆盖率分别位于第4名和第1名,中学的居民点辐射范围和常住人口覆盖率分别位于第39名和第1名。基本公共服务设施在居民点和人口上辐射水平的差异,在一定程度上体现出了珠江新城内部居民住宅的多元性:综合医院居民点辐射范围排名较高但常住人口覆盖率排名较低,表明综合医院辐射范围内的居民点具有相对低的人口密度;幼儿园和中学的居民点辐射范围排名较低但人口覆盖率排名较高,表明这两者辐射范围内的居民点人口密度较高。

3."求乐活"指数

珠江新城"求乐活"指数在50个新城内位列第16名。其中,商业分布密度位列第1名,商场区位布局位列第3名,消费成本情况位列第36名,夜间经济情况位列第4名,绿色健康水平位列第11名(表6-8)。可见,珠江新城的绿色健康水平基本符合新城整体发展阶段的要求,而生活便利性则可分为两个层面,从经济繁荣程度上来看优势十分明显,但从消费成本情况来看则情况不佳。

表6-8 珠江新城"求乐活"指数得分与排名情况

新城新区	求乐活得分	求乐活排名	商业分布密度排名	商场区位布局排名	消费成本排名	夜间经济排名	绿色健康水平排名
广州珠江新城	38.00	16	1	3	36	4	11

从消费场所相关的指标来看,珠江新城的商场、生活服务场所和文化休闲场所的密度、商场的可达性与辐射水平,以及夜间营业店铺的丰富度和密度均较高(分别为第2名、第1名、第1名、第5名、第5名、第9名和第1名),作为内含居民住宅的商服中心,珠江新城具有较强的经济繁荣度和较高的消费场所密度,这一点是符合预期的。值得注意的是,珠江新城的消费成本(即餐饮店铺均价与居民人均月收入的比例)表现不佳,这可能与新城城市中心的特殊定位有关。

从绿色健康相关的指标来看,珠江新城所在区市的 AQI 位列第 25 名,绿地可达性和辐射水平则分别位列第 2 名和第 6 名。就珠江新城内部而言,居民生活所需的绿色空间配置已经相对完备。

(三)人居环境短板及影响因素分析

由上可见,当前珠江新城内部生活宜居程度最明显的短板体现在相对高昂的消费成本上,这与珠江新城作为 CBD 级城市中心的功能定位息息相关。作为中央商务区乃至整个城市的中心,珠江新城内部的消费场所大多要承担更加昂贵的运营成本,这无可避免地导致了其销售价格的相对高昂;另一方面,新城内部、以珠江新城东板块为首分布着大量高端住宅,新城内部居民的需求也是导致新城内部轻高端或高端消费场所较多的潜在原因。

此外,珠江新城与周边区域存在着大量的功能交换,这在一定程度上也致使珠江新城内部发展低成本消费场所的动力不足。由于广州本身城市结构层次比较丰富,珠江新城周围仍存在大量常规生活居住单元乃至城中村,但较短的距离范围、较高的可达性内同时存在两种截然不同的城市结构,居民们同样可以便利地获取足够多元的消费体验,此时,丰富城市内部层次似乎也并非新城人居环境完善的必由之路。

三、珠江新城产城人融合情况

总体而言,珠江新城在发展建设过程发挥了中央商务区的定位以及规划先行的建设路径所带来的先导便利性,新城整体在规划建设阶段就综合考虑了产业发展与人居环境的多方需求。当前,珠江新城已经发展成为结构完整、功能成熟的城市生活居住中心。以商务金融行业为主导的产业单元、多元化的居住单元、配套的基本公共服务设施、繁荣的消费场所、大型文化和休闲娱乐场所以及公园绿地等大多已建设完备并投入使用多年,各单元在空间上分布均衡,并在丰富的路网和轨道交通的连结下交织为一个有机的整体。就珠江新城内部而言,产城人融合已经进入了相对成熟的阶段。

与此同时,珠江新城作为广州的城市中心,承担着除了满足新城内部居民需求以外更多的服务功能,如城市地标、文化艺术中心、城市景观中心等,这些服务功能的辐射范围往往涵盖了新城新区周边区域乃至广州全市,由此为珠江新城建立了与周边区域进行功能交换的充分条件。可以说,包容多元的城市结构使珠江新城与其周边区域优势互补,共同为居民营造了宜居的"乐活"之城。

四.小结

第一,珠江新城作为广州的"新城市中心",是典型的商务中心型新城,符合规划先行的发展路径。珠江新城始建于 1993 年,前期由于建设过程中住宅先行、商务和配套服务严重滞后导致历经十年发展缓慢,2003 年规划调整后建设步入正轨,快速发展至今,当前已成为功能完备、发育成熟的广州城市新中心。

第二,珠江新城人居环境指数总分在研究的 50 个新城新区中位列第 6 名,产城人融合程度已进入相对成熟的阶段。就具体指标而言,珠江新城在大部分指标上表现良好,仅"产业用地动态成长性"和"消费成本"两项上体现出相对短板。前者可能与珠江新城较长的发展建设历史、21 世纪初较快的发展速度,以及商务中心的用地特征有关;后者则主要是由于珠江新城中央商务区和城市中心的特殊定位,一方面导致了较高的消费场所经营成本,另一方面使新城内外形成功能互补进而导致新城内部平价消费需求实际并不明显。

第三,珠江新城作为广州市的城市中心,除新城内部产城人融合发展程度较高以外,其部分功能的辐射范围往往涉及周边区域乃至广州全市,进而为其创造了充足的与周边区域进行功能交换的条件,最终使得二者优势互补,共同实现人居环境的完善。

第四,总体而言,珠江新城虽在规划建设前期走了十年弯路,但至今发展已然成熟。这些积累的宝贵经验,可为后期规划建设的商务中心类型新城新区提供有益借鉴。

第四节　杭州下沙新城

一、基本情况

杭州下沙新城是指 1993 年经国务院批准设立的国家级开发区——杭州经济技术开发区(下文简称下沙),位于杭州市东郊、钱塘江下游北岸。下沙设立之初的规划面积为 10 平方千米,1999 年管辖面积扩大至 104.7 平方千米。管辖区域地理坐标为北纬 30°15′14″—30°23′13″,东经 120°17′35″—120°24′25″;东北部与海宁市接壤,东南以钱塘江江心线为界与杭州市萧山区隔江相望,西部与原江干区九堡镇交接,北至浙江省乔司监狱地块。下沙距上海、宁波和南京分别为 176 千米、153 千米和 306 千米;与杭州萧山国际机场和京杭运河杭州货运码头的距离为 15 千米和 20 千米,与杭州市中心相距约 19.5 千米。经过 30 余年的发展,下沙已成为集工业园区、高教园区、综合保税区、自由贸易试验区于一体的综合性园区。

2019 年,浙江省人民政府正式批复设立钱塘新区,空间范围包括下沙和大江东,保持原有 3 个国家级牌子(杭州经济技术开发区、浙江杭州出口加工区、萧山临江高新技术产业开发区)不变,着力打造世界级智能制造产业集群、长三角地区产城融合发展示范区、全省标志性战略性改革开放大平台、杭州湾数字经济与高端制造融合创新发展引领区。

二、发展历程

下沙的发展可以划分为三个阶段:1993 年成立到 2000 年,下沙的主要建设在于"建区",筑巢引凤发展工业;2000 年到 2010 年,由于杭州市对其定位提升为"副城",因此这 10 年的主要工作是补城市功能配套的短板,"造城"的同时开启产城融合;2011 年以后下沙的发展进入新的阶段,原有的产业配置逐渐落后,城市设施也逐渐老旧,因此这之后下沙在已有的发展基础上更新升级,并更深入地推进产、城、人三者的有机融合。

（一）"建区"阶段

下沙从工业园区发展而来，"承载大产业的发展"是其最初使命。通过筑巢引凤，一步步将围垦出的农田发展成为外向型工业园区。1993年，国家级杭州经济技术开发区设立后，1994年第一批企业投产，产值就达到了7000万元。1996年，当时的知名手机品牌摩托罗拉到下沙建厂，其厂区所在的下沙1号路的区口广场附近，曾被称为"黄金十字路口"。包括日本松下、英国联合饼干、美国眼力健等国际企业，以及娃哈哈、中策橡胶等国内企业陆续扎根下沙。到了1998年，园区产值突破了100亿元。

（二）"造城"阶段

2000年3月，正式上报国务院审批的《杭州市城市总体规划（1996—2010年）》将下沙确定为杭州大都市三大副城之一。2004年，彼时仍是杭州经济技术开发区的下沙将规划建设目标定位为"国际先进制造业基地、新世纪大学城、花园式生态型城市副中心"，加快了下沙从"建区"向"造城"的历史性转变。这个阶段的标志性事件就是下沙大学城的建成。

下沙高教园区，又称"下沙大学城"，于2000年正式启动建设，2007年建设完成。2003年，如今中国计量大学的前身计量学院搬迁至下沙高教园区，成为下沙大学城第一批居民。高教园区北邻杭州德胜东路、南至开发区2号大街、西起开发区1号大街、东至钱塘江岸线，规划面积10.91平方千米。园区规划总建筑面积为503万平方米，总投资为112亿元。截至2022年末，园区14所高校在校师生25万余人。

同在2000年，浙江杭州出口加工区经国务院批准设立，是杭州综合保税区的前身，2001年正式揭牌并封关运作。2002年6月，东芝信息机器（杭州）有限公司落户加工区。松下住宅电气设备、矢崎配件、东芝家电等世界500强企业也先后落户。仅仅用了5年，园区内就形成了笔记本电脑、汽车零配件和家用电器三大主导产业，当年进出口总额占开发区的41%，累计进口关税和进口环节税收1.08亿元人民币，为地方提供了12350个就业岗位，单位土地年产出工业产值一度是全国最高水平。2021年，杭州综合保税区规模以上工业总产值为106.94亿元，比上年增长10.6%；规模以上工业企业实现利润总和 3.56 亿元,增长 22.1%;实现税收总额 20.50 亿元,下降 0.9%;实现货物进出口总值 269.97 亿美元,其中进口值 166.27 亿美元,比上年下降 6.9%,出口值 103.70 亿美元,增长 10.2%。目前杭州综合保税区已形成笔记本电脑、汽车配件、家用电器为主导,保税加工、加工制造、保税物流、跨境电商为依托的全产业链格局,具有保税加工、物流服务、跨境电商等多优势产业。截止到 2020 年,综保区聚集了 147 家中外企业,其中工业企业 17 家、物流企业 5 家、跨境电商企业 125 家。现有企业来自美国、日本等多个国家和地区,吸引包括玳能科技、矢崎配件、松下住宅等世界 500 强企业入驻。

随着浙江大学医学院附属邵逸夫医院下沙院区(现钱塘院区)奠基、龙湖天街等商业综合体落地、沿江大道竣工、德胜快速路通车,这座宜业宜学宜居的新城逐渐有了城的气质。

(三)产城人融合阶段

从工业园区发展到新城,在下沙这片滩涂围垦之地上,有工业和农业生产景观,还有居民生活的烟火气,但唯独缺少秀丽的公共开放空间,而后者是生活在城市中的居民进行公共交往、举行各种活动的重要空间。考虑到更好地服务下沙居民,开挖人工湖的设想逐渐形成。2010 年 5 月 18 日,金沙湖正式开挖奠基,自此金沙湖工程迈入实质性施工阶段。金沙湖的建设是下沙进入产城人融合的主要标志。

城市客厅、旅游景点、生态绿肺——这是金沙湖被赋予的三项城市功能。历经波折,2017 年底金沙湖终于注水完成,随后金沙湖隧道通车、湖畔中心落成,能容纳 2000 人的金沙湖大剧院也在 2023 年正式投入使用。以金沙湖为核心,周边 1 千米范围内还聚集了 4 个商业体。湖边的和达湖畔中心自带商业配套,不仅为写字楼人群提供了便利,还时不时开摆市集,为湖畔生活聚拢人气。从金沙湖向东,连接着下沙人气最盛的大学城,下沙的商圈串珠成链,城市精气神魂具备。

三、产城人融合分析

下沙的人居环境指数综合得分位列 50 个新城新区的第 9 位。其中"聚人气"与"求乐活"指数位列第 8 名和第 3 名,但"兴产业"指数仅位列第 30 名。作为产业园区模式建设的新城新区,下沙的发展路径符合从"建区"到"造城",进而在"产城融合"的基础上吸引人气、不断提升区域活力、带动周边发展的基本逻辑,在 14 个产业园区模式的新城新区中人居环境综合表现最佳。经过 30 年的建设,下沙目前已经进入相对成熟稳定的发展阶段,在城市配套建设和人口吸引力方面表现亮眼,但产业发展正处于新一轮的腾笼换鸟、升级换代之中,提升空间较大。

(一)"兴产业"指数

下沙"兴产业"指数在 50 个新城新区内位列第 30 名。其中,所在城市与国内外其他城市的通达性位列第 26 名,新城与老城的通达性位列第 36 名,产业用地供给的动态增长性位列第 2 名(表 6-9)。

表 6-9　杭州下沙新城"兴产业"指数得分与排名情况

"兴产业"二级指标	得分	排名
所在城市与其他国内外城市的通达性	34.43	26
新城与老城区之间的通达性	22.95	36
产业用地供给的动态增长性	82.18	2

从"兴产业"指数二级指标得分可以发现,尽管开发区的建设已经走过 30 年,但产业用地供给仍在持续增长,其动态增长性得分位列 50 个新城新区中的第二位,仅次于 2010 年成立的苏州太湖新城。下沙在明确由"建区"向"造城"的战略转变后,进一步确定了"城市国际化、产业高端化、环境品质化"的发展路线,通过奖励工业、鼓励现代服务业、科技创新扶持等一系列政策措施,加快科技创新、产业集聚和二三产协调发展,引导产业向总部集聚、高端的特征不断升级迭代,产业发展始终保持新生活力。目前制约开发区"兴产业"发展的主要障碍是其通达性的短板明显,尤其是与老城之间的通达性得分偏低。

新城与老城区之间的通达性指标由"新城内的地铁站数量"和"新城至城市中心(商圈)的距离"构成,下沙在这两项指标的得分排名分别是第 27 位和第 44 位。事实上,补齐交通路网的短板一直是下沙规划建设的重要工作之一。1993 年,杭州经济技术开发区成立之初,下沙通往杭州主城区只有一条长 18.5 千米的下沙路,内部则仅有土路和机耕路联结。随着招商引资项目落地,下沙的交通需求爆发式增长,道路交通建设进入"白热化"阶段:2002 年钱江六桥通车,大型互通立交成为浙江省高速公路重要交通枢纽之一;2006 年从 1 号路到德胜快速路的沿江大道竣工通车;2006 年西起机场路,东至下沙文渊路的德胜快速路东段正式通车;2008 年钱江九桥正式通车;2012 年九堡大桥通车;2013 年德胜快速路全线通车;2015 年沿江大道跨运河二通道桥通车;2022 年钱塘过江隧道、江东大道提升改造工程(江东大桥至青六路段)建成并通车。在道路建设之外,下沙的公共交通方式也加速升级:2006 年往来于黄龙公交中心站和下沙高教东区之间的快速公交(BRT)一号线提高了下沙与主城区的公共出行效率;2012 年杭州地铁 1 号线开通,大大缩短了下沙和主城的通行时间;2015 年地铁 1 号线下沙延伸段开通,下沙内部居民通行更加便捷;2021 年杭州地铁 8 号线一期工程(文海南路至新湾路站)开通,下沙区域的地铁站数量达到了 8 个。但是也要看到,目前运行中的 2 条地铁线路所经过的区域仅在金沙湖商务区和大学城周边,且只有 1 号线与主城联通,另一条联结主城的 8 号线西延段仍在规划中,在未来的一段时间里下沙与主城的公共交通运力空间有限,将是限制人员往来的一大短板,对依赖地铁出行的部分居民而言,下沙仍在"远方"。

(二)"聚人气"指数

下沙"聚人气"指数在 50 个样本新城新区中位列第 8 名。其中构成"聚人气"指数的各项二级指标排名适中,没有明显短板制约,体现在结果上就是人类活动强度的排名和"聚人气"整体水平居于前列(表 6-10)。

表 6-10　杭州下沙新城"聚人气"指数得分与排名情况

"聚人气"二级指标	得分	排名
所在城市的人口吸引力	62.55	20
基本公共服务设施的居民点辐射水平	40.65	18

续表

"聚人气"二级指标	得分	排名
基本公共服务常住人口覆盖率	49.47	20
人类活动强度	67.06	10

　　下沙所在城市杭州的人口吸引力持续提升,第七次全国人口普查主要数据显示,杭州人口增量在近十年来领跑长三角地区。在2022年全国人口减少85万人的情况下,杭州以17.2万人的增量位居主要城市第二位,仅次于长沙。同时,作为杭州外来人口最多的区域之一,下沙在人才引进方面不遗余力,2017年发布了"金沙英才黄金八条",奖励国内外知名高校和区内高校毕业生一次性生活补助和租房补助,安排人才科技发展专项资金,用于支持高层次人才项目和高新技术产业的发展,建设人才公寓解决创新创业人才的安居问题。

　　在基本公共服务建设方面,目前下沙的基本公共服务设施居民点服务水平主要受制于幼儿园辐射水平偏低,指标排名第39位;而在基本公共服务常住人口覆盖率方面,500米可达幼儿园的常住人口覆盖率仍然仅位列第33位。可见幼儿园建设与布局的欠缺,是制约下沙教育服务水平的关键。截至2022年,下沙共有幼儿园59所,其中公办园29所,民办园30所;有小学15所,其中公办校14所,民办校1所;有3所九年一贯制初中、5所初级中学和1所12年一贯制学校,形成了优质品牌办学与均衡特色教育共同发展的良好格局。同时,下沙还延伸了校外教育体系,发展开发区青少年宫(2012年末正式挂牌成立),以满足市民的学习需求。

　　需要指出的是,下沙作为工业园区发展而来的新城新区代表,域内有相当数量的产业工人集中居住在园区的职工宿舍中,而宿舍一般作为园区的生活配套设施,相比常规的住宅区居民点更加分散,且在用地类型上多属于工业用地。2020年5月,杭州市人民政府办公室发布《关于推进产业园区嵌入式幼儿园(含托育)发展的实施意见》,加快产业园区教育配套规划建设,并率先在滨江和余杭两地开展试点。为了解决产业工人子女的照护和教育问题,下沙紧跟政策,发展幼托服务嵌入产业园,譬如 2021 年 8 月创办的景苑幼教集团江澜幼儿园宜学园区是下沙片区的一所公办嵌入式幼儿园,位于中策橡胶集团员工住宿区。在杭州创新发布《关于产业园区嵌入式幼儿园(含托幼)建设的实施细则(试行)》文件后,结合托幼一体化服务工作,开启了钱塘区首家公办全日制托班模式。该园 70% 的学生家长是中策橡胶的产业工人,"早入园,晚出园"的延时托育模式,切实解决了园区产业工人"看护难"问题。

基本公共服务的另一重要构成是医疗资源保障,目前下沙拥有省级三甲医院 2 家,分别是浙江省中医院下沙院区(现钱塘院区)和浙江大学医学院附属邵逸夫医院下沙院区(现钱塘院区),共计核定床位 2000 余张;基本公共卫生服务机构 3 家,其中白杨街道 2 家、下沙街道 1 家。

(三)"求乐活"指数

下沙"求乐活"指数在 50 个样本新城新区中位列第 3 名,是居民生活便利繁荣的体现。其中夜间经济位列第 3 名,商场区位布局位列第 8 名,绿色健康水平和消费成本分列第 13 和第 15 名,但商业分布密度的得分排名居于第 23位,是下沙"求乐活"方面发展不够充分之处(表 6-11)。

表 6-11　杭州下沙新城"求乐活"指数得分与排名情况

"求乐活"二级指标	得分	排名
商业分布密度	52.87	23
商场区位布局	72.91	8
消费成本	70.03	15
夜间经济	80.82	3
绿色健康水平	49.28	13

下沙的夜间经济表现优异,一是由于其夜间营业的商铺类型最丰富,与北京望京新城和苏州金鸡湖商务区并列第 1 位;二是夜间营业的商铺及组织机构的密度足够高。下沙的夜间经济活跃也得益于其年轻的人口结构,14 所高校的 20 万在校大学生拥有相对旺盛的日常消费需求,而在一天的课后到路上摆摊创业则是一代又一代的下沙大学生的传统。

商业分布密度指标由"商场密度""满足生活服务的店铺及组织机构密度""满足文化休闲服务的店铺及组织机构密度"3个子项组成,下沙在这三项中的表现分别位列50个新城新区的第24、21和21位,属于中等偏上水平。一方面,下沙的商业气息相当浓厚,沿着开发区2号大街坐落着龙湖金沙天街、金沙印象城、龙湖杭州吾角天街、宝龙城市广场等一批城市商业综合体;但另一方面,下沙的商业机构分布过于集中在大学城所在地,而在规划中未来将发展成为高端总部基地的南部沿江湿地周边则还处于产业腾笼换鸟、基建百废待兴的状态,北部则是乔司农场的范围,都尚未建设商业设施。因此,尽管下沙看上去充满商业活力,但在空间上高度集中于2号大街沿线的区域,从区域整体看,商业分布密度仍然不高。

从指标得分情况可以看到,下沙的产城人融合整体表现良好,特别是"求乐活"指数得分名列前茅,区域内的居民安居乐业。但另一方面,"聚人气"与"兴产业"的排名逐渐居后,说明目前阻碍下沙产城人融合的主要问题是产业现状与人才资源和城市功能不匹配,要持续推进产业升级换代,不断为城市发展注入新的活力。

四、总结与展望

产业发展是人居环境改善的基础驱动力,下沙的产业升级仍在进行中。2018年,杭州出台《杭州城东智造大走廊发展规划纲要》,对下沙的定位导向是发挥产城融合、教育科技等优势,高起点建设"两镇两区一基地",着力推进南部工业区块传统产业转型升级,加快向高新产业区转型,增强制造业项目外溢效应,重点发展生物技术与生命科学、高端装备、新一代信息技术、新能源新材料以及高端服务业等"4+1"产业,积极发展人工智能、虚拟现实、增材制造等未来产业,提升智能制造服务能力,努力建设"下沙科技城",打造杭州智能制造创新和服务示范基地。在产业升级方面,既要重点推进化工、化纤、纺织、印染、建材、橡胶等产业领域企业向区外转移,逐步关停淘汰基础化工、印染等产业领域的落后产能和企业;还要重点发展新兴产业,对接国家对浙江省的重点产业布局,结合杭州产业优势和资源禀赋,发展新一代信息技术和高端装备制造业。2021 年,钱塘区成立,下沙与大江东的关系将更加紧密,随着钱塘高铁站的建成,下沙与长三角其他城市乃至国内外更多城市的通行将更加便利,产业兴盛将获得更有利的条件。

促进产业升级的关键在于人才。在很长时间里,下沙产业发展对人才的需要与高教园区内高校的学科建设和人才培养不够匹配,造成产学研发展不充分。为此,下沙的企业通过与高校开展技术合作、战略合作,共建研究院、实训基地等方式,不断加强产学研合作。此外,"博士专家入企"和"百家名企高校行"两大品牌活动,也是下沙推动产学研融合发展的重要力量。集聚校友经济,动员广大校友项目落地、人才回流,同样是下沙深化产城人融合的长期目标。

产业升级也会带来人员流动和就业安置新问题。根据《下沙南部区域有机更新概念规划》,对老旧园区内污染企业腾退,变为商业地产,在下沙从业 20 年左右的老员工担心,企业腾退后自身将面临失业风险,这些员工伴随着下沙一同成长,如何更好地帮助企业和员工适应更新后的工作和生活是一座有温度的城市需要考虑的。城市烟火气的繁盛和持久还体现在更多的民生细节里。老旧住宅区的积水排水困难、停车位不足、上下班高峰交通拥堵等一系列问题,亟须充分听取居民意见,开展更加精细的规划改造建设。而钱塘区的成立有助于在下沙这块土地上更好地开展城市治理。

第五节　宁波镇海新城

一、基本情况

镇海素有"浙东门户"之美誉,其位于中国大陆海岸线中段,长江三角洲南翼,东屏舟山群岛,西连宁绍平原,南接北仑港,北濒杭州湾,与上海一衣带水,自古以来是对外交往的主要口岸,系古代海上丝绸之路的起碇港。镇海属亚热带季风气候区,温和湿润,四季分明,光照充足,雨量充沛,无霜期长。

镇海新城紧靠宁波城市核心区,主要由南区(庄市片)的大学城区和北区

(骆驼片)产业城区组成,在地图上看形如一片蝴蝶的翅膀。镇海新城总用地面积 46 平方千米,规划人口规模为 40 万人。其中,城北区东起东外环路,西至 329 国道,南沿洪镇铁路,北接绕城高速。总用地面积 26.5 平方千米,规划人口 25 万人。城南区东起东外环路,西至世纪大道,南沿甬江,北靠洪镇铁路。总用地面积 19.5 平方千米,规划人口 15 万人。依托宁波大学建设高教园区,宁波城市职业技术学院、浙江轻纺职业技术学院、宁波工程学院、宁波科技学院等高校和中国科学院宁波材料所、宁波市大学科技园创意产业基地等学研机构先后在这里落户,镇海新城南区已成为宁波市高教科研基地。2022 年 12 月,镇海新城北区骆驼街道规模以上工业营收达 207.5 亿元,南区庄市街道规模以上工业营收 40.9 亿元。在发展定位上,镇海新城将打造成为宁波中心城北部商贸商务中心,以行政办公、商贸物流、教育科技、现代居住等为主的综合性新城区,承担宁波中心城区部分城市职能。

二、发展历程

镇海新城开发建设可以溯源自 2001 年启动的庄市片高教园区建设。在镇海新城成立之初,新城北区(骆驼片)是市机电工业园区的所在之处,南区(庄市片)往南与市科技园区隔甬江而望。新城以东是市化学工业产业园区、镇海经济技术开发区和市纺织工业产业园区。镇海新城的建设,是补齐这片区域发展中缺失“城市气质”短板的重要举措。此后的 5 年时间里,一方面新城北区发展产业集群,做大做强电子通信、汽车零部件、钢铁加工等关键产业,一方面新城北区和南区分别开展商住配套和高教园区的城市建设,为新城的后续发展奠定基础。

2006 年,在镇海区人大建议下,庄市高教园区与骆驼新区两个片区开发机构合并成立镇海新城管委会。2008 年 1 月,宁波市人民政府批准镇海分区规划,将镇海新城功能定位为宁波中心城市北部商贸商务中心,规划区域 47 平方千米,范围包括骆驼街道(包括现在的贵驷街道)、庄市街道,核心区位于骆驼街道的团桥村和金华村。2008 年的国际金融危机对新城开发建设和招商工作产生了不利影响,为了摆脱困境,镇海区委区政府“举全区之力”加快推进新城开发建设,制定了《加快镇海新城开发建设若干意见》文件,拉开了镇海新城全面建设的序幕。新城第一座商务楼镇海大厦、第一个引进的区外投资商务楼项目企业宁波市建筑设计院、第一个新城综合体项目银亿海尚广场纷纷签约落地。2009年6月10日,新城举行了核心区地下公建设施项目开工仪式和新城规划展示中心落成典礼,标志着新城开发建设全面启动。此后核心区东侧商务楼群、西侧商务楼群、镇海大道北侧总部经济楼群相继开工。

在镇海新城发展的第二个10年,通过完善居民生活配套设施建设和不断推进产业升级、提高高校和企业的产学研结合,新城进入更加深刻地产城人融合发展阶段。2010年底镇海文化艺术中心开工,2013年宁波植物园规划落地,2014年绿轴体育公园开工······随着这些公共服务设施的完工开放,以及吾悦广场、银泰城、开元新青年广场等特色商圈业态形成,新城居民的生活选择更加多样。镇海新城经过20多年发展,逐渐形成"宜居、宜业、宜商、宜学、宜游的现代化新城区"的基本形态。

三、产城人融合分析

镇海新城的人居环境综合得分在50个新城新区的排名为第18位,其中"兴产业"位于第20位,"聚人气"位于第14位,"求乐活"位于第36位。整体上,镇海新城作为宁波中心城区向外扩张的节点之一,依托工业传统和高教园区智力资源,已经初步形成产城人融合的基本态势。通过对老旧园区的更新建设,新城实现产业升级转型,人居环境逐步改善,但由于基本建设范围还局限在较小范围,因此在"聚人气"与"求乐活"的表现呈现较明显的空间差异。

(一)"兴产业"指数

镇海新城的"兴产业"指数在50个新城新区内位列第20名。其中,所在城市与国内外其他城市的通达性位列第22名,新城与老城的通达性位列第26名,产业用地供给的动态增长性位列第50名(表6-12)。

表 6-12 宁波镇海新城"兴产业"指数得分与排名情况

"兴产业"二级指标	得分	排名
所在城市与其他国内外城市的通达性	38.20	22
新城与老城区之间的通达性	40.05	26
产业用地供给的动态增长性	78.59	50

如果分项看,镇海新城的所在城市宁波与其他国内外城市的通达性处于中等偏上水平,但这一结果与实际情况有一定偏离,主要是因为"乐活之城"的研究工作为了尽可能用统一的标准评价全国 50 个新城新区的人居环境,在指标体系中仅考虑铁路和航空两大最普遍的交通方式;但对于镇海新城而言,临港城区是其最大特点,这在指标体系中难以得到体现。镇海新城地处宁波市区的北部,而宁波市拥有货物吞吐量第一的世界大港——宁波港。2006 年,宁波港与舟山港整合成立"宁波-舟山港",并于 2015 年进一步提高一体化水平,合并为"宁波舟山港",是我国的主枢纽港之一,物流枢纽港区域内铁路直接连入港口作业区。其中,镇海港是宁波港域的重要组成部分,港口年吞吐能力超过 1200 万吨,并拥有我国最大的 5 万吨级液体化工专用泊位。

从镇海新城与老城的通达性看,作为宁波中心城三江片规划的重要组成部分,规划中拥有轻轨、城市快速路和高速公路,交通枢纽地位明显,是宁波市北部人口、物资的重要集散地。地铁 2 号线一期工程于 2015 年开通运营,2020 年二期首通段开通,到 2022 年地铁 2 号线二期后通段开通运营,使往返镇海与北仑的交通更加便利。交通的建设投入使镇海迅速融入主城核心,随着 2020 年以来三官堂大桥通车、望海路高架完工,从镇海新城到城市的各个方位已经非常便捷。

在产业用地方面,2001 年成立的镇海新城在 2007 年后的产业用地变化已经趋于阶段性成熟状态,产业用地增长在 50 个样本新城新区中居末位。

(二)"聚人气"指数

镇海新城的"聚人气"指数在 50 个新城新区内位列第 14 名。其中,所在城市的人口吸引力位列第 33 名,是制约镇海新城"聚人气"表现的主要短板,其余各项二级指标的表现中等偏上(表 6-13)。

表 6-13　宁波镇海新城"聚人气"指数得分与排名情况

"聚人气"二级指标	得分	排名
所在城市的人口吸引力	29.80	33
基本公共服务设施的居民点辐射水平	45.70	16
基本公共服务常住人口覆盖率	48.46	21
人类活动强度	55.52	19

分项看,所在城市的人口吸引力由"城市人口净流入"和"新城所在城市人口流动情况"两项指标构成,镇海新城的排名分别为第 23 和第 38 位,考虑到 50 个新城新区所在城市数量为 35 座,实际这 2 项指标的排名为第 12 位和第 25 位。镇海新城所在的宁波市每年的人口净流入位居全国前列,在百度地图发布的《2022 年度中国城市活力研究报告》中连续第二年位居全国 300 多个主要城市的第 15 位。截至 2022 年末,宁波市常住人口 961.8 万人,户籍人口 621.1 万人,有超过 340 万非户籍人口在宁波工作和生活,占常住人口总数的 1/3 以上。近年来,镇海十分重视人才吸引,创新出台《关于进一步加强镇海新城新时代人才工作的若干政策》,相继实施"科创镇海人才金港"工程、"雄镇英才"计划等,推动人才优势向创新优势转化。但手机信令数据显示,宁波的城市内部人流移动程度不高,在 35 座城市中处于中等偏下的水平。这可能是因为宁波长期以来的定位是工业城市,产业结构决定了城市内的人员流动程度不如商业发达城市的人流量高。在这一指标排名居于前列的城市是广州、北京、上海、郑州、苏州,其中前三位的城市是传统一线城市,郑州对于河南省内商业活动的吸引力较大,苏州与上海的商业往来密切。而宁波一方面是港口工业城市,如前所述人员流动受产业结构影响,不如货物吞吐规模;另一方面宁波所属的浙江省内的商业网络复杂高效,宁波在这一网络中的地位并不是绝对核心,也影响了其市域内部的人流量。这也意味着,规划为宁波中心城区北部商业商贸中心的镇海新城在实现其功能定位的过程中

将面临不小的压力。

在基本公共服务建设相关的 2 个分项指标上,镇海新城的排名处于中等偏上的水平。具体来说,在基本公共服务设施的居民点辐射水平方面,幼儿园的布局还存在较大的提升空间,在样本的 50 座新城中位列第 37 名。在基本公共服务常住人口覆盖率方面,1000 米可达小学的覆盖率相对不足,排名仅为第 35 位。在教育资源方面,镇海新城拥有的基础教育服务资源相当充足,但空间配置上北区与南区差异较大。南区的幼儿园和小学的空间分布整体比较均衡,镇海职教中心学校、崇正书院、庄市学校、蛟川书院等集中在宁波植物园以南、庄市工业区周边。而北区的幼儿园、小学过分集中在镇海新城管委会、镇海区政府附近,且由于北部的清水湖、朝阳两村位于绕城高速以外,尚未完全融入新城建设中,近期没有建设规划,目前仅有一所清水湖幼儿园。

在医疗资源方面,镇海新城域内目前仅有宁波市康宁医院 1 所三级甲等医院,且为精神专科医院。此外,新城还有 1 所二级甲等综合性医院宁波市第七医院(镇海区人民医院),以及宁波第五医院(宁波肿瘤医院)、2 所社区卫生服务中心。以上 5 家医疗机构有 3 家集中在庄市街道的中兴社区及周边,而从新城的空间布局上看,北区(骆驼片)集中了更多的商品住宅,但仅有 2 家大型医疗机构。以镇海区政府所在的箭港湖社区为例,域内不仅有团桥村和 2005 年竣工的绿城桂花园老旧小区,也有近几年竣工的中梁首府、迪赛邻里、保利城(一期、二期、三期)大型新建商品住房,但从居民区到最近的镇海区人民医院也要 2 千米以上路程。此外,慈海南路以西的大片区域是原宁波(骆驼)机电工业园区所在,目前正在基础建设当中,土地利用现状以工业用地为主,新建住宅项目和城中村民宅散落其中,从最新公示的规划内容来看,这里未来的公共管理与公共服务设施用地以教学、体育用途为主,并未布局新的医疗设施(表 6-14)。

表 6-14　宁波镇海新城基本公共服务建设情况排名

基本公共服务类型	综合医院	幼儿园	小学	中学
设施居民点辐射水平	3	37	17	22
常住人口覆盖率	20	21	35	13

以上分析可以看到,镇海新城的基本公共服务设施还需进一步布局优化,特别是北区绕城高速公路附近的村庄尚未有拆迁新建规划的,要积极推进新农村建设,补齐基础教育和医疗短板;对原机电工业园区腾笼换鸟的区域,需要重视商品住宅的公共服务配套建设。唯有如此才能为新城带来人流、凝聚人气,更好地实现"商业商贸中心"的功能定位。

(三)"求乐活"指数

镇海新城的"求乐活"指数在 50 个新城新区内位列第 36 名。其中,消费成本和绿色健康水平分别位列第 5 和第 3 位,是镇海新城的优势所在,而商场区位布局与夜间经济的排名是第 44 位和第 39 位,是制约镇海新城人居环境在生活消费方面的主要短板(表 6-15)。

表 6-15　宁波镇海新城"求乐活"指数得分与排名情况

"聚人气"二级指标	得分	排名
商业分布密度	50.92	24
商场区位布局	19.40	44
消费成本	88.38	5
夜间经济	12.48	39
绿色健康水平	64.04	3

从分项看,镇海新城内商场区位布局表现较差,在 50 个新城新区中仅位列 44 名。这项指标由"居民点至商场的 30 分钟步行可达性"和"商场服务辐射整体水平"构成,镇海新城在这两方面的指标得分排名分别是第 41 和第 45 位。尽管镇海新城内已有吾悦广场、1902 万科广场、开元广场、富力广场、银泰百货、爱琴海购物公园等多家大型城市商业综合体,但在空间布局上集中于庄市片区的同心湖周边,以及骆驼片区的骆驼桥周边,对新城内的其他居民点而言通达性较差。同时也要看到,镇海新城形似蝴蝶翅膀的整体空间形态也使新城北区和南区的一体化变得困难,东北方向夹在南区和北区之间的贵驷街道路网的建设还存在较大空白,不利于居民在新城南北往来。

近年来,夜间经济成为城市商业发展的重要组成部分。镇海新城的夜间经济指标仅排在第 39 位,下一级的分项指标方面,在新城内夜间营业的商铺类别数量和商铺密度的两项排名为 46 和 33 位。具体来看,根据大众点评对生活服务的划分,镇海新城夜间经营的商铺类别包括美食、休闲娱乐、购物、丽人、K 歌、运动健身、亲子、生活服务、电影演出赛事和交通设施 10 个大类。在空间分布上,主要集中于北区的镇海区政府周边、骆兴家园大型社区、吾悦广场,以及南区的大学城、同心湖以西的老城区。可以看到,镇海新城内的夜间经济商铺分为两种类型,一种是以骆驼街道和庄市街道原有老城为中心的住宅区内的小型店铺,一类是以新城开发建设后落成的城市商业综合体为中心的新业态,包括吾悦广场、开元新青年广场、富力广场等。至于北区原宁波(骆驼)机电工业园区和位置更靠北的清水湖村、朝阳村内,尽管也有商铺经营,但普遍还是与园区内工业生产和村民传统作息密切相关,在夜间经营活跃的商铺几乎没有。反映出镇海新城的现代都市生活仍然以点状或小范围地聚集在城区的局部,而局限在这些地方的夜间经济能够带动整个区域的商业发展程度始终有限。

镇海新城在绿色健康水平方面的表现十分亮眼。与其化工产业园区的发展背景给人的传统印象不同,镇海新城的绿色健康水平位居 50 个新城新区的第 3 位,仅次于深圳前海蛇口自贸区和同样位于宁波的东部新城。2021年,镇海区环境空气质量优良率升至 96.8%,保持连续四年增长;PM2.5 浓度为每立方米 20 微克,实现连续四年下降。作为全国重要的绿色石化产业基地之一和全市挥发性有机物(VOCs)排放量最大的县(市)区,镇海强化大气污染特别是工业废气治理,对 70 多家重点化工企业进行深度治理,年累计削减VOCs 排放 2400 多吨。在镇海新城南区内坐落着总投资 18 亿元、占地 322公顷的宁波植物园,是宁波唯一的大型城市中央生态公园。宁波植物园于2016 年 9 月开园运营,满足了广大市民观光、休闲、旅游、科普教育的需要,而且极大地改善了区域生态环境,提升了市民生活品质,成为浙江省科普教育基地、浙江省生态文化基地、宁波市生态文明教育基地等。

从以上分析可以看到,镇海新城在丰富居民生活选择的多样性方面已经有了明显的进展,但受限于整个区域开发进程相对缓慢,因此乐活空间还高度集中于新城早期启动建设的片区。与商业设施选址尽量追求人流量大、人员密集的区域不同,新时期推进基本公共服务的均等化与全覆盖是城乡建设服务的重要内容,镇海新城在基本公共服务设施的布局上,特别是医疗设施、幼儿园和小学的规划布局需要进一步优化。

四、总结与展望

镇海新城从 2001 年的宁波江北高教园区和庄市工业区、宁波(骆驼)机电工业园区的基础上发展而来,是宁波中心城区发展过程中向镇海港口产业区片延伸的重要节点。经过 20 多年的发展,镇海新城在"兴产业"方面依托原有的产业园区基础,通过推进已有企业技术改进、培育发展和引进高新企业和项目,实现了产业升级,为产城人融合提供源源不断的动力。在"聚人气"方面,近 10 年来宁波植物园、镇海文化艺术中心、绿轴体育公园等公共设施相继动工,镇海新城吸引人流、凝聚人气的能力不断提升,镇海区委区政府及相关部门的迁入更加速了这一过程。在"求乐活"方面,镇海的商业发展还不够成熟,但好在生态环境迅速改善,新城的绿色健康状况表现亮眼。

虽然镇海新城已经开发 20 余年,但开发节奏较缓、开发强度偏低、主要功能区块的布局相对分散,新城整体的空间形态分割成两部分,北片的北部村庄也还未融入城市发展中。新城内的道路、轨道交通的规划布局和落地建设需加快进度,尽快补齐新城内通达性的短板。若将楔进新城的贵驷街道纳入镇海新城发展版图一体化规划和开发,结束南北片区物理上分割的局面,则有利于新城更好地吸引和集聚周边人气。

在《宁波市镇海区分区国土空间总体规划(2021—2035)》中,作为镇海中心城区的镇海新城将被打造成为科产城融合发展高地。在未来的建设中,镇海新城需要更加重视基本公共服务均等化与全覆盖,优化幼儿园和医院布局,更好地利用高教园区的智力资源与产业发展的动力基础,推进产城人融合走向深入。

第六节　郑州郑东新区

一、郑东新区概况

郑东新区位于郑州市主城区东部,距郑州市老城区约 10 千米,航空港区约 25 千米。在行政上分别属于金水区、中牟县,管理范围西起中州大道,东到万三公路,北至黄河,南达陇海铁路,规划控制面积 370 平方千米,管辖面积为 260 平方千米。截至 2021 年末,全区常住人口 96.02 万人。郑东新区采取组团发展,将最初的 150 平方千米规划区域划分为 CBD(中央商务区)、龙湖地区、商住物流区、龙子湖高校园区、高科技园区和经济技术开发区等若干组团(表 6-16)。

表 6-16　郑东新区规划组团情况一览

具体组团	规划方案
CBD	规划面积约 3.45 平方千米,由 60 栋高层建筑组成,中间布置国际会展中心、河南省艺术中心和会展宾馆等标志性建筑
商住物流区	规划面积约 23 平方千米,是以机关单位、公益设施、现代服务业及批发、物流、居住等功能为主体的综合区
龙湖区	规划面积约 40 平方千米,与流经市区的几条河流、郑州国家森林公园等构成城市生态区。龙湖半岛为 CBD 副中心,是商务、居住、旅游、娱乐和休闲的胜地
龙子湖高校园区	规划面积约 22 平方千米,主要由高等院校组成
科技物流园区	规划面积约 18 平方千米,主要用于安排科研院所和公路物流产业等项目

二、郑东新区产城人发展沿革

(一)建设契机——河南省强省会战略、郑州原有主城区发展空间不足

21 世纪以来,为了加快推进拥有 1 亿人口的河南省城镇化步伐,河南省委省政府提出中心城市带动战略,试图将郑州打造成为全国区域性中心城

市,提升城市辐射力和综合带动能力。

当时,郑州中心城区规模偏小,而且受陇海、京广铁路交叉分割,拓展空间受到制约,与近亿人口大省省会城市的地位和建设全国区域性中心城市的目标远不相适应。具体表现为:城市建成区无序膨胀,交通、市政供需不平衡,住房严重缺乏,城市开敞空间不足等。与此同时,城市中心地区的商务、商业功能也趋于饱和。为了解决郑州过度集中的城市功能所造成的各种城市问题,将城市结构从历经数次规划而形成的单一中心转换为多种中心的新型城市结构,谋划建设郑东新城,以缓解城市中心地区功能的过度集聚。

(二)产城人发展沿革——产城人互动、组团渐次发展

1. 启动谋划阶段

2000年6月(李克强调研郑州)—2003年1月(郑州国际会展中心开工)。2000年6月,时任河南省省长的李克强同志在郑州调研时提出"一定要增强郑州中心城市功能,加快全省城市化进程"。同年,位于郑州市东郊的原军民合用机场启动迁建。2001年7月,按照河南省委、省政府"高起点、大手笔"的要求,郑州市对郑东新区总体规划进行了国际征集。2003年1月20日,以郑州国际会展中心开工为标志,郑东新区开发建设拉开序幕。

2. 城市分组团建设阶段

2003年1月(郑州国际会展中心开工)—2012年9月(郑州东站运营)。综合交通枢纽组团、龙湖组团城市框架搭建。

郑东新区的建设以紧邻老城区的综合交通枢纽组团和龙湖组团(紧邻老城边缘,距老城中心5~10千米)率先展开。

龙湖组团方面,随着临近老城区的郑州国际会展中心的开工建设,按照规划,围绕会展中心北侧的城市用地陆续建成居住功能区;围绕会展中心东侧的滨河地区陆续建成商务片区。产业、人口随着城市的建设逐步渐进式导入。

2006年,河南省公安厅制证中心暨人口信息综合楼奠基、河南司法警官职业学校新校区奠基、郑州市中级人民法院、河南省民政厅、郑州市商业银行郑东营业大厅等迁址。2007年,河南农业银行总行迁入CBD外环郑东大厦

办公,招商银行郑州分行内环路支行、河南省老干部活动中心奠基等。2012年,河南省政府迁入。

综合交通枢纽组团围绕靠近铁路以西、邻接老城区的片区不断完善城市功能。陆续建成郑州图书馆、郑东新区市民体育公园等大型公共服务设施;同时紧接老城区域的组团西片区,建设居住小区与相关配套,完善组团居住功能,实现了公共服务配套与人口的同步进入。与此同时,沿东站西部片区完善商务功能,导入相关产业。

2012年9月(郑州东站运营)—2017年1月(1号线二期运营)。综合交通枢纽组团、龙湖组团的产城人逐步融合,龙子湖组团城市框架搭建,白沙组团高教设施部分建成。

随着郑州东站的建成运营与省政府的迁入,龙湖组团东部商务区域各类金融机构226家,开始如雨后春笋一般进驻:包括人民银行、河南证监局等机构;汇丰、渣打、东亚银行等多家外资银行;农行、工商、广发、浦发等12家全国性银行省级分行;中国人寿、中国人保等保险机构,中原信托、郑州银行等本地金融机构。龙湖组团、综合交通枢纽组团周边产业功能进一步完善,就业人口进一步增加。随着就业人口的增多,围绕产业片区周边的居住区逐渐建成,更多的人在两个组团内部安家,实现了组团内部的产城人逐步融合。

与此同时,龙子湖组团(距老城中心约15千米)基础设施先行,多所高校(河南职业技术学院、河南财政金融学院、河南农业大学、河南财经政法大学、华北水利水电大学、河南中医药大学、郑州航空工业管理学院)启动建设并逐步投入运营,城市框架基本搭建;与老城空间距离较远(约20千米)的白沙组团东部,多所高职院校(郑州旅游职业学院、河南艺术职业学院等)建成运营,并带动周边局部地区居住功能发展。

2014年,郑州工商学院建成;2017年,郑州旅游职业学院、郑州电力高等专科学校、郑州铁路职业技术学院、河南交通职业技术学院、中原文化艺术学院建成。

3.产城人融合与分组团建设并行阶段

2017年1月(1号线二期运营)—至今。综合交通枢纽组团、龙湖组团、龙子湖组团产城人不断融合,白沙组团居住功能完善,金水科教园区组团启动建设并不断完善。

随着龙湖组团南部片区的完善,北部金融岛片区建成运行,周边居住、公共服务功能逐渐成熟。

伴随着1号线二期开通运营,连接郑州老城区与龙子湖组团片区的重要交通设施开通。龙子湖组团中心智慧岛功能提升,产业逐步入驻。综合交通枢纽组团、龙湖组团、龙子湖组团的产城人不断融合。与此同时,白沙组团围绕高教设施,居住功能逐步完善。金水科教园区随着南部龙湖组团的成熟,逐步建设成为较为成熟的居住片区。

(三)产城人发展特征小结

1. 产业发展特征

在产业方面,郑东新城主要以三产为主,二产较为薄弱。新区有各类金融机构进驻,使郑东新区成为河南省,乃至于中部地区金融机构最密集、金融业态最丰富的区域之一,呈现出了金融业为主导,高端商贸业为支柱,总部经济、科技研发、会展业为配套的现代服务产业体系,物流业、会展业、旅游业多元发展,带动了郑州市城市形象的提升、产业转型的升级和社会各项事业的发展,使郑州步入了快速发展的十年。

综合来看,郑东新区的产业发展主要集中在2014—2019年。其中,2017年进入产业发展高峰时期。从产业数据来看,除去疫情因素影响,郑东新区生产总值逐年上升,但上升幅度不稳定。在2017—2018年,增长率最高,其他年份增长率较为平稳。可能随着2017年新区地铁1号线二期的带动,对龙子湖片区产业发展带动较大。

从建设数据来看,2008—2020年,郑东新区办公楼竣工面积和商业营业用房竣工面积的增长具有较为明显的伴随现象,竣工期集中在2014—2019年。这说明2014—2019年,是郑东新区产业集中发展的时间区间(图6-2)。

2. 人口发展特征

从人口数据来看,除去疫情因素影响,郑东新区常住人口总量逐年上升,但上升幅度呈现间隔式波动。常住人口显著增加的年份集中在2012、2015和

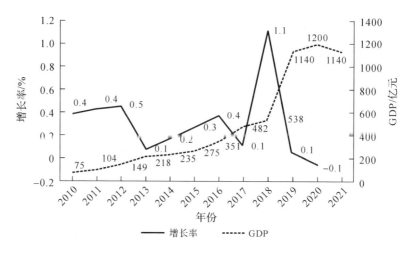

图 6-2　2010—2021 年郑东新区 GDP 及其增长率

2019 年(图 6-3)。从建设数据来看,2008—2020 年,郑东新区住宅竣工面积
(图 6-4)呈现波动上升的趋势,在 2016 年呈现峰值。

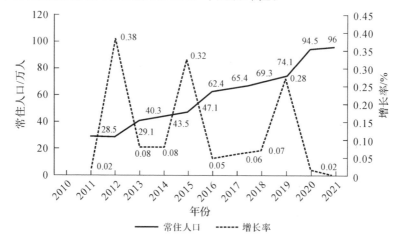

图 6-3　2010—2021 年郑东新区常住人口及其增长率

　　由数据可见,郑东新区的产城人融合呈现基础设施投资先行,公共服务
设施、产业、人口同步推进的特征。

　　3.城市发展特征

　　城市角度来看,郑东新区的区位选择不同于国内诸多新区的城市飞地

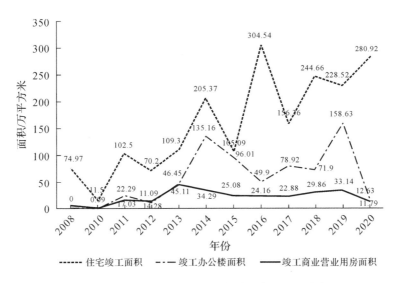

图 6-4　郑东新区 2008—2020 年竣工房屋面积分类

(指隶属于某一行政区管辖但不与本区毗连的土地)状态,而是紧邻原有的中心城区,能够直接承接城市既有的各种资源输出。

从郑东新区的规划开始,就确立了产城互动推进城镇化的思想,防止单独造城;强调城市建设要与产业发展协调一致,实行双轮驱动。同时,郑东新区高品位的规划建设,为产业发展创造了良好环境,以高端的产业集聚,保证了东区的持续发展和持久发展动力。郑东新区建设的第一步是围绕旧城建设新城的重大交通、公共服务设施,以新区建设带动旧城的有机更新,实现新旧城互动发展。第二步是以组团式发展代替过去摊大饼的发展,组团按照城市建设进度,逐步、逐个成熟,基本实现了城市土地、资金等资源的集约、节约利用。第三步是市场化运作取代政府性移民,解决安置好群众的问题。郑东新区建设之初也有政府性移民的成分,但随着产业的发展与公共基础设施的完善,新区对常住人口逐渐拥有了吸引力,形成了产城人的良性互动。通过郑东新区的建设,郑州市实现了城市资源由自发无序外溢向政府有序引导优化整合。

三、人居环境指数分析

(一)整体情况

郑东新区人居环境指数总分在本报告的 50 个新城中位列第 30 名。其中,"兴产业"指数位列第 9 名,"聚人气"指数位列第 23 名,"求乐活"指数位列第 45 名(表 6-17)。

表 6-17 郑东新区人居环境指数整体得分与分项排名情况

新城新区	人居环境 LOHAS 总得分	最终 排名	兴产业 排名	聚人气 排名	求乐活 排名
上海闵行新城	36.26	16	2	16	35
上海嘉定新城	35.35	17	29	17	25
宁波镇海新城	34.67	18	20	14	36
武汉东湖经济技术开发区	34.12	19	22	27	26
温州瓯海新城	34.11	20	21	32	17
南京南部新城	33.65	21	3	19	37
苏州金鸡湖商务区	33.18	22	35	7	19
乌鲁木齐高新技术产业开发区	32.92	23	28	25	27
合肥滨湖新城	32.92	24	13	13	42
佛山东平新城	32.87	25	32	28	11
苏州平江新城	32.81	26	31	33	2
宁波东部新城	30.64	27	16	35	31
苏州太湖新城	30.39	28	37	24	10
松江新城	29.23	29	34	21	32
郑州郑东新区	28.80	30	9	23	45

郑东新区的建设起源于河南强省会战略,通过建设新城扩大郑州中心城区城市空间。将郑州打造成为全国区域性中心城市,提升城市辐射力和综合带动能力。在发展历程上,采用规划引领下的组团式发展模式,将新区的建设分成若干组团。临近老城区的组团先行发展,随着产业与城市、人口的逐

渐完善,渐次发展离老城区较远的组团。在组团内部采用城市、产业同步发展、双轮驱动的模式,形成了较为完善与成功的城市新区的建设,对周边产业、人口产生了较强的吸引力。

(二)分项指标

1."兴产业"指数

郑东新区"兴产业"指数在本报告的 50 个新城新区中位列第 9 名。其中,所在城市与国内外其他城市的通达性位列第 9 名,新城与老城的通达性位列第 17 名,产业用地供给的动态增长性位列第 43 名(表 6-18)。

从指标分析得出,作为规划引领、组团式开发的新城,在 2007—2020 年伴随着各个组团的渐进开发与成熟,郑东新城产业用地供给增长较为平缓,没有出现城市产业用地供地的剧烈增长。与此同时,郑东新区在"兴产业"方面的短板主要体现在距离机场的距离(位列第 38 名)与至老城中心(商圈)的距离方面(位列第 28 名)。在地铁线路的开通运营方面表现良好(位列第 3 名),呈现出一定的优势。

表 6-18　郑东新区"兴产业"指数得分与排名情况

新城新区	兴产业得分	兴产业排名	所在城市与其他国内外城市的通达性排名	新城与老城之间的通达性排名	产业用地供给的动态增长性排名
郑州郑东新区	53.48	9	9	17	43

2."聚人气"指数

郑东新区"聚人气"指数在研究的 50 个新城新区中位列第 23 名,"聚人气"为郑东新区人居环境指数中的短板。从具体的指标构成上来看,所在城市的人口吸引力位列第 17 名,基本公共服务设施的居民点辐射水平位列第 38 名,基本公共服务常住人口覆盖率位列第 24 名,新城人类活动强度位列第 35 名(表 6-19)。可见,郑东新区目前在城市自身吸引力和配套公共服务设施方面有待完善,进一步来说,人类活动强度也尚待提高。

表 6-19　郑东新区"聚人气"指数得分与排名情况

新城新区	聚人气得分	聚人气排名	所在城市的人口吸引力排名	基本公共服务设施的居民点辐射水平排名	基本公共服务常住人口覆盖率排名	人类活动强度排名
郑州郑东新区	35.73	23	17	38	24	35

从新城基本公共服务设施居民点辐射水平的指标构成上来看,新区内部综合医院、幼儿园、小学、中学辐射水平(分别位列第 43、43、33 和 31 名)是郑东新区人居环境指数的明显短板。从基本公共服务常住人口覆盖率来看,幼儿园和中学常住人口的覆盖率(分别位列第 30 和 33 名)是郑东新区的明显短板。总体而言,新城内部居民的基本公共服务设施尚待加强。

从新城的人类活动强度上来看,郑东新区的人类活动强度在前 20％水平和平均水平方面均处于 50 个研究区域内的中下游水平(分别位列第 32 和第 40 名)。人类活动强度作为反映新城"聚人气"效果的指标,也体现出了当前郑东新区在人口活力方面的不足。

3."求乐活"指数

郑东新区"求乐活"指数在研究的 50 个新城新区中位列第 45 名,是郑东新区的明显短板之一。其中,商业分布密度位列第 35 名,商场区位布局位列第 32 名,消费成本情况(餐饮店铺均价与居民人均月收入比例)位列第 47 名,夜间经济情况位列第 11 名,绿色健康水平位列第 46 名。可见,消费成本和绿色健康水平是郑东新区明显的短板,新区在商业分布方面亦尚待提高(表 6-20)。

表 6-20　郑东新区"求乐活"指数得分与排名情况

新城新区	求乐活得分	求乐活排名	商业分布密度排名	商场区位布局排名	消费成本排名	夜间经济排名	绿色健康水平排名
郑州郑东新区	17.21	45	35	32	47	11	46

商场密度位列第 38 名,满足生活服务和满足文化休闲服务的店铺机构密度分别位列第 36 和第 32 名;居民点至商场的 30 分钟步行可达性位列第 33 名,商场的整体辐射水平位列第 37 名,夜间(晚 9 点至次日早上 6 点)营业店

铺的类别数位列第 1 名,密度则位列第 30 名。总体而言,就消费场所的分布和可达性以及消费成本上来看,郑东新区在研究的 50 个新城中总体位于中下游水平。

用餐饮店铺均价与居民每月人均收入的比例指标(位列 47 位)来衡量消费成本可见,从消费成本来看郑东新区存在明显短板。

从新城绿色健康的指标构成上看,郑东新区所在城市 2021 年 AQI 年度均值位列第 49 名,居民点至绿地的 15 分钟步行可达性和新城内绿地的辐射水平分别位列第 42 和 47 名。可见,郑州市的空气质量对郑东新区绿色健康水平的影响较大,新城内绿地的质量和可达性对新城绿色健康指标影响较大。

(三)人居环境短板及影响因素分析

由上述分析可见,郑东新区的人居环境短板主要在"聚人气"和"求乐活"2 项一级指标方面。具体而言,幼儿园、小学、中学、综合医院等基本公共服务设施,新城居高不下的消费成本,空气质量与绿地空间的充足与可达,是郑东新区当前产城人融合发展的主要限制因素。这一方面是由于郑东新区采取组团式的发展模式,部分组团已经较为成熟,但部分组团仍然处于产城人发展的过程阶段。而本报告的研究区域除了涉及较为成熟的城市组团,如龙湖组团、龙子湖组团等,也涉及近些年新开发建设的组团,如白沙组团等。另一方面,作为规划引领的新建城市,由于建设时间的限制,在公共服务设施与绿地设施的建设方面仍然需要不断发展完善的时间;而受到建设时间短平快的要求,在城市布局方面会不可避免出现城市尺度较大、人性空间缺乏的特征,进一步影响了公共服务设施和绿地空间的服务质量与商业生活设施的可达性与便捷度,间接影响了"聚人气"和"求乐活"指数。

就发展较为成熟的组团而言,新区的建设基本上围绕主要的公共服务空间、商务空间形成居住空间,基本公共服务设施根据相关配套标准布局在居住空间之间。新区的建设采用产业、城市同步完善的方式,在产业成熟之后,劳动力人口迅速增加,带动了新区的房地产市场与居住片区的开发。但在城市居住功能完善的同时,基本公共服务设施的配置可能由于建设周期、建设空间等原因没有同步跟上,导致目前新区的发展受到了基本公共服务设施的制约。同时,受到绿地空间数量与可达性的限制,新区内绿地空间的发展也没能跟上城市、人口发展的步伐,成为新区发展的主要限制因素之一。

此外,由于郑东新区的白沙组团、金水科教园区尚在建设完善阶段,产城人融合水平本身较低,人居环境水平尚在完善。沿黄都市农业组团为完全不具备城市产业、居住与公共服务设施的农业组团。这些组团也影响了对于相对成熟城市片区的衡量。

四、小结与展望

第一,郑东新区作为规划引领下组团式发展的新城,以重要公共服务为引领,产业和城市发展同步推进,在产城人融合方面呈现出渐次融合与新城建设并行的典型格局,在组团片区内实现了较为理想的产城人融合效果。

第二,郑东新区人居环境指数总分在 50 个新城中位列第 30 名。其中,"求乐活"指数是郑东新区的最明显短板;"聚人气"也是短板之一,有待进一步提高。在"求乐活"指数方面,短板主要体现在消费成本和绿色健康指数上;"聚人气"指数方面,短板主要体现在基本公共服务设施的居民点覆盖率和常住人口辐射水平上。

该结果一方面与郑东新区在产业、人口发展及城市建设过程中,基本公共服务设施、绿地水平、商业服务设施建设水平相对滞后,有待进一步完善有关;另一方面与郑东新区是规划引领的城市建设,在建设周期方面难免受到短平快的要求,在城市公共服务设施、绿地空间可达性、建设质量方面对人性空间的考虑较少,进一步限制了建成空间的服务水平。

第三,郑东新区目前组团式发展的城市空间格局已经基本成熟。围绕各组团核心空间与城市核心空间,形成了主要的公共空间骨架;围绕重要交通枢纽节点、主要公共空间节点形成主要的第三产业空间;围绕公共空间和产业空间,在组团内布局形成居住空间。在成熟的城市组团内部,基本完成了产城人的初步融合;在距离老城区较远的部分组团,产城人空间仍然处于完善阶段。

第七节　鄂尔多斯康巴什新区

一、康巴什新区概况

康巴什新区位于内蒙古自治区鄂尔多斯市,是鄂尔多斯市的政务中心。康巴什新区三面临河,地势平坦开阔,东西长约 45 千米、南北宽约 17 千米,总面积 372.55 平方千米,辖 4 个街道办事处、15 个社区。康巴什新区距东胜区老城约 25 千米,与伊金霍洛旗驻地阿勒腾席热镇隔乌兰木伦河相望,有望形成康阿组团。2022 年,康巴什新区常住人口 15.3 万人,约占鄂尔多斯市总人口的 7.5%,约为老城区东胜区人口的 1/4,城市建成区面积 40 平方千米,城市人口密度较低。

据 2022 年 9 月公示的《鄂尔多斯国土空间总体规划(2021—2035)》,康巴什全区作为鄂尔多斯中心城区的一部分,在空间层面主要实施精明收缩战略,促进空间集聚和资源要素优化配置,提高城市运行效率。在空间结构方面,形成东胜城区和康阿城区(康巴什新区和阿勒腾席热镇)的双城结构,作为带动周边多组团发展的极核。康阿城区现有常住人口规模约 25 万人,按照规划,2025 年康阿城区人口将达到 35 万人(东胜城区 60 万人),2035 年康阿城区人口可达到 55 万~60 万人(东胜城区 65 万~70 万人)。康阿城区将成为未来 10 年鄂尔多斯中心城区新增人口的主要空间载体。

二、康巴什新区产城人发展演变

(一)建设契机——煤炭经济腾飞,但老城区发展空间有限

鄂尔多斯市煤炭、天然气、稀土等矿产资源和风能、太阳能资源非常丰富。由于煤炭产业大发展,鄂尔多斯经济在 21 世纪初实现了飞跃式增长。2000 年以来,鄂尔多斯市的 GDP 增速一直维持在 20% 的高水平,人均 GDP 超过北京、上海、香港等大都市,成为中国"最富裕"的城市。1990 年,地方财政收入仅有 1.28 亿元,而 2017 年增长到 357 亿元(图 6-5)。

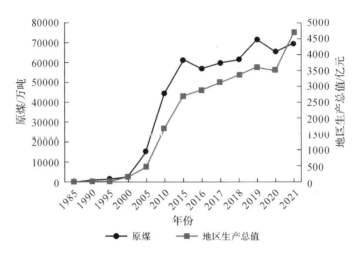

图 6-5　1980—2017 年鄂尔多斯市原煤产量和地区生产总值

由于鄂尔多斯市政府原驻地东胜区只有 23 平方千米,人均居住用地、人均道路广场用地、人均生活用水量等指标均低于全国平均水平。东胜区周边多为丘陵沟壑地形,地下还蕴藏 7 亿吨煤炭资源,煤炭资源开发会引发大规模的拆迁问题。东胜的城市用水需要从黄河引水,成本较高,难以承载未来经济增长和城市进一步发展的需要。

在此背景下,康巴什新区应运而生。康巴什新区位于东胜区与伊金霍洛旗阿勒腾席热镇之间,距东胜区约 25 千米,与阿勒腾席热镇隔乌兰木伦河相望。虽然地处沙漠化区域,但康巴什新区具有一些优势条件:背靠青春山,三面都被乌兰木伦河所环绕,有充足的水源保障,具有天然的绿色屏障,地貌地形开阔平坦,区位便捷,地理条件优越,极具开发潜力。

(二)产城人发展演变——"城市先行、人口产业发展滞后"

1. 城市建设先行阶段(2000—2007 年)

基础设施、市政与文化设施建设先行,公共配套并不完善,产业、人口发展空白。2000—2003 年,康巴什新区进入规划阶段。2004—2007 年,新区一次性完成城市基础设施建设,标志性文化、行政设施也同时建成。具体包括:新建的市博物馆、图书馆、民族剧院、文化艺术中心、会展中心、体育中心、新闻中心等七大标志性文化工程,新的市政府大楼、成吉思汗广场等地标建筑,新区的道路、园林及水电气等基础设施等。2006年,鄂尔多斯市政府由东胜区迁到康巴什新区。在这一阶段,医院、学校、商场等公共服务配套设施还没有到位,城市功能也不齐全。

2.城市功能完善阶段(2007—2010年)

适度超前建设公共设施,产业、人口发展空白。适度超前规划建设公共设施,将众多学校、医院搬迁到新区(将鄂尔多斯第一中学、鄂尔多斯第一小学,全市高等教育和职业教育,市直医疗机构搬迁到康巴什新区),积极配套绿地资源,公共活动空间充裕,但产业发展、人口聚集十分薄弱,出现了空城现象。2010年,美国《时代》周刊发表了题为《鄂尔多斯:一座现代的鬼城》的文章,称"康巴什这座原计划迁入百万人口的城市在建成后却成为一座现代化空城,15分钟内不见一个行人,驶过的汽车不到10辆,偶尔遇到一个行人,也是踱着沉重的步伐"。2012年,英国BBC发表的一篇题为《鄂尔多斯:中国最大的鬼城》,进一步引发了国内外的关注。

3.人口和产业导入阶段(2010—2022年)

人口增长平稳,产业发展空白,空城现象突出。2010—2012年,康巴什新区住宅小区大规模集中建成。2009—2010年,康巴什新区的商品房平均价格从3000元~4000元/米²上涨到8000元~9000元/米²。房价上涨驱动了地产开发的高潮。2010年,鄂尔多斯房地产开发实际施工面积2696万平方米,同比增长45.1%;完成投资365.7亿元,同比增长129.13%。2011年,鄂尔多斯房地产新开工面积达1300万平方米,施工总量达2300万平方米,完成投资450亿元。

2015—2022年,新区人口平稳增长;其中,2016—2020年人口增长率较为平缓,2015年和2021年人口增长率较高(图6-6、表6-21)。从人口密度看,2017—2021年,康巴什新区建成区人口密度较低,具有地广人稀的特点。2017年末,康巴什新区建成区的人口密度为2732人/千米²。2021年末,建成区人口密度2918人/千米²,远低于住建部的城市用地标准(即每1公里建成区容纳1万人口)(图6-7)。

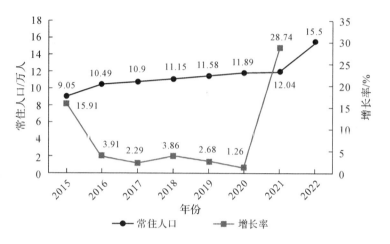

图 6-6 康巴什新区常住人口及增长率

表 6-21 康巴什新区常住人口(2015—2022 年)

年份	2015	2016	2017	2018	2019	2020	2021	2022
常住人口/万人	9.05	10.49	10.9	11.15	11.58	11.89	12.04	15.5
增长率/%	15.91	3.91	2.29	3.86	2.68	1.26	28.74	—

数据来源:鄂尔多斯市统计年鉴。

2014 年,康巴什新区人口 82000 人,主要是行政企事业单位员工、大型煤炭企业职工、学校教师和学生,以及征地安置农民。由此可见,大部分居民是受地方政府搬迁政策影响迁入的。

这一时期,康巴什新区的产业发展基本上处于空白状态。鄂尔多斯市年销售收入 2000 万元以上的规模以上工业企业仅有 1% 分布在康巴什新区。康巴什新区的产业结构主要以第三产业为主。由于缺少配套产业和熟练劳动力,康巴什新区的产业集聚效应难以形成。2022 年,康巴什新区卫星图显示,原先规划的工业产业园区尚未形成规模,未达到规划预期(表 6-22、表 6-23)。

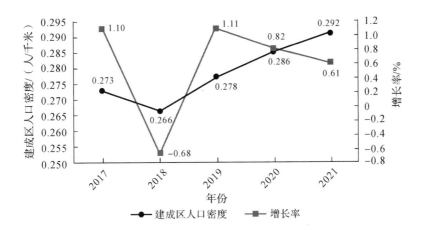

图 6-7 康巴什新区建成区人口密度和增长率(2017—2021 年)

数据来源:鄂尔多斯市统计年鉴。

表 6-22 2014—2022 年康巴什新区经济发展情况

年份	GDP/万亿元	二产比重/%	三产比重/%
2014	73.76	21.2	78.8
2015	78.68	20.2	79.8
2016	83.99	—	—
2017	—	—	—
2018	—	13.8	86.2
2019	87.86	10.5	89.5
2020	—	—	—
2021	120.56	24	76
2022	—	—	—

数据来源:鄂尔多斯市统计年鉴(2010—2022)。

表 6-23　旗区年销售收入 2000 万元以上全部独立法人工业企业单位数(2021 年)

单位:个

地　区	规模以上工业企业						
	总计	国有企业	集体企业	有限责任公司	股份有限公司	私营企业	外商及港澳台商投资企业
东胜区	79	1	0	35	1	37	5
康巴什区	5	0	0	5	0	0	0
达拉特旗	59	0	0	31	1	25	2
准格尔旗	116	0	0	57	1	55	3
鄂托克前旗	16	0	0	9	0	7	0
鄂托克旗	100	0	1	29	1	64	5
杭锦旗	39	0	0	29	1	6	3
乌审旗	28	0	0	16	1	9	2
伊金霍洛旗	68	1	0	45	1	20	1

数据来源:鄂尔多斯市统计年鉴。

三、人居环境指数分析

(一)整体情况

康巴什新区人居环境指数综合得分在 50 个新城里排名第 48 名。其中,"兴产业"指数位列第 48 名,"聚人气"指数位列第 47 名,"求乐活"指数位列第 47 名。从各个方面看,康巴什新区的人居环境得分均位居末位(表 6-24)。

表 6-24　康巴什新区人居环境指数整体得分与分项排名情况

新城新区	人居环境 LOHAS 总得分	最终排名	"兴产业"排名	"聚人气"排名	"求乐活"排名
郑州郑东新区	28.80	30	9	23	45
杭州未来科技城	28.16	31	41	18	13
沈阳浑河新城	25.78	33	23	39	38
重庆西部新城	24.10	35	18	38	44
金华金义都市新区	20.79	41	43	41	30
鄂尔多斯康巴什新区	10.88	47	48	47	47

康巴什新区建设缘起于煤炭经济腾飞背景,鄂尔多斯市政府对于城市发展的良好预期,属于自上而下、政府规划主导建设的新区典型。从发展历程看,基本上沿着基础设施先行、公共配套完善、居住功能导入、产业与人口滞后的建设路径。康巴什新区由于产业发展滞后,导致新区对人口的吸引力不足,产业发展和人口聚集远远落后于城市规划的预期目标。

(二)分项指标

1."兴产业"指数

康巴什新区"兴产业"指数在 50 个新城里位列第 48 名,"兴产业"是康巴什新区的突出短板。其中,所在城市与国内外其他城市的通达性位列第 42 名,新城与老城的通达性位列第 50 名,产业用地供给的动态增长性位列第 11 名(表 6-25)。

表 6-25　康巴什新区"兴产业"指数得分与排名情况

新城新区	兴产业得分	兴产业排名	所在城市与其他国内外城市的通达性排名	新城与老城之间的通达性排名	产业用地供给的动态增长性排名
鄂尔多斯康巴什新区	10.02	48	42	50	11

从指标得分可以看出,作为地产开发先行的新城,康巴什新区在产业发展方面相对迟缓。在所在城市与国内外其他城市的通达性、新城与老城的通达性方面,相较于其他新城样本,得分相对落后。所在城市与国内外其他城市的通达性指标,由至距离最近高铁站的驾车时间(排名第 16)、至距离最近机场的驾车时间(排名第 4)、所在城市高铁/城际及动车停发车次(排名第 50)、所在城市的机场 2020 年游客吞吐量(排名第 40)与所在城市的机场 2020—2023 年货邮吞吐量(排名第 40)5 个分项指标合成。新城与老城的通达性指标,由新城内的地铁站数量(排名第 50)、至老城市中心(商圈)的距离(排名第 49)2 项指标合成。产业用地供给的动态增长性由 2007—2020 年已成交工商业用地面积的动态成长性(排名第 18)、2007—2020 年已成交工商业用地宗数的动态成长性(排名第 1)2 项指标合成。

康巴什新区产业发展指标,主要是 2007—2020 年产业用地供给的动态增长性较高,在与其他城市的通达性与新城老城通达性方面存在明显短板。除去此项原生因素的限制,康巴什新区的短板主要集中在高铁/城际及动车停发车次与至老城市中心(商圈)的距离两个指标。

2. "聚人气"指数

康巴什新区"聚人气"指数在 50 个新城新区里位列第 47 名,"聚人气"亦为康巴什新区人居环境指数中的突出短板。从具体指标来看,所在城市的人口吸引力位列第 43 名,基本公共服务设施的居民点辐射水平位列第 12 名,基本公共服务常住人口覆盖率位列第 46 名,人类活动强度位列第 49 名(表 6-26)。可见,康巴什新区建设过程中城市建设超前于人口聚集,基本公共服务设施的居民点辐射水平较高,但服务设施与常住人口匹配度不高,这可能是间接造成人口吸引力不强、人类活动强度排名较低的原因。

表 6-26 康巴什新区"聚人气"指数得分与排名情况

新城新区	聚人气得分	聚人气排名	所在城市的人口吸引力排名	基本公共服务设施的居民点辐射水平排名	基本公共服务常住人口覆盖率排名	人类活动强度排名
鄂尔多斯康巴什新区	9.43	47	43	12	46	49

从新城基本公共服务设施居民点辐射水平的指标构成上来看,新城内部的综合医院、幼儿园、中学的辐射水平均较高,小学的辐射水平均较低(位列第 35 名)。从基本公共服务常住人口覆盖率指标来看,构成该项指标的 500 米可达幼儿园的常住人口覆盖率(位列第 47 名)、1000 米可达小学的常住人口覆盖率(位列第 44 名)、2500 米可达中学的常住人口覆盖率(位列第 44 名)、1000 米可达综合医院的常住人口覆盖率(位列第 44 名)排名均较低。在一定程度上说明,新城内部的综合医院、幼儿园、中学的可达性限制较大,难以覆盖常住人口;新城内小学的可达性、辐射水平存在双重限制,影响了新城内人气的聚集。

从新城的人类活动强度上来看,康巴什新区的人类活动强度在前 20% 水平和平均水平方面均处于 50 个新城的末端(分别位列第 49 和第 50 名)。人类活动强度作为反映新城"聚人气"效果的指标,也体现出了康巴什新区在人口聚集方面严重不足。

　　3."求乐活"指数

　　康巴什新区"求乐活"指数在 50 个新城新区里位列第 47 名。其中,商业分布密度位列第 49 名,商场区位布局位列第 46 名,消费成本情况(餐饮店铺均价与居民人均月收入比例)位列第 41 名,夜间经济情况位列第 38 名,绿色健康水平位列第 40 名(表 6-27)。可见,康巴什新区"求乐活"指数位次较低,乐活指标是康巴什新区的短板。从各项分指标来看,除了商场的整体辐射水平排名靠前(位列第 12 位),其他各项分指标排名均较低。

表 6-27　康巴什新区"求乐活"指数得分与排名情况

新城新区	求乐活得分	求乐活排名	商业分布密度排名	商场区位布局排名	消费成本排名	夜间经济排名	绿色健康水平排名
鄂尔多斯康巴什新区	13.79	47	49	46	41	38	40

　　具体指标方面,商场密度位列第 49 名,满足生活服务和满足文化休闲服务的店铺机构密度分别位列第 49 和第 48 名;居民点至商场的 30 分钟步行可达性位列第 46 名,商场的整体辐射水平位列第 12 名;夜间(晚 9 点至次日早上 6 点)营业店铺的类别数位列第 45 名、密度则位列第 42 名。总体而言,就消费场所的分布和可达性,以及消费成本上来看,康巴什新区在 50 个新城新区中总体上位于末位水平。

　　从新城绿色健康的指标构成上看,康巴什新区所在城市 2021 年 AQI 年度均值位列第 42 名,居民点至绿地的 15 分钟步行可达性和新城内绿地的辐射水平分别位列第 40 和第 25 名。康巴什新区内绿地辐射水平较高,但绿地可达性与空气质量限制了绿地空间整体质量的提升。

四、康巴什新区产城人融合的经验教训

　　康巴什新区曾经被称为"鬼城",究其原因,还是在于产业发展与城市建

设不同步,产业发展严重滞后,导致人口聚集不足,入住率很低,未能实现"产城人"融合。康巴什新区的人居环境质量指标在"兴产业""聚人气""求乐活"3项一级指标均处于 50 个新城新区的末位水平。从二级指标和三级指标看,康巴什新区的短板主要有:距离老城太远、对外交通不便,新城内的综合医院、幼儿园、中学的辐射水平不足,新城基本公共服务设施可达性、商业分布密度、商场区位布局、夜间经济和绿色健康水平较差,消费成本较高等。

康巴什新区作为新城建设的典型案例,其经验教训值得认真总结和深刻反思。

第一,从表象上看,康巴什新区的主要问题是地产开发先行,产业发展滞后,由于缺乏产业支撑,就业机会有限,对人口的吸引力不强,人口聚集滞后,城区人口规模过小,导致商圈发育、城市功能培育滞后。土地开发—产业发展—人口聚集的链条断裂,制约着城市人居环境改善。

鄂尔多斯市是典型的资源型城市,产业发展"一煤独大",产业结构单一,当地政府曾希望推动产业多元化发展,摆脱"一煤独大"。康巴什新区的产业曾经定位于装备制造业尤其是汽车制造业,但与原有的产业基础脱节,汽车产业缺乏产业链上下游配套行业的支撑,也无法招聘到足够的专业人才和熟练技术工人,汽车产业在康巴什新区没有发展起来。2005 年 8 月,华泰汽车在康巴什新区建设汽车工业园,但直到 2013 年 11 月,仅仅产销整车 3200 辆,园区的主要工作是将下线的轿车进行简单组装,技术含量不足。园区生产的华泰特拉卡销售惨淡,后来上马的轿车柴油发动机项目前景也不乐观。由于产业定位不清,新产业发展滞后,吸纳就业人口的能力有限,无法吸引劳动力和人口集聚。

按照规划,康巴什新区的主要功能以公共服务和居住为主,周边布局的工业园区距离城区较远,并且工业园区入驻企业少,开工进度迟延,许多企业尚处在基建阶段,不能为吸引人口聚集提供有效的支撑。2007 年,距离康巴什新区 5 千米的装备制造业园区开始动工,投入 40 多亿元进行基础建设,水、电、热、气、通信、排污等管网全部一次性下地,园区道路宽阔平整,还修建了公园、凉亭。直到 2011 年,入驻园区的企业很少,即便开工的企业也存在明显的开工不足情况,在园区就业的产业工人数量很少。康巴什新区周边的蒙苏经济开发区、鄂尔多斯高新技术产业园区到新城的距离均有 10~15 千米,难以与康巴什新区形成通勤联系,吸纳人口在新城定居。

第二,从深层次原因看,康巴什新区的根本问题在于新城发展的内生动力不足。作为自上而下、政府主导规划建设的新城,康巴什新区建设主要依赖政府的行政力量推动,政府机构搬迁、公共服务设施建设都是在政府行政力量主导下推进的,市场机制驱动的人口流入、商圈发育、生活空间培育、城市功能完善明显滞后。这是自上而下的构成机制主导、自下而上的生成机制不足的典型表现。

康巴什新区现有的人口流入主要是伴随政府部门搬迁以及学校、医院等公共服务机构搬迁的政策性迁移人口,行政企事业单位工作人员和勤务人员、学校的住校学生约占新区常住人口的 79%。行政企事业单位大部分从东胜区搬迁过来,即使有单位分配住房,许多政府部门和事业单位的员工仍采取通勤方式,白天在康巴什新区上班,晚上回到东胜区居住。由于缺乏第二产业和第三产业的支撑,产业发展带动的人口流入很少,导致康巴什新区的人口增长率一直很低,人口增长乏力。

康巴什新区的房地产开发超前,但房地产市场缺乏内生动力,导致商品房空置严重。康巴什新区房地产开发速度过快,房价过高,有购房意愿的当地低收入居民和外来务工人员买不起房,导致大量住宅商品房积压。高收入居民和外地投资者则拥有多套住房,但他们很少在新城居住。康巴什新区的房屋空置率高达 80% 以上。商品房入住率极低,加剧了"空城"现象。

城市发展是有其内在规律的。新城新区建设必须认识、尊重、顺应城市发展的规律,不能无视人的需要、无视产业基础,切忌过度依赖行政力量的推动,片面追求速度或单方面突进。

第三,从规划层面看,康巴什新区的空间规划不合理。一方面,建成区规模展开过大,人口和公共服务设施的空间不匹配,导致人口密度过低,公共服务设施的可达性差,影响城市人居环境质量提升;另一方面,康巴什新区与东胜区老城的距离太远,难以接受老城区的辐射,与老城区联动发展,相邻的阿勒腾席热镇城镇规模偏小,目前康阿城区仍未达到城市规模门槛,制约着商圈发育、城市功能完善。

康巴什新区的初始定位是承接东胜区老城的人口转移,但由于东胜区的教育医疗等公共服务、商业服务业均远胜于新城,新城对老城人口疏解的吸引力不强。康巴什新区到东胜区老城的距离约25千米,新城与老城亦难以联动发展。部分政府部门和事业单位的员工采取通勤方式,白天在康巴什新区上班,晚上回到东胜区居住。居住在康巴什新区,通勤去东胜区上班的人口数量则很少。

康巴什新区有许多街区尺度在400米左右,与一般城区120~150米的人行街区相比尺度过大。商业服务业具有生产与消费同时性和不可储存性的特征,步行可达范围内面对面的交流有助于商圈的形成和发育。400米的街区尺度不适宜步行,使得新区居民不得不开车出行,对于商圈发育起到了阻断作用,限制了新城的商业繁荣。从单项指标来看,康巴什新区内的商场密度与步行可达性水平均较低,基本公共服务设施的常住人口覆盖率也较低。建成区常住人口规模小、人口密度低、街区尺度过大,成为康巴什新区商业服务业发展、商圈繁荣的重要制约因素。

五、小结与展望

第一,康巴什新区是自上而下规划建设形成新城的典型代表,缺乏自下而上的内生动力。从2000年启动建设开始至今,历经基础设施建设、公共设施完善、居住功能完善的阶段,新区产业发展始终缺乏动力,人口吸引乏力,人口密度不足3000人/千米^2,形成"鬼城"。

第二,康巴什城市建设先行的发展模式由于前期谋划不足,尚未形成产、城、人良性互动的发展。由于产业发展的滞后,造成了城市对人口的吸引力不足,城市内的产业发展和人口聚集远远落后于城市建设。从指标来看,康巴什新区人居环境指数总分在研究的50个新城新区中位列第48名,在"兴产业""聚人气""求乐活"三项指数方面都存在明显短板。

第三,从整体发展来看,康巴什新区由于距东胜区较远,很难实现建城之初承接老城区产业和人口的初衷。建议康巴什新区与阿镇一体化联动发展，两个新城区在大型公共服务设施等方面实现共享。此外，康巴什新区可以借助高品质公共服务设施、商业服务设施的建设与改善，进一步打造一流的营商、居住环境，吸引鄂尔多斯周边人口向康巴什新区集聚。

第四，从"求乐活"指标来看，目前康巴什新区在已建设公共服务设施覆盖方面，存在居民点与常住人口不匹配的现象。除去新区人口密度较低的限制因素，有可能是由于康巴什新区现有常住人口结构中，务工人口、学生等人口达到一定比例，而这些人口由于购买能力不足，往往居住在公共服务设施未覆盖的区域，造成了设施与常住人口之间的错配。

参考文献

[1]BROWNING H, SINGELMAN J, 1975. The Emergence of a Service Society: Demographic and Sociological Aspects of the Sectoral Transformation of the Labor Force in the USA[M]. Springfield, VA: National Technical Information Service.

[2]CHENG C C, CHANG Y Y, TSAI M C, et al, 2018. An Evaluation Instrument and Strategy Implications of Service Attributesin LOHAS Restaurants [J]. International Journal of Contemporary Hospitality Management, 31(1): 194-216.

[3] DIENER E, SUH E, 1997. Measuring Quality of Life: Economic, Social, and Subjective Indicators[J]. Social Indicators Research, 40(1/2): 189-216.

[4] EIGEN M, 1971. Selforganization of Matter and the Evolution of Biological Macromolecules[J]. Naturwissenschaften,58 (10): 465-523.

[5] FELCE D, PERRY J, 1995. Quality of Life: Its Definition and Measurement[J]. Research in Developmental Disabilities, 16(1): 51-74.

[6] GALBRAITH J K, 1958. The Affluent Society [M]. Cambridge, Mass. : Houghton Mifflin Harcourt.

[7]GLAESER E L, KAHN M E, 2004. Chapter 56 - Sprawl and Urban Growth[M]. // Henderson J V, Thisse J. Handbook of Regional and Urban Economics. Amsterdam: Elsevier,4: 2481-2527.

[8] GUIDA C, CARPENTIERI G, 2021. Quality of Life in the Urban Environment and Primary Health Services for the Elderly During the Covid-19 Pandemic: An Application to the City of Milan（Italy）[J]. Cities, 110: 103038.

[9] HAKEN H, 1977. Synergetics: An Introduction[M]. Heidelberg: Springer-Verlag.

[10] HOLLAND J H, 2006. Studying Complex Adaptive Systems [J]. Journal System Science and Complex,19(1):1-8.

[11] KIM M, LEE C, GON KIM W, et al, 2013. Relationships between Lifestyle of Health and Sustainability and Healthy Food Choices for Seniors [J]. International Journal of Contemporary Hospitality Management, 25(4): 558-576.

[12] PRIGOGINE I, 1969. Structure, Dissipation and Life[C]. Marius M. Theoretical Physics and Biology. Amsterdam: North Holland Publishing.

[13] SHANNON C E, 1948. A Mathematical Theory of Communication[J]. The Bell System Technical Journal, 27(3): 379-423, 623-656.

[14] SIRGY M J, 2002. The Psychology of Quality of Life: Wellbeing and Positive Mental Health: Vol83[M/OL]. Cham: Springer International Publishing. [2023-06-19]. https://link.springer.com/10.1007/978-3-030-71888-6.

[15] WAN M, ZHANG Y, YE W, 2018. Consumer Willingness-to-Pay a Price Premium for Eco-Friendly Children's Furniture in Shanghai and Shenzhen, China[J]. Forest Products Journal, 68(3): 317-327.

[16] WEAVER W, 1948. Science and complexity[J]. AmericanScientist,36 (4):536-544.

[17] WIENER N, 1948. Cybernetics or Control and Communication in the Animal and the Machine[M]. Cambridge, MA: MIT Press.

[18]晁恒,2018.珠三角村镇混杂区产城融合发展模式——以佛山市为例[J].城乡建设,(12):51-54.

[19]陈任艳,2021.漳平市构建"产城人"融合发展体系的对策建议[J].企业改革与管理,(20):207-208.

[20]陈禹,2001.复杂适应系统(CAS)理论及其应用——由来、内容与启示[J].系统辩证学学报,(4:35-39.

[21]丛海彬,邹德玲,刘程军,2017.新型城镇化背景下产城融合的时空格局分析——来自中国285个地级市的实际考察[J].经济地理,37(7):46-55.

[22]邓勃.2021.珠江新城二十年[N].羊城晚报,2021-08-24.

[23]杜宝东,2014.产城融合的多维解析[J].规划师,30(6):5-9.

[24]风笑天,2007.生活质量研究:近三十年回顾及相关问题探讨[J].社会科学研究,(6):1-8.

[25]广州市发改委,2010.2010年广州市重点建设项目:广州珠江新城核心区市政交通项目[R].广州:广州市人民政府.

[26]何笑梅,洪亮平,2017.从"产城融合"走向"产城人融合"——浅析"产—城—人"融合的内在逻辑与互动关系[C]//中国城市规划学会,东莞市人民政府.持续发展理性规划——2017中国城市规划年会论文集(4城市规划历史与理论).北京:中国城市规划学会,252-262.

[27]贺传皎,王旭,邹兵,2012.由"产城互促"到"产城融合"——深圳市产业布局规划的思路与方法[J].城市规划学刊,(5):30-36.

[28]霍兰,2000.隐秩序——适应性造就复杂性[M].周晓牧,韩晖,译.上海:上海科技教育出版社.

[29]江小涓,2011.服务业增长:真实含义、多重影响和发展趋势[J].经济研究,46(4):4-14+79.

[30]孔翔,杨帆,2013."产城融合"发展与开发区的转型升级——基于对江苏昆山的实地调研[J].经济问题探索,(5):124-128.

[31]李曙华,2004.系统科学——从构成论走向生成论[J].系统辩证学学报,

(2):5-9+34.

[32]李文彬,陈浩,2012.产城融合内涵解析与规划建议[J].城市规划学刊,
(S1):99-103.

[33]李文彬,张昀,2014.人本主义视角下产城融合的内涵与策略[J].规划师,
30(6):10-16.

[34]李学杰,2012.城市化进程中对产城融合发展的探析[J].经济师,(10):
43-44.

[35]林华,2011.关于上海新城"产城融合"的研究——以青浦新城为例[J].上
海城市规划,(5):30-36.

[36]刘栋,2014.新型城镇化背景下产城人融合的模式探索——以佛山为例
[J].城市观察,(3):118-125.

[37]刘瑾,耿谦,王艳,2012.产城融合型高新区发展模式及其规划策略——
以济南高新区东区为例[J].规划师,28(4):58-64.

[38]刘天宇,2020.长三角城市群人口、经济规模分布与产城人融合发展研究
[D].苏州:苏州大学.

[39]鲁品越,2015.从构成论到生成论——系统思想的历史转变[J].中国人民
大学学报,29(5):122-130.

[40]蒙荫莉,曾有岳,李丽华,等,2015.佛山"产城人融合"发展模式研究[J].
探求,(1):12-19.

[41]钱纳里,塞尔昆,1988.发展的型式:1950-1970[M].李新华,徐公理,迟
建平,译.北京:经济科学出版社.

[42]仇保兴,2022.智慧城市设计之困与生成机制——兼论三种系统论[J].国
家治理,384(24):38-41.

[43]石敏俊,范宪伟,郑丹,2017.土地开发对城市经济增长的作用机制和传
导路径——基于结构方程模型的实证检验[J].中国人口·资源·环境,
27(1):1-9.

[44]石敏俊,2019.增强经济发展优势区域承载力研究[R].北京:国家发展和
改革委员会地区经济司.

[45]石忆邵,2016.产城融合研究:回顾与新探[J].城市规划学刊,(5):73-78.

[46]唐晓宏,2014.上海产业园区产城融合发展路径研究[J].宏观经济管理,
    (9):68-70.

[47]王凯,刘继华,王宏远,等,2020.中国新城新区40年:历程、评估与展望
    [M],北京:中国建筑工业出版社,2020.

[48]吴福象,张雯,2021.长三角区域产城人融合发展路径研究[J].苏州大学
    学报(哲学社会科学版),42(2):113-123.

[49]习近平,2019.推动形成优势互补高质量发展的区域经济布局[J].求是,
    (24):6.

[50]谢呈阳,胡汉辉,周海波,2016.新型城镇化背景下"产城融合"的内在机
    理与作用路径[J].财经研究,42(1):72-82.

[51]许爱萍,2019.产城融合视角下产业新城经济高质量发展路径[J].开发研
    究,(6):65-71.

[52]雅各布斯,2015.美国大城市的死与生[M].金衡山,译.南京:译林出
    版社.

[53]杨雪锋,未来,2015.产城融合:实现路径及政策选择[J].中国名城,(9):
    9-13.

[54]袁奇峰,王媛,谢向辉,等,2002.GCBD21——珠江新城规划检讨[R].
    广州:广州市城市规划勘测设计研究院.

[55]张道刚,2011."产城融合"的新理念[J].决策,(1):1.

[56]赵先超,申纪泽,2016.新型城镇化背景下的产城融合发展思考[J].科技
    和产业,16(5):13-17.

[57]赵彦云,李静萍,2000.中国生活质量评价、分析和预测[J/OL].管理世
    界,(3):32-40.

[58]钟顺昌,李坚,简光华,2014.产城融合视角下城镇化发展的新思考[J].商
    业时代,(17):39-42.

[59]周理乾,2014.空间的时间化——从系统科学到生成论[J].系统科学学
    报,22(2):7-10+36.

[60]周维思,兰梦婷,胡祎秋,2021.特大城市中心城区"产城人"融合发展路径探讨——以武汉市江汉区为例[J].中国土地,(6):37-39.

[61]周月莉,白玉,2016.关于实现产城人融合发展的思考——以北京未来科技城为例[J].北京规划建设,(2):106-107.

附　录

附录 1　新城新区产业动态成长性排行榜单

排名	新城新区名称	所在城市	排名	新城新区名称	所在城市
1	西部新城	重庆	26	金鸡湖商务区	苏州
2	坪山中心区	深圳	27	西部新城	济南
3	嘉兴科技城	嘉兴	28	浑河新城	沈阳
4	未来科技城	杭州	29	望京新城	北京
5	松山湖科技产业园区	东莞	30	金义都市新区	金华
6	亦庄新城	北京	31	郑东新区	郑州
7	江南新城	重庆	32	嘉定新城	上海
8	杭州经济技术开发区	杭州	33	滨湖新城	合肥
9	龙潭总部新城	成都	34	东平新城	佛山
10	南部新城	南京	35	瓯海新城	温州
11	松江新城	上海	36	镇海新城	宁波
12	太湖新城	无锡	37	呈贡新区	昆明
13	宝安中心区	深圳	38	珠江新城	广州
14	闵行新城	上海	39	北部新城	安庆
15	陇海新城	徐州	40	迪荡新城	绍兴
16	滨江新城	长沙	41	珠港新城	汕头

排名	新城新区名称	所在城市	排名	新城新区名称	所在城市
17	钱江新城	杭州	42	平江新城	苏州
18	集美新城	厦门	43	横琴粤澳深度合作区	珠海
19	滨海新区	青岛	44	东部新城	宁波
20	东湖经济技术开发区	武汉	45	前海蛇口自贸区	深圳
21	城南新区	盐城	46	南部商务区	宁波
22	临城新区	舟山	47	康巴什新区	鄂尔多斯
23	河西新城	南京	48	白云新城	广州
24	太湖新城	苏州	49	良乡高教园区	北京
25	乌鲁木齐高新技术产业开发区	乌鲁木齐	50	西区新城	扬州

附录2　新城新区最佳公共服务排行榜单

排名	新城新区名称	所在城市	排名	新城新区名称	所在城市
1	望京新城	北京	26	浑河新城	沈阳
2	坪山中心区	深圳	27	前海蛇口自贸区	深圳
3	钱江新城	杭州	28	江南新城	重庆
4	白云新城	广州	29	未来科技城	杭州
5	宝安中心区	深圳	30	郑东新区	郑州
6	龙潭总部新城	成都	31	嘉定新城	上海
7	滨江新城	长沙	32	瓯海新城	温州
8	滨海新区	青岛	33	金义都市新区	金华
9	河西新城	南京	34	松江新城	上海
10	迪荡新城	绍兴	35	西部新城	重庆
11	珠江新城	广州	36	西部新城	济南
12	城南新区	盐城	37	东湖经济技术开发区	武汉
13	东平新城	佛山	38	太湖新城	苏州
14	金鸡湖商务区	苏州	39	康巴什新区	鄂尔多斯
15	南部新城	南京	40	松山湖科技产业园区	东莞
16	西区新城	扬州	41	临城新区	舟山
17	呈贡新区	昆明	42	亦庄新城	北京
18	平江新城	苏州	43	东部新城	宁波
19	镇海新城	宁波	44	太湖新城	无锡
20	横琴粤澳深度合作区	珠海	45	嘉兴科技城	嘉兴
21	杭州经济技术开发区	杭州	46	北部新城	安庆
22	滨湖新城	合肥	47	良乡高教园区	北京
23	闵行新城	上海	48	陇海新城	徐州
24	集美新城	厦门	49	南部商务区	宁波
25	乌鲁木齐高新技术产业开发区	乌鲁木齐	50	珠港新城	汕头

附录3　新城新区绿色健康排行榜单

排名	新城新区名称	所在城市	排名	新城新区名称	所在城市
1	前海蛇口自贸区	深圳	26	金义都市新区	金华
2	东部新城	宁波	27	东平新城	佛山
3	镇海新城	宁波	28	闵行新城	上海
4	北部新城	安庆	29	南部新城	南京
5	迪荡新城	绍兴	30	滨江新城	长沙
6	城南新区	盐城	31	河西新城	南京
7	坪山中心区	深圳	32	滨湖新城	合肥
8	嘉兴科技城	嘉兴	33	瓯海新城	温州
9	嘉定新城	上海	34	太湖新城	无锡
10	白云新城	广州	35	未来科技城	杭州
11	珠江新城	广州	36	亦庄新城	北京
12	临城新区	舟山	37	西区新城	扬州
13	杭州经济技术开发区	杭州	38	松山湖科技产业园区	东莞
14	滨海新区	青岛	39	西部新城	重庆
15	宝安中心区	深圳	40	康巴什新区	鄂尔多斯
16	钱江新城	杭州	41	龙潭总部新城	成都
17	平江新城	苏州	42	横琴粤澳深度合作区	珠海
18	松江新城	上海	43	东湖经济技术开发区	武汉
19	江南新城	重庆	44	乌鲁木齐高新技术产业开发区	乌鲁木齐
20	良乡高教园区	北京	45	浑河新城	沈阳
21	太湖新城	苏州	46	郑东新区	郑州
22	金鸡湖商务区	苏州	47	西部新城	济南
23	集美新城	厦门	48	南部商务区	宁波
24	望京新城	北京	49	珠港新城	汕头
25	呈贡新区	昆明	50	陇海新城	徐州

附录4 新城新区消费便利性排行榜单

排名	新城新区名称	所在城市	排名	新城新区名称	所在城市
1	白云新城	广州	26	迪荡新城	绍兴
1	平江新城	苏州	27	镇海新城	宁波
3	坪山中心区	深圳	28	西部新城	济南
4	南部商务区	宁波	29	金鸡湖商务区	苏州
5	杭州经济技术开发区	杭州	30	临城新区	舟山
6	龙潭总部新城	成都	31	北部新城	安庆
7	宝安中心区	深圳	32	滨江新城	长沙
8	集美新城	厦门	33	呈贡新区	昆明
9	滨海新区	青岛	34	珠江新城	广州
10	嘉定新城	上海	35	浑河新城	沈阳
11	前海蛇口自贸区	深圳	36	良乡高教园区	北京
12	河西新城	南京	37	城南新区	盐城
13	松江新城	上海	38	金义都市新区	金华
14	南部新城	南京	39	东部新城	宁波
15	太湖新城	苏州	40	西部新城	重庆
16	东平新城	佛山	41	西区新城	扬州
17	望京新城	北京	42	江南新城	重庆
18	钱江新城	杭州	43	郑东新区	郑州
19	东湖经济技术开发区	武汉	44	嘉兴科技城	嘉兴
20	未来科技城	杭州	45	横琴粤澳深度合作区	珠海
21	亦庄新城	北京	46	松山湖科技产业园区	东莞
22	乌鲁木齐高新技术产业开发区	乌鲁木齐	47	滨湖新城	合肥
23	闵行新城	上海	48	康巴什新区	鄂尔多斯
24	瓯海新城	温州	49	陇海新城	徐州
25	太湖新城	无锡	50	珠港新城	汕头

附录5　新城新区夜生活排行榜单

排名	新城新区名称	所在城市	排名	新城新区名称	所在城市
1	望京新城	北京	26	临城新区	舟山
2	金鸡湖商务区	苏州	27	金义都市新区	金华
3	杭州经济技术开发区	杭州	28	西部新城	济南
4	珠江新城	广州	29	东部新城	宁波
5	东平新城	佛山	30	龙潭总部新城	成都
6	前海蛇口自贸区	深圳	31	浑河新城	沈阳
7	集美新城	厦门	32	东湖经济技术开发区	武汉
8	滨湖新城	合肥	33	迪荡新城	绍兴
9	乌鲁木齐高新技术产业开发区	乌鲁木齐	34	松山湖科技产业园区	东莞
10	太湖新城	无锡	35	北部新城	安庆
11	郑东新区	郑州	36	良乡高教园区	北京
12	呈贡新区	昆明	37	嘉兴科技城	嘉兴
13	平江新城	苏州	38	康巴什新区	鄂尔多斯
14	滨江新城	长沙	39	镇海新城	宁波
15	钱江新城	杭州	40	闵行新城	上海
16	未来科技城	杭州	41	河西新城	南京
17	瓯海新城	温州	42	嘉定新城	上海
18	白云新城	广州	42	松江新城	上海
19	宝安中心区	深圳	44	珠港新城	汕头
20	太湖新城	苏州	45	横琴粤澳深度合作区	珠海
21	城南新区	盐城	46	南部商务区	宁波
22	亦庄新城	北京	47	南部新城	南京
23	西区新城	扬州	47	江南新城	重庆
24	滨海新区	青岛	47	西部新城	重庆
25	坪山中心区	深圳	50	陇海新城	徐州